몽골의 역사와 유적

정석배 지음

예지안

일러두기

몽골어 모음 у와 ү, о와 ө의 구분에서 일관성을 가지기 위해 у는 오, ү는 우, о는 어 혹은 오, ө는 으 혹은 우로 음역(音譯)하였다. 이 경우 영어로 음역한 것과는 차이가 있을 수 있다. 예를 들어 **Урт Булаг**은 몽골어로 발음하면 "오르트 볼락"이지만, 영어식으로 음역하면 "우르트 불락(Urt bulag)"이 된다. ө는 영어 발음으로 표기하기 힘든 알파벳인데, 영어로 U 혹은 O로 음역된다. 예를 들어, 홉스굴 호수의 Хөвсгөл을 영어로 Khuvsgul, Khovsgol, Huvsgul, Hovsgol 등으로 표기한다.
자음 X, Ш, С는 다음과 같이 음역하였다. X는 "ㅎ"에 해당하는데, 한국에서 "ㅋ"으로 음역하는 경우가 많다. 예를 들어, **Хэрлэн гол**은 영어로 Kherlen River이며, 한국에서는 주로 케룰렌강으로 표기한다. 몽골어 발음을 따라 헤를렌강이라고 하였다. Ш와 С는 풍선이라는 뜻을 가진 шаар(shaar, 샤르)와 생각이라는 뜻을 가진 санаа(sana, 사나)의 예를 통해 알 수 있듯이 서로 구분이 된다. Ши는 쉬, Ша는 샤, Си는 시, Са는 사와 같이 음역하였다.
다만 몽골어의 발음에는 다른 규칙도 많이 있어 고유명사를 몽골어 발음에 완전히 일치시키지는 못하였다.

목차

Ⅰ. 머리말 7

Ⅱ. 선사시대 12
  1. 석기시대 12
  2. 청동기시대 22
  3. 초기 철기시대 121

Ⅲ. 흉노, 선비, 유연 시대 124
  1. 흉노제국(匈奴帝國) 124
  2. 선비(鮮卑) 169
  3. 유연(柔然) 176

Ⅳ. 돌궐, 위구르, 예니세이 키르기스 시대 181
  1. 돌궐제국(突厥帝國) 181
  2. 위구르(回鶻 회골)와 예니세이 키르기스(黠戛斯 힐알사) 219

Ⅴ. 거란 요나라 시기 252

Ⅵ. 몽골제국 시대 273
  1. 부족 할거 시대(몽골제국 여명기) 273
  2. 몽골제국 시대 281
  3. 몽골 삼국시대 280

Ⅶ. 청(淸) 지배기 301

Ⅷ. 현대: 몽골의 독립과 시련 그리고 발전 322

Ⅸ. 맺음말 328

참고문헌 및 자료 330

유적 목록

석기시대
(1) 머일틴 암(Мойлтын ам; Moiltyn-am) 유적 / 13
(2) 툴부르-4(Төлбөр-4; Tulbur-4 / Tolbor-4) 유적 / 15
(3) 라샹 하드(Рашаан хад; Rashaan-had) 암각화 / 18

청동기시대
(1) 오쉬깅 우부르(Уушигийн өвөр; Uushigiin uvur) 복합유적 / 38
(2) 쉬네 이데르(Шинэ-Идэр; Shine-Ider) 복합유적 / 50
(3) 오르트 볼락(Урт Булаг; Urt bulag) 복합유적 / 53
(4) 자르갈란팅 암(Жаргалантын ам; Jargalantyn am) 복합유적 / 65
(5) 알탄산달 올(Алтансандал уул; Altansandal uul) 복합유적 / 78
(6) 올랑 톨고인 바론 벨(Улаан толгойн баруун бэл; Ulaan tolgoin baruun bel) 복합유적 / 86
(7) 올랑 톨고인 아르 쉴(Улаан толгойн ар шил; Ulaan tolgoin ar shil) 복합유적 / 88
(8) 바양차가니 훈딘 아닥(Баянцагааны хөндийн адаг; Bayantsagaany khundiin adag) 복합유적 / 89
(9) 차칭 에렉(Цацын эрэг; Tsatsyn ereg) 복합유적 / 95
(10) 쉬베르팅 암(Шивэртийн ам; Shivertiyn am) 복합유적 / 99
(11) 운두르 하사(Өндөр хасаа; Undur khyasaa) 사슴돌 / 104
(12) 테멩 촐론 암(Тэмээн чулууны ам; Temeen chuluuny am) 유적 / 105
(13) 슝흘라이 올(Шунхлай уул; Shunkhlai uul) 고분군(Шунхлай уулын булш) / 109
(14) 돈드 자르갈란트(Дунд жаргалант; Dund Jargalant) 복합유적(Дунд жаргалантын цогцолбор дурсгал) / 112
(15) 하조 노르(Хажуу нуур; Khajuu nuur) 복합유적 / 118
(16) 에르데네트(Эрдэнэт; Erdenet) 구리광산 / 120

흉노제국(匈奴帝國)
(1) 하르가닝 두르불징(Харганын дөрвөлжин; Kharganyn dörvöljin / Durvuljin) 성(城) / 131
(2) 탈링 고르왕 헤렘(Талын гурван хэрэм; Talyn gurvan kherem) 성(타미르 2) / 135

(3) 테렐징 두르불징(Тэрэлжийн Дөрвөлжин; Tereljiin Dörvöljin) 성 / 139

(4) 부르힝 두르불징(Бүрхийн Дөрвөлжин; Bürkhiin Dörvöljin) 성 / 141

(5) 후레트 도브(Хүрээт дов; Khüreet dov) 성 / 143

(6) 쳉헤링 골링 헤렘(Цэнхэрийн голын хэрэм; Tsenkheriin golyn kherem) 성 / 145

(7) 골 모드-2(Гол мод-2; Gol mod-2) 고분군 / 146

(8) 노용 올(Ноён Уул; Noyon uul) 고분군(Ноён уулын булш) / 152

(9) 아르 군트(Ар гүнт; Ar gynt / Ar günt) 고분군 / 162

(10) 도르릭 나르스(Дуурлиг нарс; Duurlig nars) 고분군 / 163

선비(鮮卑)
(1) 아이라깅 고즈고르(Айрагийн гозгор; Airagiin gozgor) 고분군 / 170

돌궐제국(突厥帝國)
(1) 보고트 비석(Бугутын бичээс / Бугатын бичээс; Bugut inscription) / 187

(2) 퀼 테긴 제사유적(Күлтигин тахилын онгон; Kültegin)과 비석 / 191

(3) 빌게칸 제사유적(Билгэ хааны тахилын онгон; Bilge Qaghan)과 비석 / 199

(4) 후슈 차이담-3(Хөшөө Цайдам-3; Khöshöö Tsaidam-3)과 후슈 차이담-4 제사유적 및 돌 상자 / 206

(5) 톤유쿠크 제사유적(Тоньюкукын тахилын онгон; Tonyukuk)과 비석 / 209

(6) 쉬베트 올(Шивээт уул; Shiveet uul) 석축 건축물(Шивээт уулын чулуун байгууламж) / 쉬베트 톨고이(Шивээт Толгой; Shiveet Tolgoi) 제사유적 / 214

(7) 타이하르 촐로(Тайхар Чулуу; Taikhar Chuluu) / 218

위구르(回鶻 회골)
(1) 하르 발가스(Хар Балгас; Kharbalgas) / 225

(2) 바이 발릭(Байбалык; Bai-Balig) 성(城) / 235

(3) 훙딩 허얼러이(Хундын хоолой; Khundiin khoolоi) 유적 위구르 두르불징 / 241

(4) 우부르 합찰(Өвөр хавцал; Uvur Khavtsal) 유적 위구르 두르불징 / 245

(5) 히르게수링 암(Хиргэсүүрийн ам; Khirgesüüriin am) 유적 위구르 두르불징 / 247

거란 요나라 시기
(1) 친톨고이 발가스(Чинтолгой балгас; Chintolgoi balgas) 성(城) / 255
(2) 하르보흐 발가스(Харбух балгас / Khar Bukh Balgas) 성(城) / 261
(3) 엠겐팅 헤렘(Эмгэнтийн хэрэм; Emgentiin kherem) 성(城) / 265
(4) 우글룩칭 헤렘(Өглөгчийн хэрэм; Uglugchiin Kherem) 성(城) / 268

부족 할거 시대(몽골제국 여명기)
(1) 아바르가 발가스(Аваргын балгас; Avargyn Balgas) 성(城) / 276
(2) 하르 투네(Хар Түнэ; Khar Tüne) 성(城) / 279

몽골제국
(1) 하르허롬(Хархорум; Karakorum) / 카라코롬 / 284

몽골 삼국시대
(1) 에르덴조 사원(Эрдэнэ-Зуу хийд; Erdene Zuu Monastery) / 290
(2) 자야 게게니 후레(Заяын Гэгээний Хүрээ; Zaya Gegeenii Khüree) 사원 / 295

청(淸) 지배기
(1) 만주쉬르 사원(Манзуширын хийд; Manzushir / Manjusri Monastery) / 302
(2) 간단테그치늘렌 사원(Гандантэгчэнлин хийд; Gandantegchinlen Monastery) / 304
(3) 아리야발 사원(Арьяабалын хийд; Aryabal temple / Aryabal meditation temple) / 308
(4) 복드 칸 궁전박물관(Богд хааны ордон музей; Bogd Khan Palace Museum) / 310
(5) 처이진 라마 사원(Чойжин ламын сүм; Choijin Lama Temple) / 316

현대: 몽골의 독립과 시련 그리고 발전
(1) 자이승 전승 기념탑(Зайсан толгой; Zaisan Memorial) / 324
(2) 칭기스칸 기마 동상(Чингис хааны морьт хөшөө; Equestrian statue of Genghis Khan / Genghis Khan Equestrian Statue) / 326

I. 머리말

몽골하면 초원의 나라, 아름다운 밤하늘, 게르, 양, 말, 낙타, 양고기, 마유주를 떠올릴 것이다. 어떤 사람들은 황량한 고비사막을 연상하기도 한다. 몽골의 역사에 대해 이야기하면 흉노와 칭기스칸을 떠올린다.

필자는 몽골의 고고학에 관한 책을 번역한 적도 있고, 또 몽골의 고고학에 대해서도 가끔 강의하였지만, 오랫동안 몽골의 유적을 제대로 답사해보지는 못하였었다. 2012년에 몽골에 한번 간 적은 있으나 그때는 몽골 체류 일정도 짧았고 또 목적도 달라 고고학 유적을 거의 보지 못하였다. 그러다가 마침내 2022년 여름에 오랜 준비과정을 거쳐 11박 12일 일정으로 학생들과 함께 몽골의 구석기시대부터 근현대까지의 중요 유적과 명승고적들을 답사하는 기회를 가졌다. 2023년에 다시 한번 몽골 답사를 조직하였는데 이때도 11박 12일 일정이었다. 두 번 모두 이동 거리는 대략 3,000㎞씩이었다. 함께 답사를 다녀온 한국전통문화대학교 학생과 대학원생, 김은옥 박사, 동방문화재연구원 이호형 원장, 그리고 몽골과학아카데미 고고학연구소 G.에렉젠 소장을 비롯하여 답사에 도움을 준 많은 분께 감사의 마음을 전한다.

답사를 준비하면서 몽골의 역사에 대해 모르는 것이 너무 많다는 사실을 깨달았다. 관련 자료를 구하는 것도 힘들었고, 또 몽골의 역사에 대한 전문 서적들은 내용이 너무 어렵기도 하였다. 대학원생 및 학생들과 함께하는 답사였기에 어떻게 하면 학생들에게 몽골의 역사와 유적을 쉽게 설명해줄 수 있을까 고민하게 되었지만, 필자는 몽골의 역사를 따로 연구한 적이 없었다. 그래서 생각한 것이 몽골의 역사를 요약정리하는 것이었다.

필자는 2022년 답사 후 몽골에 대한 인상이 아주 강하여 『어느 고고학자의 몽골 여행』이라는 책도 기획하였다. 원고를 집필하면서 몽골의 역사 전반에 대한 이해가 필요함을 더욱 느끼게 되었다. 역사를 알아야 우리가 보는 유적이 역사상 어느 위치에 있는지를 알 수 있기 때문이다.

몽골의 역사에서 흉노와 칭기스칸은 많이 들어는 보았지만, 구체적인 내용은 사실 잘 모르고, 흉노 이후에 그리고 칭기스칸 이후에 몽골에서 어떻게 역사가 전개되었는지 전문가가 아니라면 아는 사람이 많지 않을 것이다. 필자도 사실 몽골의 역사에 대해서는 깜깜이라고 말할 수 있다. 아마도 이런 이유로 인해 이 책이 필요하다고 생각하였을 것이다.

이 책에서 필자는 몽골의 역사를 석기시대, 청동기시대, 초기 철기시대, 흉노제국 시대, 선비 시대, 유연 시대, 돌궐제국 시대, 위구르(회골)와 예니세이 키르기스(힐알사) 시대, 거란 요나라 시기, 부족 할거 시대(몽골제국 여명기), 몽골제국 시대, 몽골 삼국시대, 청나라 지배기, 현대(몽골의 독립과 시련 그리고 발전)로 구분하여 소개하였다. 그중 몽골 삼국시대는 아직 학계에서 통용되는 명칭이 아니며, 또 다른 시대의 명칭들도 다 그대로 사용되는 것은 아니다. 하지만 이 시대구분 안과 각 시대의 명칭은 구석기시대부터 현대에 이르기까지 몽골의 역사를 일목요연하게 설명해 줄 수 있다고 생각된다.

몽골의 역사를 요약정리하고, 여기에 더하여 관련 시기의 유적도 함께 소개하면 몽골의 역사를 더 쉽게 이해할 수 있을 것이다. 유적은 기본적으로 필자가 가본 유적을 중심으로 소개하였다. 2022년과 2023년에 합계 약 6,000㎞의 여정을 통해 구석기시대부터 근현대의 유적까지 폭넓게 답사하였고, 또 다수의 박물관도 견학하였다. 유적에 관한 정보들은 몽골 역사 이해와 또 몽골 유적 답사를 기획할 때 도움이 될 거라 생각된다. 각 시기에 대해 자세한 내용을 알고 싶다면 참고문헌이 도움이 될 것이다.

역사적으로 몽골은 우리와 깊은 애증(愛憎)의 관계였다. 흉노는 고조선과 이웃하였고, 유연은 고구려와 "순치의 관계"였다. 돌궐은 고구려의 신성과 백암성을 공격하였고, 또 여러 돌궐 부족들이 수당의 고구려 공격에 동원되었다. 다른 한편으로 고구려는 돌궐의 영역을 지나서 멀리 지금의 중앙아시아 우즈베키스탄에 있는 사마르칸트까지 사신을 보내기도 하였다. 발해는 건국하자마자 제일 먼저 돌궐에 사신을 보내 우호 관계를 확인하였다. 몽골에 있는 요나라 시기 거란의 성곽 유적들에서는 발해 유민들의 흔적이 발견되고 있어 발해의 후손들도 지금의 몽골지역에 거주하였음을 알 수 있다. 칭기스칸의 몽골제국은 고려를 공격하였으나, 나중에 원과 고려는 사실상 우호 관계를 유지하였다.

몽골은 유라시아대륙 동부의 중앙에 위치한다. 세계에서 18번째로 큰 나라로서 국토의 면적이 1,566,000㎢이다. 길이는 동서 약 2,405㎞, 남북 약 986㎞이다. 동쪽과 남쪽 그리고 서쪽 대부분은 중국과, 북쪽은 러시아와 국경을 접한다. 한국의 서울에 있는 경복궁 정문 광화문(光化門)과 올란바타르에 있는 복드 칸 궁전 정문 "평안의 문"까지는 직선거리로 약 1,994.2㎞ 떨어져 있다.

행정구역은 21개 아이막, 1개 자치구(올란바타르), 315개 솜으로 구분된다(도면 1). 아이막은 한국의 도(道)(예, 충청남도)에, 솜은 군(郡)(예, 부여군)에 상응하며, 솜 아래에는 면(面)(예, 규암면)에 해당

I. 머리말　9

도면 1. 몽골 아이막 표시 지도(필자 재구성)

도면 2. 몽골의 대표 산맥과 강(구글어스, 필자 작성)

하는 박이 있다.

주요 산맥은 몽골 중북부의 항가이산맥, 북동부의 헨티산맥, 서부와 남부의 알타이산맥(몽골 알타이와 고비 알타이)이 있고, 큰 강은 항가이산맥에서 발원하는 셀렝게강과 오르혼강, 헨티산맥에서 발원하는 톨강, 오논강, 헤를렌강이 있다(도면 2). 호수는 몽골 서북부의 옵스 노르(호수)가 면적 3,350㎢에 크기 84×79㎞로 가장 크고, 중서북부의 흡스굴 호수가 면적 2,760㎢에 크기 136×36.5㎞로 그다음으로 크다. 흡스굴 호수의 수면은 해발고도 1,644m에 위치한다. 몽골에서 가장 높은 산은 몽골 알타이의 타왕 복드 올(산)의 후이텐 봉우리(우의봉 友誼峰)로서 해발 4,374m이다.

오늘날 몽골은 대한민국의 주요 협력국 중 하나로 부상하였다. 양국 간의 정치적 경제적 문화적 교류는 물론이고, 수많은 몽골인이 한국에 와서 다양한 활동을 하고 있다. 매년 엄청난 수의 한국인이 몽골을 방문하며, 또 올란바타르를 비롯하여 몽골 곳곳에서 한국어 간판과 한국어 목소리를 들을 수 있다. 이 책이 몽골을 이해하고 우리와 몽골과의 우호에 깊이를 더해주길 희망한다.

2024년 2월 정석배

II. 선사시대

1. 석기시대

몽골에는 구석기시대부터 인류가 거주하기 시작하였다. 몽골의 구석기시대는 전기(80만~10만 년 전), 중기(10만~4만 년 전), 후기(4만~1만 2천 년 전)로 구분된다. 구석기시대 다음에는 중석기시대(12,000~8,000년 전)가 존재하였으며, 그다음에는 신석기시대(8,000~5,000년 전)가 발달하였다(Eregzen G. Editor-in-chief, 2022). 몽골에서 가장 이른 구석기시대 유적은 고비 알타이의 나린 골-17 유적인데, 바로 약 80만 년 전으로 편년된다(체벤도르지 외, 2002). 구석기시대의 대표적인 유적 중 하나는 고비 알타이지역의 차강 아고이 동굴유적이며(데레뱐꼬 외, 2000), 오르혼강 유역에도 다수의 구석기시대 유적이 분포한다. 몽골에는 세계적으로 유명한 구석기시대 동굴벽화 유적도 있는데 바로 몽골 알타이의 호이트 쳉헤르 아고이 동굴벽화 유적이다(도면 3)(E.A.노브고라도바 저 / 정석배 역, 1995).

중석기시대 유적은 헨티 아이막의 라샹 하드 암각화 유적(쉬쉰, 2017), 바양헝거르 아이막의 치헨-아고이 동굴유적과 그 외 다수의 유적이 확인된다(데레뱐꼬 외, 2008; 체벤도르지 외, 2002).

신석기시대 유적은 몽골 전역에 걸쳐 폭넓게 분포한다. 그중 동부 더르너드(도르노드) 아이막의 탐삭 볼락 유적이 특히 주목되는데, 이곳에서는 신석기시대의 주거지와 무덤이 조사되었고, 또 다수의 석기, 골각기, 장신구 등의 유물이 발견되었다(E.A.노브고라도바 저 / 정석배 역, 1995).

도면 3. 호이트 쳉헤르 아고이(Хойт-Цэнхэр-агуй) 동굴과 벽화: 1 – 동굴 평면도, 2 – 동굴 단면도, 3 – 벽화 모사도(E.A.노브고라도바 저 / 정석배 역, 1995)

석기시대 유적은 2022년에 머일팅 암 유적과 툴부르-4 유적을, 2023년에 라샹 하드 암각화 유적과 다시 머일팅 암 유적을 답사하였다.

(1) 머일팅 암(Мойлтын ам; Moiltyn-am) 유적

우부르항가이 아이막 하르허롬 솜에 위치한다. 이 유적에는 수 개의 지점이 있는 것으로 파악된다. 답사한 지점은 하르허롬시(市) 서쪽 오르혼강 나리 선녀의 산사락에 위치한다(노년 4). 최근에 발굴한 지점은 답사하지 못하였다. 2022년 답사 시 유적 안내판에는 1960~61년, 1963~64년에 소련의 A.P.오끌라드니꼬프와 몽골의 D.도르지, 1985년에 소련의 A.P.데레뱐꼬와 V.T.뻬뜨린, 몽골의 D.도르지가 각각 발굴하였고, 또 1996~97년에는 몽골과 프랑스가 공동 발굴을 하였다고 적혀 있었다. 그런데 2023년 답사 시 안내판이 교체되어 있

도면 4. 머일팅 암 유적 전경(사진 정석배)

었고, 또 내용도 조금 다르게 기술되어 있었다.

A.P.오끌라드니꼬프가 발굴한 내용은 단행본으로 보고는 되었으나(오끌라드니꼬프, 1981), 구하지 못하였다. 다른 글에 당시 그가 발굴한 내용이 소개되어 있다(E.A.노브고라도바 저 / 정석배 역, 1995; 글라드이쉐프, 2008). 이 책에는 이 유적을 A.P.오끌라드니꼬프가 1949년에 발견하였고, 1960~64년에 발굴한 것으로 소개되어 있다. 전체 문화층의 두께는 1~1.5m이다.

문화층은 모두 5개의 시기로 구분되었는데 하층 제5기 문화층은 후기 구석기시대, 상층 제1기 문화층은 중석기시대로 편년되었다. 후기 구석기시대에 속하는 가장 아래 제5기 문화층에서는 르발루아 유형의 몸돌, 길고 넓은 돌날, 밀개, 첨두기, 자갈돌 석기 등이 출토되었다. 그 위 제4기 문화층에서도 르발루아 전통의 몸돌과 밀개가 출토되었다. 밀개는 곧은 혹은 볼록한 날을 가진다. 제3기 문화층에서도 계속해서 르발루아 전통의 몸돌이 확인되었으며, 그 외에 대형의 격지로 만든 몸돌도 발견되었다. 밀개-칼, 밀개-첨두기 등과 같은 두 가지 역할을 한 복합 기능의 석기도 있다. 제2기 문화층에서는 뚜르개, 홈날 석기, 복합 석기 등이 발견되었다. 가장 위 중석기시대에 속하는 제1기 문화층에서는 쐐기꼴 몸돌과 격지로 만든 몸돌이 다수를 차지하며, 격지로 만든 긁개, 밀개, 칼, 첨두기, 뚜르개 등도 발견되었다. 고비 유형의 몸돌-밀개도 출현한다.

다만 새 안내판에는 이 유적에 중기 구석기시대부터 신석기시대까지 모두 6개의 문화층이 구분된다고 하였는데, 아마도 이 내용은 머일팅 암 유적의 다른 지점과 관련이 있을 것이다.

(2) 툴부르-4(Телбер-4; Tulbur-4 / Tolbor-4) 유적

볼강 아이막 호탁-운두르 솜의 셀렝게강 상류 남쪽 지류인 이흐-툴부르강의 서쪽 산기슭에 위치한다(도면 5~6). 올란바타르에 있는 수흐바타르 동상에서 북서쪽으로 약 328.5㎞ 떨어져 있다. 북서쪽의 셀렝게강 다리까지는 약 13.2㎞, 이흐-툴부르강 하구까지는 약 6.5㎞ 거리이다. 유적 바로 남쪽에는 이흐 볼락이라 불리는 작은 개울을 사이에 두고 시드 휴양지가 있다.

이 유적은 이흐-툴부르강 유역에서 발견된 다수의 구석기시대 유적 중 하나이다. 2002년에 이 일대에서 19개소의 구석기~신석기시대 유적이 발견되었고, 이후 더 추가되어 유적 번호가 툴부르-21까지 확인된다(데레뱐꼬 외, 2007; 군칭수렝 외, 2017).

툴부르-4 유적은 후기 구석기시대 유적이며, 2004년과 2005년에

도면 5. 툴부르-4 유적 모습(사진 정석배)

도면 6. 툴부르-4 유적에서 본 툴부르강 들판과 풍경(사진 정석배)

몽골과 러시아가 공동으로 이 유적의 일부분을 발굴하였다. 6개의 문화층에서 밀개, 뚜르개, 홈날 석기, 긁개, 찌르개, 새기개, 칼, 끌 모양 석기, 잔손질 격지, 양면 가공 석기, 석인, 몸돌, 격지, 비늘 등 다량의 석기와 석기 부산물이 출토되었다. 석재는 실트암(siltstone)과 실트-사암이 주로 사용되었는데 모두 인접하는 이흐-툴부르강과 이흐-볼락 개울 지역에서 산출된다. 유적에 다수의 유물이 확인된다(도면 7).

도면 7. 툴부르-4 유적 지표 발견 석기(사진 정석배)

1. 석기시대   17

(3) 라샹 하드(Рашаан хад; Rashaan-had) 암각화

중석기시대 암각화 유적이다. 헨티 아이막 바트쉬레트 솜에 위치한다. 이곳은 바트쉬레트 솜과 빈데르 솜의 경계 지역이어서 빈데르 솜에 위치하는 것으로 표기된 자료도 있다. 올란바타르 수흐바타르 동상에서 동남남쪽으로 약 256.7㎞ 떨어져 있다. 이곳은 헨티산맥의 동남쪽 가장자리 가까이에 해당하며, 암각화가 새겨진 바위들은 동서 방향으로 길게 뻗은 낮은 구릉의 동쪽 말단부에 분포한다(도면 8). 이곳에 라샹 하드 산이라고 불리는 돌로 된 작은 산이 있다. 유적 동쪽으로는 오논강의 지류인 후르흐강 들판이 펼쳐져 있다. 라샹은 "(성스러운) 샘"을 하드는 "암벽, 바위"를 뜻한다. 다시 말해서 유적의 명칭은 "(성스러운) 샘이 있는 바위"라는 뜻이다. 실제로 이곳에는 약수 샘도 있다. 이 유적은 "아르샹 하드"로 불리기도 한다(쉬쉰, 2015).

도면 8. 라샹 하드 유적 전경(사진 정석배)

이 유적은 1942년에 Kh.페를레가 조사를 시작하였으며, 1965년에는 체코슬로바키아의 L.지슬, 이후 1970년대와 1980년대에는 소련의 A.P.오끌라드니꼬프와 E.A.노브고로도바 등이 계속해서 조사하였다.

암각화는 몇 개의 바위에 새겨져 있으며, 자연적으로 차양이 형성된 암벽 하나에는 황토로 그림을 그린 암채화도 있다. 이곳 암각화는 동물 표현으로 이루어진 것과 탐가 모양 기호로 이루어진 것이 구분된다.

동물 형상이 표현된 바위에는 지금까지 세 마리의 동물 그림이 알려져 있었으나(도면 9~10), 2015년에 M.Yu.쉬쉰이 추가로 다른 한 마리의 동물 형상도 확인하였다(도면 11). 세 마리의 동물은 바위의 윗부분에 새겨져 있어 잘 구분되지만, 어떤 동물인지는 분명하지 못하여 황소, 멧돼지, 코뿔소 등의 의견이 제시된 상태이며, 그중 두 그림은 코 혹은 상아가 있는 코끼리라는 의견도 있다. 이 세 마리 동물에는 머리가 잘 구분되지 않는다. 다른 한 마리는 이 바위의 아랫부분에서 발견이 되었는데 황소-들소로 판단되었다(쉬쉰, 2015).

도면 9. 라샹 하드 암각화 바위1 모습(사진 정석배)

도면 10. 라샹 하드 암각화 바위1 세부 모습(사진 정석배)

도면 11. 라샹 하드 암각화 바위1 들소 모습(쉬쉰, 2015)

탐가 모양 기호가 많이 새겨진 바위 하나는 크기가 6.5×2.6m이다(도면 12~13). E.A.노브고로도바는 이곳에 굽(蹄) 모양 기호가 55개, 둥근 원(圓) 모양 기호가 23개, 한쪽이 트인 원 모양 기호가 27개, 안에 점이 있는 원 모양 기호가 5개, 하나의 "다리"가 있는 원 모양 기호가 16개, 끝이 굽은 "다리"가 있는 원 모

도면 12. 라샹 하드 암각화 바위2 모습(사진 정석배)

도면 13. 라샹 하드 암각화 바위2 세부 모습(사진 정석배)

양 기호가 17개, 두 개의 "다리"가 있는 원 모양 기호가 1개, 하나 혹은 두 개의 "다리"가 있는 삼각형 모양 기호가 3개, 한쪽이 트인 삼각형 모양 기호가 17개 각각 확인되었다고 하였다. 또 "다리"가 달린 원 모양 혹은 삼각형 모양의 기호는 사람의 형상과 비교할 수 있다고 하였다(노브고로도바, 1984).

한편 2015년에 M.Yu.쉬쉰이 이 바위의 한쪽 가장자리에서 "춤추는 무녀"라는 실제 사람의 형상을 구분해 내었다(도면 14)(쉬쉰, 2015). 이 바위는 앞면뿐만 아니라 뒷면에서 기호 모양의 암각화가 새겨져 있다.

이곳은 암석들이 이루는 형세가 일반적이지 않고, 약수 샘도 있고, 또 정상부와 아래 몇 곳에 오보도 있어 이미 구석기시대부터 성스러운 장소로 인식되었을 것으로 추정되었으며, M.Yu.쉬쉰은 나중에 이곳에 칭기스칸의 군영이 있었다고 하였는데, 주변에 칭기스칸

과 관련된 것으로 주장되기도 하는 우글룩칭 헤렘 성이 위치한다. 암각화가 있는 산의 바로 남쪽 평지 호수 주변에서는 흑요석으로 만든 세석기 등의 석기들이 발견된다.

도면 14. 라샹 하드 암각화 바위2 인물 모습(쉬쉰, 2015)

   이 유적의 연대 설정에는 1973년에 몽골의 고고학자 Kh.페를레가 실시한 발굴조사 성과가 결정적인 역할을 하였다. Kh.페를레는 기호가 새겨진 암각화가 있는 곳을 발굴하였는데 암각화 바위의 아래 2/3가 신석기시대 문화층에 덮여있었고, 바위의 신석기시대 문화층에 덮인 부분에서도 윗부분과 동일 형태의 기호들이 발견되었다. 이 암각화가 신석기시대보다 더 이른 시기에 조성되었음을 층위적으로 보여주는 결정적인 증거였다. 그 외 다른 지역 암각화들과의 비교를 통해 전체적으로 중석기시대로 편년하였다.

2. 청동기시대

   몽골의 청동기시대는 전기, 중기, 후기로 구분된다. 전기는 몽골 서쪽 지역은 아파나시예보 문화와 체무르첵(Chemurchek) 혹은 헴첵(Khemtseg) 문화가 대표적이며, 동쪽 지역은 노로블린 올 고분이 아파나시예보 문화 유적과 시기적으로 상응한다(아마르툽신, 에렉젠, 2018).

아파나시예보 문화의 중심지는 남시베리아 고르느이 알타이와 하카시아-미누신스크 분지, 즉 사얀-알타이지역이며 러시아에서는 동기시대로 간주한다(보꼬벤꼬 N., 레그란드 S. 지음 / 정석배 옮김, 2015). 몽골지역에서는 이 문화 유적이 고르느이 알타이와 가까운 몽골의 서부지역에 집중되어 있으며, 예외적으로 중부지역에서도 발견된 것도 있다. 아파나시예보 문화는 이 지역 최초의 목축문화로 평가된다. 소, 말, 양과 같은 가축이 사육되었으며, 이 지역에서는 처음으로 소비경제에서 생산경제로 이행을 한 단계이다. 구리로 만든 도구를 사용하였고, 미누신스크 분지의 아파나시예보 고라 유적에서는 운석 철로 만든 팔지도 발견된 것이 있다. 이 문화의 중요 특징 중 하나는 돌을 둥글게 쌓아 만든 적석(積石) 봉분과 그 둘레를 두른 위석(圍石) 혹은 위석열(圍石列)이다. 적석 봉분 아래에는 시신을 매장한 토광이 있다. 토기도 매우 특징적인데 목이 있고 또 다치구(多齒具)나 단치구(單齒具) 등의 빗살을 눌러 장식한 길쭉한 난형(卵形) 첨저 및 둥근 구상(球狀)의 원저 토기가 대표적이며, 그 외에 짧은 굽이 달린 향로도 있다. 아파나시예보 문화는 방사성탄소연대가 기원전 38~24세기이며, 대체로 기원전 4천년대 중엽~기원전 3천년대 중엽에 존속한 것으로 알려져 있다.

몽골의 아파나시예보 문화 유적 중에서는 호라이 고비(Хуурай говь) 유적에 대해 언급하고 싶다. 이 유적은 서몽골의 바양울기 아이막 하르 야마트강 좌안에 위치하며, 2001년에 2기의 무덤이 발굴되었다(꼬발레프 외, 2010). 그중 1호 무덤은 직경 14m의 적석 봉분과 위석 그리고 토광으로 이루어진 아파나시예보 문화 무덤이다(도면 15: 1). 주목되는 것은 토광의 단 위에 크기가 약 2×1.3m인 목조구조물

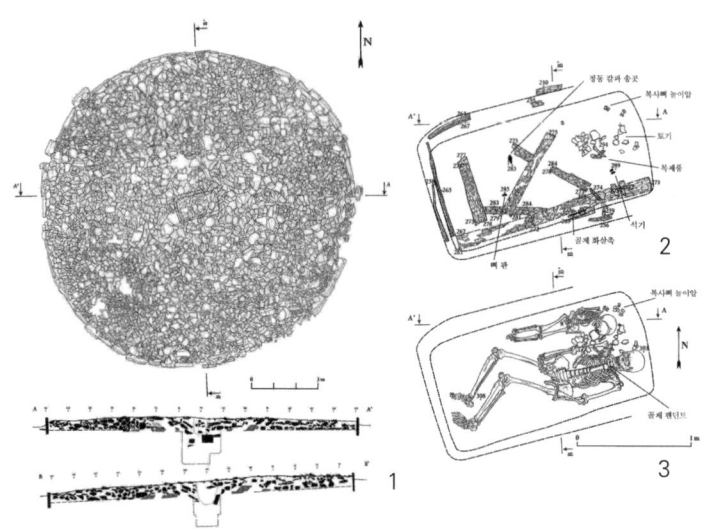

도면 15. 호라이 고비 고분군 1호 무덤(꼬발레프 외, 2010)

이 발견되었는데 수레의 차체였던 것으로 추정되고 있다(도면 15: 2). 깊이 약 1.5m의 토광 바닥에는 성인 남성 1명과 어린이 1명이 함께 나란히 매장되어 있었다(도면 15: 3). 유물 중에는 청동 칼과 송곳도 있다(도면 16: 1, 2). 이 유적에서 발굴된 2호 무덤은 체무르첵 문화에 속하는데 1호와 2호 모두 방사성탄소연대가 기원전 2,860~2,570년으로서 두 문화가 일정 기간 공존한 것으로 추정되었다.

유라시아 초원지대에서 수레는 아파나시예보 문화와 비슷한 시기에 발전을 한 흑해 북안의 고대 야마 문화에서 다수 발견된 것이 있다. 남시베리아에서는 아파나시예보 문화 다음 단계의 청동기시대 오쿠네보 문화 시기에 판석에 수레를 새긴 것이 발견되었고, 전차는 청동기시대 중기 안드로노보 문화에서 이미 사용되었으며, 이 지역에서는 전차 그림이 청동기시대 후기 카라수크 문화 단계에 유행하였다. 따라서 호라이 고비 1호분에서 발굴된 목조구조물이 정말로 수레의

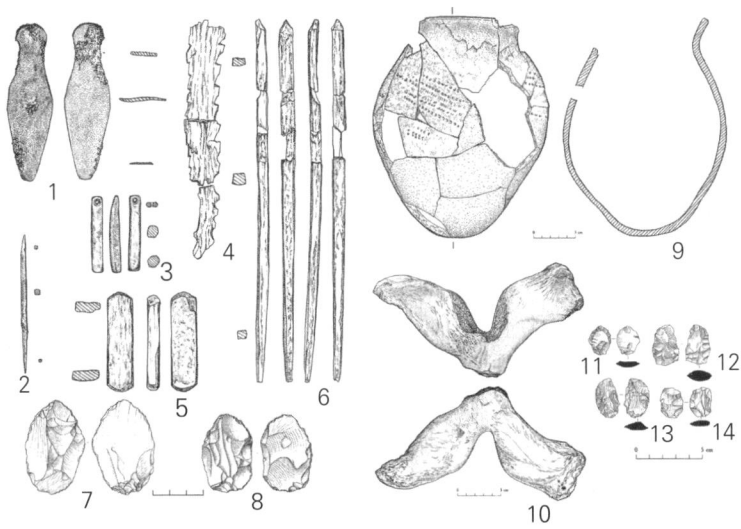

도면 16. 호라이 고비 고분군 1호 무덤 출토 유물(꼬발레프 외, 2010): 1 - 청동 칼, 2 - 청동 송곳, 3 - 동물 이빨로 만든 장신구, 4 - 목제품, 5 - 골제 판상 유물, 6 - 골제 화살촉, 7, 8, 11~14 - 규석 석기, 9 - 토기, 10 - 말 골반뼈

잔존물이라면 유라시아 초원지대 바퀴의 기원 문제에 대해 새로운 논의가 필요할 것이다.

체무르첵 문화는 중국 신강성에서 1961년에 발굴된 절목이절극(切木尔切克 Qiemuerqieke) 석인묘(石人墓)에서 명칭이 유래한다. 이 문화 유적은 몽골 알타이산맥의 서쪽 너머 중국 신강성 지역에서 먼저 발견되었고, 또 유적이 카자흐스탄 동단 지역과 러시아의 알타이주(州)에서도 발견된 것이 있다(꼬발레프, 2011). 몽골에서는 허브드(호브드) 아이막과 바양울기 아이막 등 서몽골의 몽골 알타이지역을 중심으로 발달하였다. 몽골에서는 2002년에 허브드 아이막 약쉰 허더(Ягшийн ходоо) 고분군을 발굴하면서 이 문화 유적이 확인되었다(도면 17). 체무르첵 문화는 독특한 구조의 무덤과 석인상이 특

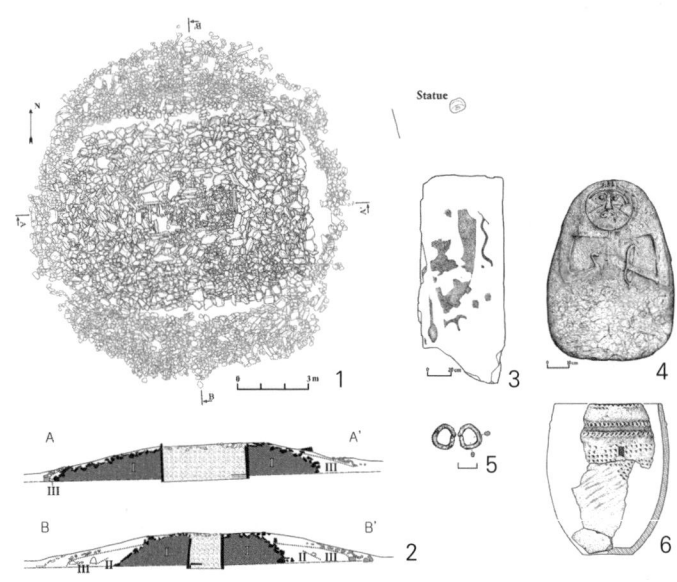

도면 17. 체무르첵 문화 약쉰 허더 고분군 3호 무덤과 출토 유물(꼬발레프, 2011): 1 - 평면도, 2 - 단면도, 3 - 석관 채색화, 4 - 석인상, 5 - 납 귀걸이, 6 - 토기

징적이다. 무덤은 위석을 두른 다음에 지표 가까이에 석관을 만들고 그 위로 적석을 한 것, 무덤구덩이를 파고 그 속에 석관을 만들고 그 위로 적석을 한 것 등이 있다. 카자흐스탄의 아이나 불락-I 고분군 3호 쿠르간에는 묘도를 연상시키는 시설이 있다. 러시아의 A.A.꼬발레프는 체무르첵 문화의 유사 묘도 무덤이 기원전 3,200~2,700년 프랑스 남부지역의 고인돌 및 석실묘와 관련이 있다는 흥미로운 주장을 한다. 체무르첵 문화 무덤 석관의 판석에 그림을 그리기도 하였는데 사얀-알타이지역의 까라꼴 문화와 오쿠네보 문화에도 보이는 특징이다.

체무르첵 혹은 헴첵 문화 유적에서는 사람의 모습이 표현된 석인상이 다수 발견되었다(꼬발레프, 2011). 이 석인상들은 처음에는 돌궐 시대의 것으로 잘못 인식되기도 하였으나, 돌궐 석인상들과는 달리 사람의 형상이 주로 목 윗부분만 표현이 되었고, 드물게는 손과 활 혹은 다른 물건이 함께 표현되기도 하였다. 하카시아-미누신스크 분지의 오쿠네보 문화에도 석인상이라고 말할 수 있는 석상(石像)이 많이 있어 주목된다.

필자는 아파나시예보 문화 유적은 2014년과 2019년에 고르느이 알타이의 니즈니 뜌메친-1 고분군(도면 18), 니즈니 뜌메친-2 고분군, 뻬르브이 메젤리크-1 고분군 등을 답사한 적이 있으나, 몽골에서는 아직 답사하지 못하였다. 체무르첵 문화 유물은 올란바타르 몽골국립박물관에 전시된 약쉬 허더 3호 무덤 앞에서 발견된 석인상(도면 19)을 실견하였다.[1]

몽골의 청동기시대 중기는 서북부지역의 뭉흐하이르한 문화(기원전 1,800~1,300년), 서부지역의 삭사이 유형(기원전 1,500~1,100

도면 18. 니즈니 뜌메친-1 고분군 아파나시예보 문화 고분군 모습(사진 정석배)

---

1. 2023년 답사 시에는 몽골국립박물관 전시실에 전시되어 있었다.

도면 19. 약쉰 허더 3호 무덤 발견 체무르첵 문화 석인상(몽골국립박물관, 사진 정석배)

년), 중부지역의 사방입석묘 유형(기원전 1,500~1,000년), 중남부지역의 뎁쉬 문화(기원전 2천년기 후반), 동남부지역의 복장묘(伏葬墓) 유형(기원전 1,400~1,100년), 서부지역의 몽군타이가 문화(기원전 14~11세기), 동남부지역의 울란쪼흐 문화(기원전 13~10세기) 등으로 구분된다(아마르툽신·에렉젠, 2018). 다만 이 고고학 유형 혹은 문화의 연대가 청동기시대 후기로 간주되는 히르기수르(방사성탄소연대 기원전 1,604~818년)나 판석묘 문화(전기 기원전 13~기원전 4세기)와 서로 겹치는 부분이 많고, 또 뎁쉬 문화의 소위 "개미형 무덤"은 러시아 학계에서 판석묘의 한 종류로 본 무덤 형식이어서 향후 풀어야 할 과제가 많은 것으로 생각된다.

삭사이 유형과 사방입석묘 유형의 경우 둘 다 무덤의 네 모서리에 입석(立石), 즉 돌을 세운 소위 사방입석묘가 특징이어서 구분의 기준이 분명하지 못하다. 다만 최근에는 사방입석묘를 모두 삭사이 유형으로 파악하는 추세인 것으로 생각된다. 삭사이 유형 사방입석묘는 2022년에 항가이산맥의 쉬네 이데르 복합유적과 2023년에 호이드(北) 타미르강 좌안을 따라 이동할 때 다수 실견하였다(도면 20).

몽골의 청동기시대 후기는 히르기수르, 사슴돌, 판석묘로 대표되며, 그 외에 암각화도 있다(에렉젠, 2018). 암각화는 청동기시대 후

도면 20. 호이드 타미르강 좌안 산 경사면의 삭사이 유형 사방입석묘(사진 정석배)

기의 것이 다수일 것으로 여겨지나 그 이전에도 이미 있었다. 몽골의 청동기시대 암각화 유적 중에서는 바양울기 아이막 차강 살라·바가 오이고르 암각화가 가장 주목된다(꾸바레프 외, 2005). 전체 10㎞의 범위에 걸쳐 다양한 소재의 수천 점 바위 그림이 있다(도면 21). "자연에 표현된 고대 예술 갤러리"로 평가되며, 2011년에 유네스코 세계문화유산에 등재되었다. 이 유적은 몽골에서 가장 서쪽의 몽골 알타이지역에 위치한다.

현재 몽골에는 청동기시대 암각화 유적이 약 200개소 알려져 있다(에렉젠, 2018). 새기기와 쪼기 기법을 통해 영양, 산양, 사슴, 멧돼지, 소, 말, 낙타, 고양이, 개 등의 야생 및 가축 동물을 가장 많이 묘사하였고, 그 외에 전차-마차, 사냥꾼, 궁수, 젖 짜는 사람, 가축 몰이꾼, 전투 장면, 사냥 장면, 신화적 장면 등도 표현하였다. 붉은색 물감을 칠한 암채화도 있다. 암각화 중 전차-마차 그림이 가장 잘 연구되었다(도면 22).

 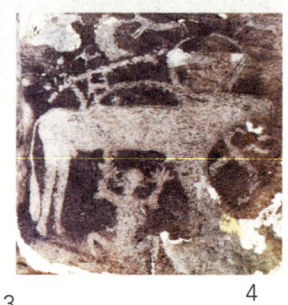

도면 21. 차강 살라·바가 오이고르 암각화: 1 – 태양 뿔 사슴(바가 오이구르-1), 2 – 궁수(바가 오이구르-2), 3 – 전차(차강 살라-4), 4 – 젖 짜는 사람(차강 살라-4)(꾸바레프 외, 2005)

    히르기수르 혹은 케렉수르는 몽골지역을 중심으로 하여 동쪽으로 몽골 동부지역, 서북쪽으로 몽골 알타이를 지나 고르느이 알타이와 투바, 북쪽으로 바이칼호 남쪽의 부랴트 남부지역, 남쪽으로 고비 알타이지역에까지 분포한다(도면 23). 일반적으로 히르기수르는 가운데의 둥근 중앙 적석구(積石丘)와 그 둘레를 원형 혹은 사각형으로 두르고 있는 경계 위석열(圍石列) 및 그 바깥의 소위 위성 돌무지군과 환석군(環石群)으로 이루어져 있다. 경계 위석열 모서리에는 일반적으로 모서리 돌무지가 있다. 그 외에 돌을 깔아서 만든 좁고 긴 복도 모양의 부석낭도(敷石廊道)가 있는 것도 있다(도면 24).

도면 22. 촐로트 강변 암각화의 전차-마차(노브고로도바, 1984; E.A.노브고라도바 저 / 정석배 역, 1995, 재편집)

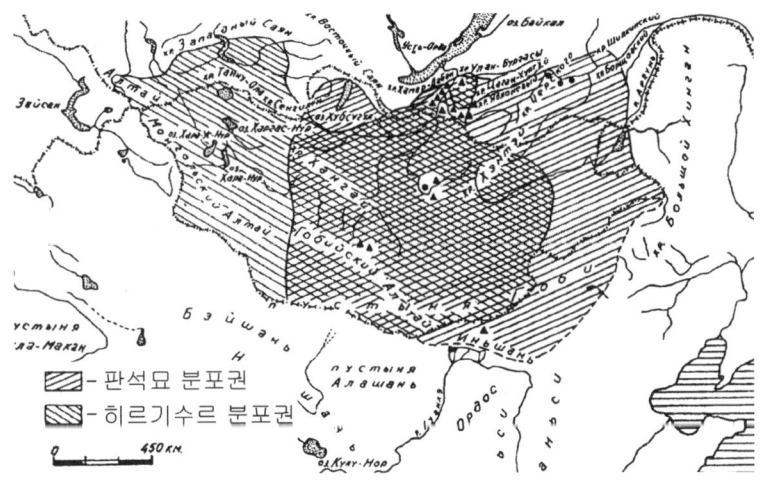

도면 23. 히르기수르와 판석묘 분포권(쯔이빅따로프, 1998, 도면 2)

가운데 적석구는 어워-오보라고 불리기도 한다. 바깥의 돌무지는 제사 유구, 혹은 배장묘로도 불리며, 열을 이루면서 히르기수르를 일정 부분 혹은 전체적으로 감싼다. 히르기수르의 규모는 중간의 경계

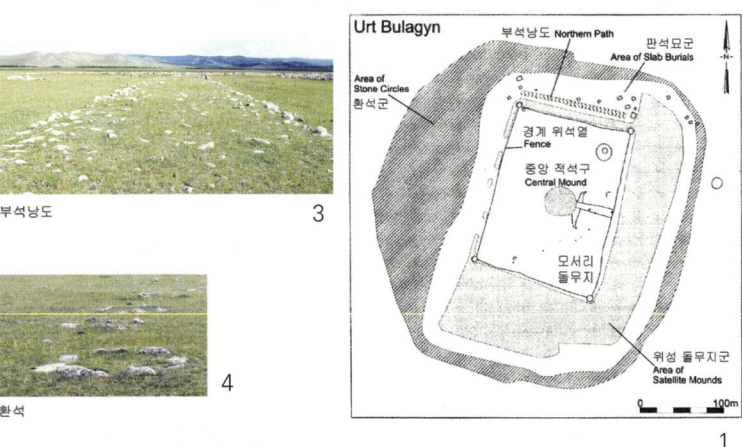

도면 24. 히르기수르 세부 명칭: 1 – 오르트 볼락-1 복합유적 현황도(Francis Allard & Diimaajav Erdenebaatar, 2005, 필자 재편집), 2 – 오르트 볼락-1 복합유적, 3~5 – 오르트 볼락-2 복합유적(필자 촬영 및 재구성).

위석열을 기준으로 할 때 소형은 직경 20~25m 정도이나, 대형은 100m 이상인 것도 있다. 하노이 강 유역의 오르트 볼락 1호 히르기수르는 전체 규모가 380×410m인 초대형이다. 히르기수르는 제사-매장 복합 건축물인 것으로 판단되기도 하나, 아직 그 용도가 분명하지 못한 수수께끼의 유적이라고 말할 수 있다.

사슴돌은 선돌(立石)에 사슴의 형상을 새겨 놓았기 때문에 부르는 이름이며, 녹석(鹿石)이라고도 한다. 유라시아 초원지대에 900기 이상이 발견되었다고 하며, 그중 약 90%는 몽골지역에서 확인되었다. 몽골에서도 서몽골의 타미르강과 하노이강 유역에 200기 이상 분포하여 가장 높은 밀집도를 보인다.

사슴돌은 크게 3종류로 구분되고 있다(도면 25)(볼꼬프, 1967; E.A.노브고라도바 저 / 정석배 역, 1995). 몽골-자바이칼 유형이라고도 불리는 Ⅰ유형 사슴돌에는 사슴을 추상적으로 표현하였는데, 입이 새의 부리 모양이고, 등의 가운데가 볼록하게 튀어나왔으며, 앞 다리와 뒷다리를 안쪽으로 접어 넣은 자세이나, 몸은 마치 하늘로 올라

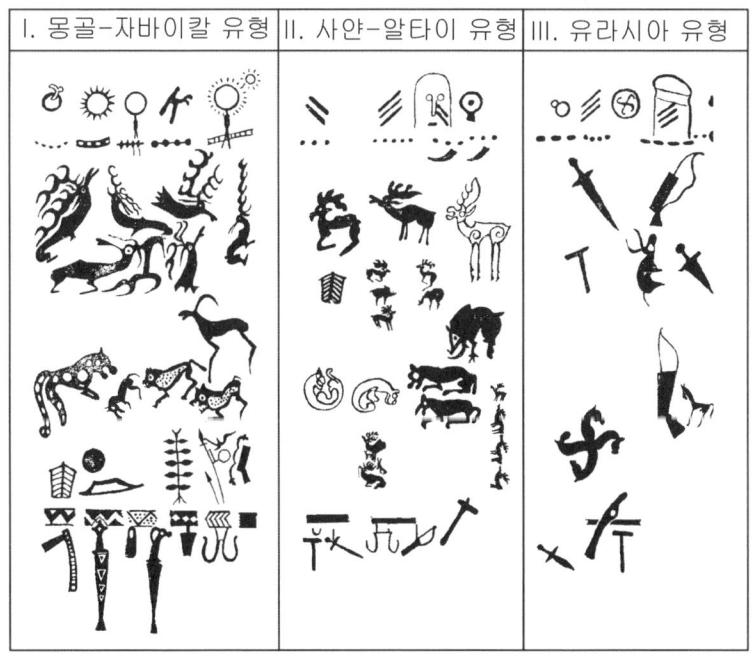

도면 25. 사슴돌 유형 구분(E.A.노브고라도바 저 / 정석배 역, 1995, 그림 41, 재편집)

가려는 듯 위로 향하거나 혹은 하늘에서 내려오는 듯 아래로 향한다. 사슴의 자세는 스키타이 동물양식의 기원이 된 것으로 여겨진다(뻬레보드지꼬바 저 / 정석배 번역, 1999). 사슴이 소밀하게 입석의 네 면을 모두 뒤덮고 있는 경우가 대부분이다. 그 외에도 가장 위 머리 부분에는 둥근 고리-귀걸이와 목걸이 등을 표현하였는데 고리에 태양을 상징하는 광선이 있는 것도 있다. 아래쪽에는 요대(腰帶)와 칼, 전투형 도끼, 단검, 활, 활집, 几(올)자 모양 기물, 방패, 숫돌 등을 표현하였다. 이 물품들은 간혹 사슴돌의 중간이나 다른 부분에 표현되기도 한다. 사얀-알타이 유형으로 불리는 Ⅱ유형 사슴돌에는 사슴이나 멧돼지, 표범 등의 동물을 사실적으로 표현하였고, 또 동물도 드문드문 배치하여 Ⅰ유형과는 차이를 보인다. Ⅲ유형 사슴돌은 유라시아 유형이라고 불리며, 이름은 사슴돌이나 사슴을 표현하지 않았고 대신 상징적인 기호나 무기를 표현하였다.

  사슴돌은 사슴-조상, 태양, 토템에 바쳐진 숭배물이라는 의견도 있지만, 최근에는 실제 죽은 사람의 모습을 표현하였다는 주장이 제기된 상태이다(꼬발레프 외, 2016). 필자는 오쉬킹 우부르 14호 사슴돌의 예로 볼 때 사슴돌이 전사(戰士)-무인(武人)을 표현하였다고 생각한다. 이에 대해서는 오쉬킹 우부르 복합유적 부분에서 더 자세히 논하였다.

  몽골지역에서 사슴돌은 주로 히르기수르 유적에서 발견되며, 판석묘에 재사용되기도 하였다. 사슴돌의 연대는 아래쪽에 표현된 칼이나 단검을 통해 판단할 수 있는데 청동기시대 후기 카라수크 단계의 칼이나 단검과 동일 형태이다. 남시베리아 미누신스크 분지를 중심으로 발전한 카라수크 문화는 기원전 14세기~서기 9세기로 편년된다(보꼬벤꼬 N., 레그란드 S. 지음 / 정석배 옮김, 2015). 그 외에도 최근에 몽골·미국 공동조사단이 확보한 사슴돌의 방사성탄소연대는 유라시아 유형 기원전 1,259~786년, 몽골-자바이칼 유형 기원전 1,131~739년, 사얀-알타이 유형 기원전 809~620년을 보여주었는데(에렉젠, 2018), 넓게 본다면 카라수크 문화 연대와 큰 차이를 보이지 않는다. 따라서 사슴돌과 히르기수르는 서로 비슷한 시기에 사용되었음을 알 수 있다. 여러 가지 정황으로 볼 때 히르기수르와 사슴돌은 "히르기수르-사슴돌 문화"라는 관점에서도 연구할 수 있을 것이다.

판석묘(板石墓)는 석관묘와는 달리 판석이 지상에 노출된 것이 특징적이다(쯔이빅따로프, 1998; 에렉젠, 2018). 판석묘는 동북쪽의 쉴까강과 동쪽의 대흥안령 서쪽에서 서쪽의 항가이산맥까지, 북쪽의 바이칼호 남쪽에서 남쪽의 고비사막까지 동서 약 1,800㎞, 남북 약 1,400㎞의 범위에 걸쳐 분포하며, 그중 몽골 동부지역과 자바이칼 지역에 특히 집중적으로 분포한다(도면 23).

판석묘 고분군은 5~10기가 하나의 군을 이루는 소규모 유적도 있고. 또 수십 기 혹은 100~200기가 군을 이루는 대규모 유적도 있는데, 판석묘 자체는 대부분 남-북 방향으로 열을 이루는 경우가 많다. 무덤 둘레 판석 시설의 규모는 작은 것은 1.5×2.5m, 큰 것은 5×10m까지이며, 지상 위로 노출된 판석의 높이는 상당히 낮은 것부터 0.5~1m 혹은 그 이상도 있다. 판석묘의 종류는 기본적으로 둘레에 세운 판석이 낮은 것과 높은 것 두 종류로 구분되며, 판석묘가 연접된 것도 있다. 다만 러시아 학계에서는 평면 형태가 내만호선(內彎弧線) 장방형인 무덤을 소위 피구르나야(형상 形象) 판석묘라고 하여 판석묘의 범주에 포함한다. 이에 반하여 몽골 학계에서는 이 모양 무덤을 개미형 무덤으로 부르면서 텝쉬 문화에 속하는 것으로 판단한다.

몽골과 자바이칼 지역의 판석묘는 활발한 발굴조사 덕분에 축조과정이 파악되었는데, G.에렉젠에 따르면 약 600기의 판석묘가 발굴되었다. 판석묘를 만드는 과정은 무덤구덩이 굴착, 무덤구덩이에의 시신 안치, 판석으로 무덤구덩이 봉하기, 그 위로 장방형 적석부 만들기, 적석부 둘레를 따라 지표면에 판석을 수직으로 세우기, 그리고 세운 판석이 무너지지 않게 판석 바깥에 돌 깔기-쌓기의 순서로 진행되었다. 판석묘는 대부분이 단인장(單人葬) 무덤이며, 극히 드물게 2인 합장도 있다. 유물은 무기, 장신구, 생활 용구 등이 출토되었으나 박장 풍습 및 도굴로 인해 그렇게 많지 못하다. 이 문화 유물의 한 종류로 력(鬲)이 있어 주목된다.

판석묘 문화의 연대는 기원전 10~기원전 4세기 혹은 기원전 13~기원전 6세기로 판단되고 있는데, 후자의 경우 이 문화를 전기 촐로트 단계(기원전 13~기원전 8세기)와 후기 아차이 단계(기원전 8~기원전 6세기)로 구분하기도 한다(도면 26). 촐로트 단계는 대체로 남시베리아의 카라수크 문화 존속 단계에, 아차이 단계는 유라시아대륙

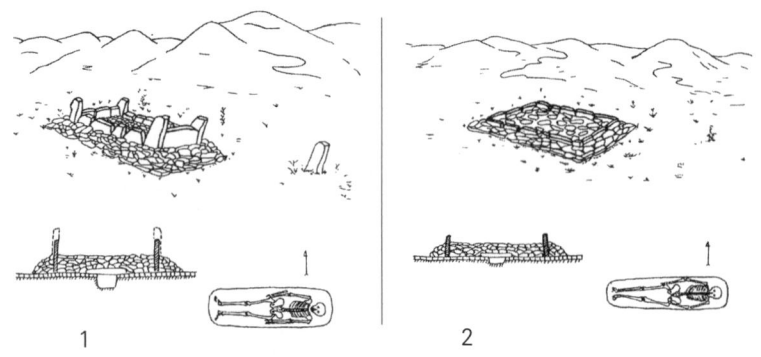

도면 26. 판석묘 문화 전기 촐로트 단계(1)와 후기 아차이 단계(2) 판석묘 모식도(쯔이빅따로프, 1998)

의 스키타이 시대 전기 단계에 각각 해당한다.

청동기시대 유적은 2022년에 호이드 타미르강 유역의 알탄산달 올 복합유적, 하노이강 유역의 오르트 볼락 복합유적과 자르갈란팅 암 복합유적, 델게르므릉강 유역의 오쉬깅 우부르 복합유적, 이데르강 유역의 쉬네 이데르 복합유적을 답사하였고, 그 외에 에르데네트시(市)에 있는 에르데네트 동광을 보았다. 2023년에는 오논강의 지류인 후르흐강 유역의 돈드 자르갈란트 복합유적과 하조노르 복합유적, 호이드 타미르강 유역의 쉬베르팅 암 복합유적, 올랑 톨고인 바론 벨 복합유적, 올랑 톨고인 아르 실 복합유적, 바양 차가니 훈딘 아닥 복합유적, 차칭 에렉 복합유적, 오르혼강 상류 지역의 운두르 하사 사슴돌, 테멩 촐론 암 고분군, 숑흘라이 올 복합유적을 답사하였다.

그 외에 오르혼강 중상류 지역의 하르가닝 두르불징 부근 히르기수르 등을 비롯하여 답사 동선상의 여러 곳에서 히르기수르를 보았다. 2012년에는 헤를렌강 상류 지역의 한-헤를렌 캠프 곁에서 우연히 히르기수르를 본 적이 있다. 2014년에 고르느이 알타이의 꾸르께추 히르기수르를 답사한 적이 있다.

복합유적은 대부분 히르기수르, 판석묘, 사슴돌이 함께 있거나 혹은 그중 두 종류가 함께 있는 유적이다. 유적 소개는 델게르므릉강, 이데르강, 하노이강, 호이드 타미르강, 오르혼강 상류 지역, 오논강 유역 순서로 북서→서→남→동→북쪽의 시계 반대 방향으로 하겠다. 다만 2023년에 올랑 톨고인 아르실 복합유적과 바양 차가지 훈딘 아닥 복합유적 사이의 산 경사면에서 다수의 삭사이유형 사방입석묘를 보았지만(도면 20), 유적 명칭을 확인하지 못하여 이 유적 소개는 따로 하지 않겠다.

(1) 오쉬깅 우부르(Уушигийн өвөр; Uushigiin uvur) 복합유적

흡스굴 아이막 델게르므릉 강의 좌안(북안) 들판에, 올랑 오쉬그산 (山)의 남동쪽에 위치한다(도면 27). 인접하는 므릉시(市) 므릉 공항에서 서쪽으로 약 12㎞ 떨어져 있다. 올랑 오쉬그산의 남동쪽, 남쪽, 서쪽, 서북쪽, 동쪽에는 모두 10개의 청동기시대 히르기수르 유적이 구분되어 있는데, 오쉬깅 우부르 복합유적은 새로운 구분에 따르면 올랑 오쉬그-Ⅰ 유적에 해당한다(Takahama Shu 외, 2006). 올랑 오쉬그-Ⅰ 유적 서쪽 약 800m 거리에는 작은 개울을 사이에 두고 올랑 오쉬그-Ⅱ 유적이 있다.

이 유적은 1970년에 몽골과 소련이 공동으로 조사를 하였고, 1999년과 2003~2006년에는 몽골과 일본이 공동으로 1호와 12호 히르기수르, 1호 판석묘, 그리고 4호 및 7호 사슴돌 주변을 발굴하였고, 2013년에는 몽골과 러시아가 공동으로 5호~10호 사슴돌 분

도면 27. 오쉬깅 우부르 복합유적 전경(사진 정석배)

포 지역을 발굴하였다(도면 28). 몽·일 공동 발굴 당시 히르기수르와 사슴돌 의례 시설에서 출토된 동물 뼈에서 기원전 13~9세기로 속하는 4건의 방사성탄소연대가 확보되어 유적의 조성 시기를 추정할 수 있게 되었다.

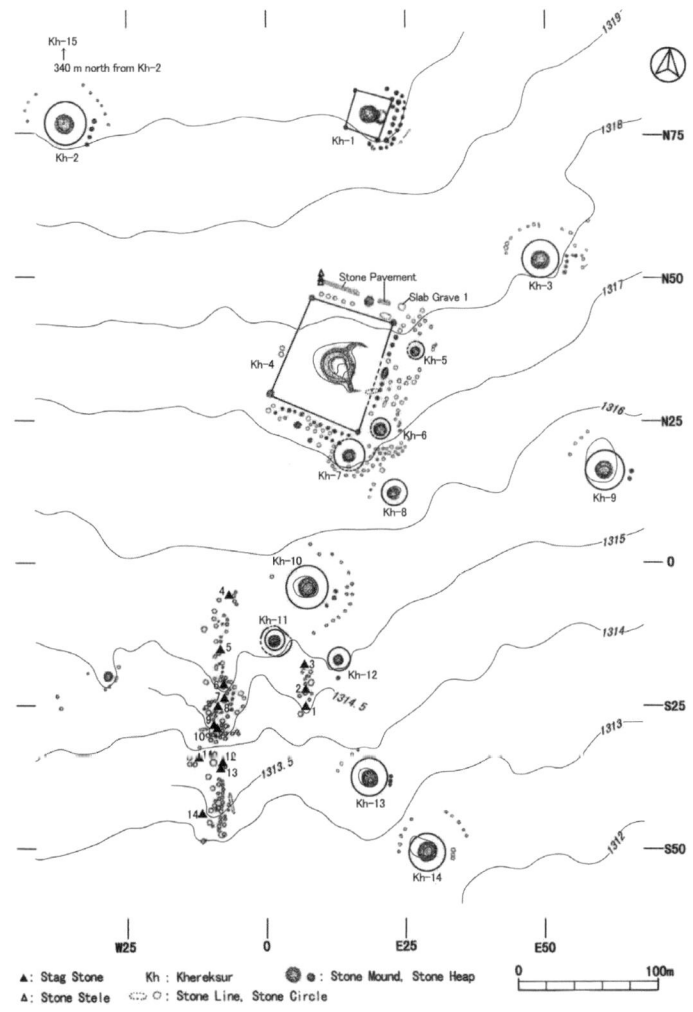

도면 28. 오쉬킹 우부르 복합유적 현황도(Takahama Shu 외, 2006)

이 유적의 사슴돌에 대해서는 E.A.노브고라도바가 자세하게 소개한 적이 있다(E.A.노브고라도바 저 / 정석배 역, 1995). 노브고라도바는 사슴돌이 있는 부분의 유구 현황도와 상상 복원도를 제시하였는데 1호부터 15호까지 모두 15개의 사슴돌 번호가 표시되어 있다(도면 29). 사슴돌은 모두 3개의 열을 이루면서 남북 방향으로 배치되어 있으며, 10호 원형 히르기수르 앞 남쪽에 3개, 그 서쪽에 6개, 그 서쪽에 6개가 각각 열을 이루고 있다. 현재 이 유적에는 14개의 사슴돌만 남아있고, 1개는 므릉시(市)의 흡스굴 아이막 박물관에 보관되어 있다(국립문화재연구소, 2020b).

　E.A.노브고라도바는 이 유적 사슴돌에 표현된 사슴들에는 "가지 달린 뿔, 긴 부리 모양의 얼굴, 커다란 눈, 과장되게 긴 귀, 접어 넣은 다리"가 특징적인 것으로, 또 머리 부분에 목걸이와 물방울 모양 귀걸이 등도 있음을 지적하였다. 그 외에도 사슴돌의 아랫부분에 새겨진 단검, 칼, 전투형 도끼, 활, 방패 등의 무기들을 통해 이 유적을 청동

도면 29. 오쉬깅 우부르 복합유적 사슴돌 배치도(1)와 복원 조감도(2)(E.A.노브고라도바 저 / 정석배 역, 1995, 그림 55, 재편집)

기시대 카라수크 시대에 조성된 것으로 판단하였고, 또 사슴돌이 제단의 일부였다고 하였다.

히르기수르는 1호와 12호가 발굴되었다(Takahama Shu 외, 2006). 유적의 북쪽 가운데에 위치하는 1호 히르기수르는 중앙 적석구(積石丘), 네모꼴의 경계 위석열, 그리고 21개의 위성 돌무지로 구성되어 있으며, 환석은 없다. 중앙 적석구는 직경 13m, 높이 1.5m이며, 동쪽에 적석구에서 돌출하는 "안테나" 구조물이 있다. 적석구의 돌 사이에서 판석묘 문화 및 흉노 시기의 토기편들이 발견되었다. 적석구 아래의 가운데 지면 위에는 석낭(石囊)이 시설되어 있었는데, 그 안에서는 동물 뼈 쪼가리와 토기 쪼가리들만 발견되었고, 사람의 뼈나 장구는 발견되지 않았다. 적석구 동남쪽 가장자리 바깥에서 원이 새겨진 유라시아 유형 사슴돌이 하나 발견되었다.

경계 위석열은 동쪽은 길이 30m, 북쪽은 길이 26m이다. 경계 위석열의 네 모서리에는 돌무지가 있는데 발굴에서 3개 모서리 돌무지에서 유물은 아무것도 발견되지 않았다. 다만 북동쪽 모서리 돌무지에서 동물 뼈 쪼가리가 발견되었을 뿐인데 원래 위치가 아니었다. "안테나" 구조물 안의 돌무지에서는 동물 뼈, 구슬, 편 상태의 금속 장식, 거의 온전한 상태 깊은 바리 모양(심발형) 토기 1점이 출토되었다. 그런데 이 토기는 돌궐 시대의 것으로 추정되어 적석구에 돌출한 안테나 구조물은 돌궐 시대에 덧쌓은 것으로 판단되었다. 위성 돌무지들에서는 말의 뼈가 발견되었는데 21개 중 17개 돌무지에서는 말 머리뼈가 발견되었다.

12호 히르기수르는 3호 사슴돌 동쪽 가까이 위치한다. 중앙 적석구는 직경 9m, 원형 경계 위석열은 직경 16m이며, 남쪽에 자그마한 위성 돌무지가 하나 있다. 중앙 적석구 아래의 석낭 바닥에서 5~6세의 어린이 뼈가 발견되었다. 이 히르기수르에서 발견된 불에 탄 사람 뼈들도 어린이의 것으로 판명되었다. 발굴 중에 동물 뼈들도 발견되었으나 히르기수르와의 관계가 분명하지 못하다. 철제 칼도 하나 발견되었는데 내몽고 모경구유적 출토 춘추전국시대의 것과 비슷한 것으로, 다시 말해서 스키타이 시대의 것과 비슷한 것으로 판단되었다. 위성 돌무지는 직경 3m이며, 안에서 양의 턱뼈와 이빨 등이 발견되었다.

이 유적에서 가장 큰 규모의 히르기수르는 4호이다. 이 히르기수르는 중앙 적석구(積石丘), 경계 위석열과 모서리 돌무지, 위성 돌무지와 환석, 부석낭도로 이루어져 있다. 경계 위석열은 평면 긴 네모-사다리꼴이며, 크기는 네 모서리 돌무지 기준 60~70×80m이다(도면 30). 이 히르기수르의 북동쪽 모서리 가까이 1호 판석묘가 위치한다. 10호 히르기수르는 경계 위석열이 평면 원형이며, 직경은 약 30m이다(도면 31)

1호 판석묘는 이 유적에서 가장 큰 4호 히르기수르의 북동쪽 모서리 가까이 위치하며, 4호 히르기수르의 북쪽 부석낭도(敷石廊道)를 파괴하고 축조되었다. 판석묘의 크기는 동서 3.5m, 남북 4.5m이다(도

도면 30. 오쉬킹 우부르 복합유적 4호 히르기수르 모습(사진 정석배)

면 32). 가운데 무덤구덩이 바닥에서 50~55세의 남성 뼈와 함께 뼈로 만든 활 고자가 발견되었다.

4호 사슴돌이 세워져 있는 곳 약 200㎡ 면적에서 8개의 환상 돌 구조물이 노출되었는데, 그중 5개의 환상 돌 구조물에서 말의 목뼈와 머리뼈가 함께 발견되었다. 환상 돌 구조물에서는 말의 굽도 발견된 것이 있다. 7호 사슴돌은 직경 약 4m의 환상 돌 구조물 안에 들어 있었다.

2013년에는 A.A.꼬발레프와 D.에르데네바타르가 유적 남서쪽에 위치하는 5호~10호 사슴돌 분포 지역을 발굴하였다(꼬발레프 외,

도면 31. 오쉬깅 우부르 복합유적 10호 히르기수르 모습(사진 정석배)

도면 32. 오쉬깅 우부르 복합유적 1호 판석묘 모습(사진 정석배)

2016). 발굴 규모는 남북 최대 75m, 동서 최대 55m였다. 이곳에서 사슴돌 외에 2개씩 복합구조물을 이루는 4개의 부석단(敷石壇), 115개의 희생(제사) 돌무지, "U"자 모양 구조물, 6개의 카타콤브 등이 확인되었다.

   이곳의 중심 시설은 동쪽 남북과 서쪽 동서 방향의 두 부석단이 한 쌍을 이루는 복합구조물(앙상블)이다. 부석단은 동쪽의 것은 긴 변이 조금 굽은 긴 네모꼴이며, 서쪽의 것은 네 변이 모두 평행하는 긴 네모꼴이다. 모두 가장자리에는 땅에 홈을 파고 납작한 돌을 측면으로 세워 경계를 표시하였고 그 안에는 납작한 돌을 1~3겹 깔았다. 1호 복합구조물의 동쪽 부석단은 길이 약 5.2m, 최대 폭 약 2.1m이며(도면 33), 서쪽 동서 방향 부석단과 4m 떨어져 있다. 서쪽 부석단은 길이 약 9.5m, 폭 약 2.1m이다. 부석단 주변에는 입석-선돌도 발견되었다. 동쪽 부석단 서쪽 가장자리 바깥 가운데에는 구덩이를 파고 돌을 채워 세운 10호 사슴돌이 위치한다. 10호 사슴돌은 원래 자리에 그대로 남아있으며, 앞면이 동쪽을 향한다. 10호 사슴돌 남쪽 1.2m 거리와 북쪽 2m 거리에서는 다른 사슴돌을 세운 구덩이들이 조사되었는데, 그중 남쪽 구덩이에서는 9호 사슴돌의 깨어진 일부가 발견되었다.

도면 33. 오쉬깅 우브로 복합유적 1호 복합구조물 동쪽 부석단(敷石壇)과 사슴돌(꼬발레프 외, 2016)

   2호 복합구조물(앙상블)은 1호 복합구조물과 기본 구성이 같다. 동쪽 남북 방향 부석단은 길이 약 5.4m, 최대 폭 2.2m이며, 서쪽 동서 방향 부석단과 약 5m 떨어져 있다. 이곳 동쪽 부석단 서쪽 가장자리에 7호와 8호 사슴돌이 세워져 있었다.

희생 돌무지에는 아래에 작은 구덩이를 파고 말뼈의 일부를 묻은 것이 확인되었는데, 그중에는 4개의 말굽과 위 갈비뼈 위에 목뼈와 머리뼈를 얹어 놓은 것도 있다. 말굽과 머리뼈는 동쪽을 향하게 놓았다. 말뼈들 묻은 구덩이는 흙으로 메우고 그 위에 먼저 돌을 두른 다음에 속을 돌로 채워 돌무지를 만들었다. 희생 돌무지는 복합구조물에 가까울수록 잘 만들었고, 멀리 떨어진 것은 대충 만들었다. 희생 돌무지는 수가 아주 많음에도 불구하고 단 하나도 서로 겹치지 않았고, 또 부석단 및 사슴돌 열도 파괴하지 않아 모두 일정한 계획하에 축조된 것으로 판단되었다.

"U"자 모양 구조물은 1호 복합구조물 동쪽 부석단의 동쪽 가까이 위치하며, 층위상 동쪽 부석단 및 106호와 108호 희생 돌무지보다 먼저 축조된 것이 확인되었다. 하지만 "U"자 모양 구조물의 구덩이 가운데 부분이 동쪽 부석단의 볼록한 부분 및 이곳의 10호 사슴들과 하나의 축 선상에 위치하기 때문에 이 구조물도 1호 복합구조물과 동일 복합체를 이루는 것으로 판단되었다. "U"자 모양 구조물도 위는 돌을 채웠는데, 그 아래 구덩이의 북쪽 부분에서는 말의 엉덩이뼈와 턱뼈가 발견되었다.

카타콤브는 수직으로 직경 1m, 깊이 1.6m의 구덩이를 파고, 서쪽 벽에 길이 0.8~1.5m의 측혈(側穴)을 만든 것이다. 측혈의 입구는 납작한 돌로 막았고, 수직 구덩이는 모두 돌로 채웠다. 카타콤브 중 3개(3호, 5호, 6호)는 위에 돌을 둘렀는데 전형적인 희생 돌무지 열에 포함되어 희생 돌무지 30호, 93호, 96호로도 번호가 매겨져 있다. 또 1

호 카타콤브는 114호 희생 돌무지에 의해 덮여있다. 카타콤브의 평면 배치를 통해 카타콤브들이 2호 복합구조물, 사슴돌 열 등과 단일 복합체를 이루는 것으로, 카타콤브 구덩이가 희생 돌무지들에 의해 덮인 것은 희생 돌무지를 만들 사람들이 그것을 몰랐거나 혹은 무시하였기 때문으로 판단되었다.

이 유적의 사슴돌을 몇 개 소개하면 다음과 같다. 2호 사슴돌은 양쪽 넓은 면 윗부분에 각각 둥근 고리-귀걸이가 새겨져 있으며, 아랫부분에는 전투형 도끼와 방패가 확인된다. 넓은 면과 좁은 면에 상당히 조밀하게 모두 머리가 사선 방향으로 위로 향하는 사슴들이 새겨져 있다(도면 34).

도면 34. 오쉬깅 우부르 2호 사슴돌 모습(사진 정석배)

4호 사슴돌은 윗부분의 술이 달린 둥근 고리-귀걸이와 아랫부분의 연속 X자 무늬로 장식된 요대(腰帶) 아래의 전투형 도끼가 주목되며, 나머지 부분은 모두 사슴으로 장식되었다(도면 35).

8호 사슴돌도 주목되는데 넓은 면에는 사슴이 새겨져 있고, 좁은 면 한쪽에는 2마리의 산양이 몸을 위로 치켜든 상태로 표현되었다. 다른 좁은 면 요대 위에는 사슴 아래로 오각형의 방패가 새겨져 있다. 요대는 X자 모양 무늬로 장식되었다(도면 36).

9호 사슴돌에는 연속 집선 삼각형으로 장식된 요대 위와 아래로 시위에 화살을 건 활, 활집, 거울, 전투형 도끼, 단검 등 여러 기물이 표현되어 있어 주목된다. 안타깝게도 윗부분은 결실되어 어떤 그림이 새

도면 35. 오쉬깅 우부르 4호 사슴돌 모습(사진 정석배)   도면 36. 오쉬깅 우부르 8호 사슴돌 모습(사진 정석배)

겨져 있었는지 알 수 없다(도면 37).

A.A.꼬발레프와 D.에르데네바타르는 몽골 중부지역의 사슴돌들은 그 어떤 이유로 인해 히브기수르-쿠르간에 매장되지 못한 실세 죽은 사람의 모습을 표현한 것으로 판단하였다. 이와 관련하여 이 유적을 대표하는 14호 인면(人面) 사슴돌이 특히 주목된다. 머리 양쪽 귀 부분에 둥근 귀걸이가 표현되었고, 허리띠 아래에는 전투형 도끼, 단검, 兀(올)자 모양 기물 등이 매달려 있으며, 등짝 가운에는 방패가 있다. 사슴 그림이 머리 아래의 전체에 새겨져 있다(도면 38). 이 사슴돌은 어쩐지 북경 부근의 백부(白浮, 바이푸) 유적 출토 여전사(女戰士)를 연상시킨다(도면 39)(꼬미사로프, 1988). 방패가 등에 위치하는 것이 일치하고, 또 아랫배 앞쪽에 兀(올)자 모양 기물도 동일하다. 이를 미루어 본다면 兀(올)자 기물이 새겨진 사슴돌은 전차병(戰車兵)을 표현하였을 가능성이 높다.

도면 37. 오쉬킹 우부르 9호 사슴돌 모습(사진 정석배)

도면 38. 오쉬깅 우부르 14호 사슴돌 모습(사진 정석배)

도면 39. 백부 유적 여전사 복원도(꼬미사로프, 1988)

2. 청동기시대

(2) 쉬네 이데르(Шинэ-Идэр; Shine-Ider) 복합유적

필자는 이 유적에 대한 자료를 찾지 못하였고, 이 유적의 명칭도 알지 못한다. 다만 이 유적에서 북쪽으로 약 3.2㎞ 거리에 쉬네-이데르(Шинэ-Идэр) 마을이 있어 임시로 "쉬네-이데르 유적"으로 부르기로 한다. 이 유적에는 삭사이 유형 사방입석묘와 히르기수르 등이 분포한다. 이곳의 사방입석묘는 산자락의 경사면에 위치한다. 필자는 이 유적에서 5기 이상의 사방입석묘를 보았으나 정확한 수는 파악하지 못하였다.

북동쪽에 위치하는 1기는 가까이서 보니 입석(立石)이 사각형의 위석(圍石) 네 모서리에 세워져 있었는데 안쪽 두 모서리에만 그대로 서 있고, 바깥쪽 두 모서리에는 쓰러져 있었다(도면 40). 위석 안쪽 가운데에는 약간의 돌이 모여져 있었다. 그 외에 위석의 안과 밖에 작은 돌들이 깔려 있지만, 이런 돌들이 이 지역 전체에 깔려 있어 이 고분과는 무관할 것이다. 이 사방입석묘 아래쪽에는 히르기수르가 1기 있다(도면 41). 이 히르기수르는 중앙 적석구, 경계 위석열, 바깥의 환석으로 구성되어 있다. 특이한 점은 경계 위석열 네 모서리에 낮은 입석을 세웠다는 사실이다. 중앙 적석구에는 긴 판석들이 쓰러진 듯 놓여 있었다.

이곳에서 남서쪽으로 가면 다른 사방입석묘들이 있다. 남서쪽의 사방입석묘 1기는 사각형 위석의 네 모서리에 입석이 모두 그대로 남아 있다(도면 42). 규모는 북동쪽에서 본 것보다 컸으며, 위석 안쪽 가운데에 큰 돌들이 상당수 모여져 있었다. 이 사방입석묘 아래 북동쪽에는 평면 원형의 경계 위석 안에 적석구가 있는 구조물이 있는데(도면

43) 경계 위석 바깥으로 환석이 보이지 않아 히르기수르인지 아니면 청동기시대의 고분인지 분명하지 못하다.

쉬네-이데르 사방입석묘 유적은 뒤쪽의 산이 모두 돌산이어서 석재를 구하기는 쉬웠을 것이다. 남서쪽 사방입석묘 뒤의 산에는 용의 갈

도면 40. 쉬네-이데르 마을 남쪽 유적의 사방입석묘(사진 정석배)

도면 41. 쉬네-이데르 마을 남쪽 유적의 히르기수르(사진 정석배)

도면 42. 쉬네-이데르 마을 남쪽 유적의 사방입석묘(사진 정석배)

도면 43. 쉬네-이데르 마을 남쪽 유적의 원형 위석+적석구 구조물(사진 정석배)

기를 연상시키는 암석 노두가 몇 개 위에서 아래로 열을 이루고 있다.

그 외에 테르힝 차강 노르(호수)에서 북쪽으로 항가이산맥을 넘을 때 이데르 골(강)을 지나 쉬네-이데르 마을까지의 사이에서 "쉬네 이

52   Ⅱ. 선사시대

데르 유적" 외에도 여러 지점에서 삭사이 유형 사방입석묘와 히르기수르가 보였다.

(3) 오르트 볼락(Урт Булаг; Urt bulag) 복합유적

아르항가이 아이막 하노이강(江) 중상류의 좌안(서안)에 위치한다. 이 복합유적의 1호 대형 히르기수르 중앙 적석구(積石丘)는 남쪽 하노이강 큰길 다리와는 약 31㎞, 북쪽 자르갈란팅 암 복합유적 서쪽 히르기수르 중앙 적석구와 약 9.3㎞ 각각 떨어져 있다.

이 복합유적에는 상당히 많은 수의 히르기수르가 분포하고 있는데, 대형 2기와 중형 7기 외에도 다수의 소형이 확인된다(도면 44~45). 유적의 범위는 동서 2.4㎞, 남북 3.6㎞ 이상일 것으로 생각된다. 북쪽의 1호와 남쪽의 2호 대형 히르기수르 중앙 적석구 중심 간 거리는 약 1.5㎞이다. 1호와 2호 히르기수르에 대해 살펴보면 다음과 같다.

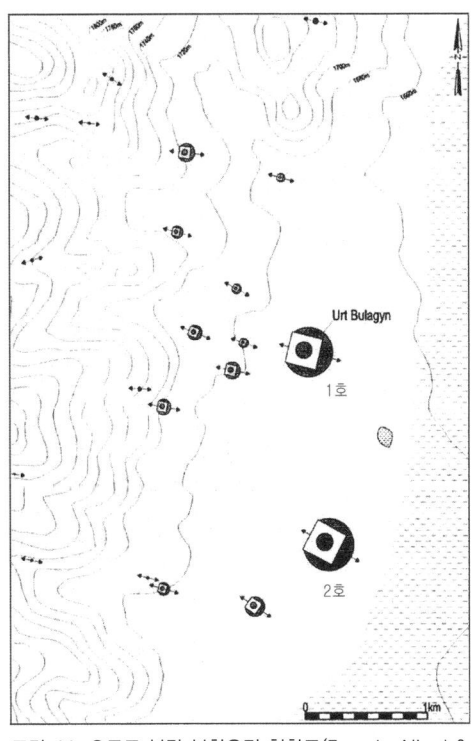

도면 44. 오르트 볼락 복합유적 현황도(Francis Allard & Diimaajav Erdenebaatar, 2005)

도면 45. 오르트 볼락 복합유적 모습(구글어스): 1 - 1호 히르기수르, 2 - 2호 히르기수르.

오르트 볼락 1호 히르기수르는 2001년에 몽골과 미국이 공동으로 조사하였다(Francis Allard & Diimaajav Erdenebaatar, 2005). 1호 히르기수르는 중앙 적석구, 그 둘레의 경계 위석열, 그 바깥의 위성 돌무지군, 가장 바깥의 환석군(環石群), 그리고 북쪽 위성 돌무지 바깥의 부석낭도(敷石廊道)로 구성되어 있다. 그 외에 북쪽 부석낭도와 바깥의 환석군 사이에 판석묘들이 분포한다(도면 45: 1; 도면 46~49).

중앙 적석구는 크기가 직경 45m, 높이 5m이다. 평면 긴 네모-사다리꼴의 경계 위석열은 네 모서리에 각각 돌무지가 있는데, 구글어스로 볼 때 이 모서리 돌무지들 사이 중심 거리는 동쪽 196m, 서쪽 183m, 남쪽 140m, 북쪽 135m이며, 전체 둘레 길이는 약 654m이다. 위성 돌무지군은 서쪽과 남쪽에 집중되어 있으며, 전체 개수가 1,700개 이상이다(도면 48). 각 위성 돌무지의 높이는 1.2m 이하이다. 위성 돌무지 7기를 발굴하였는데 모두 말뼈가 출토되었고, 다른 유물은 발견되지 않았다. 그 바깥의 환석군은 주로 동쪽에 집중되어 있고, 환석은 크기가 직경 1~3m이며, 1,000개 이상이다. 환석은 5

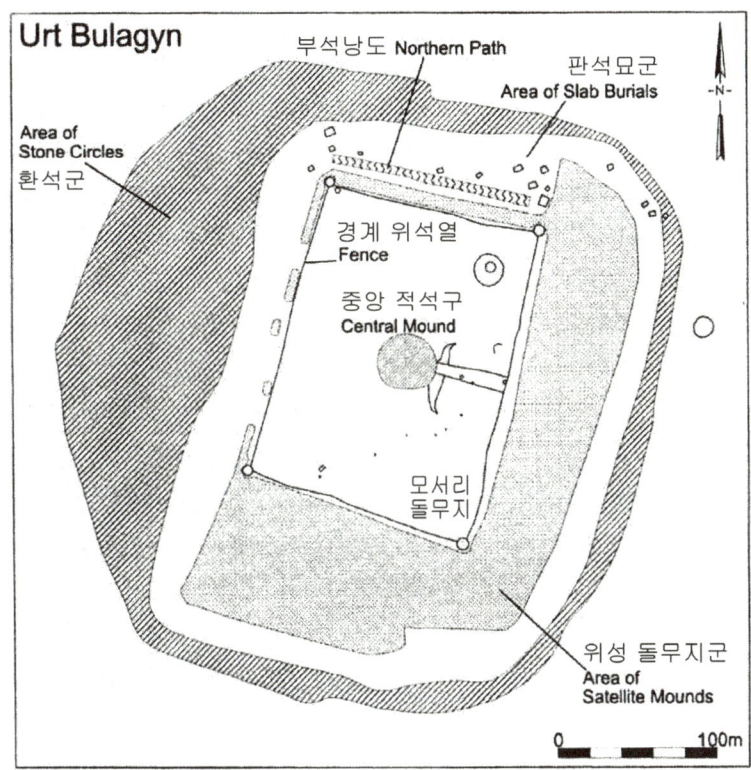

도면 46. 오르트 볼락 복합유적 1호 히르기수르 현황도(Francis Allard & Diimaajav Erdenebaatar, 2005, 필자 재편집)

도면 47. 오르트 볼락 복합유적 1호 히르기수르 모습, 서북쪽 모서리 부근에서(사진 정석배)

도면 48. 오르트 볼락 복합유적 1호 히르기수르 위성 돌무지군 모습, 중앙 적석구에서(사진 정석배)

도면 49. 오르트 볼락 복합유적 1호 히르기수르 북쪽 부분 부석낭도, 위성 돌무지군, 경계 위석열 모습 (사진 정석배)

기가 발굴되었는데, 모두 불에 탄 뼈 쪼가리가 발견되었다. 한 환석에서는 모두 33,000개, 다른 환석에서는 200개 이상의 뼈 쪼가리가 발견되었다. 뼈는 모두 다른 곳에서 태워 가져온 것으로 추정되었다.

1호 히르기수르의 전체 규모는 390×390m이며, 사용된 돌의 개수는 약 50만 개로 추정되었다. 서로 다른 2기의 위성 돌무지에서 발견된 말 이빨에서 얻은 BC 1,040~850년과 BC 975~680년이라는 2개의 방사성탄소연대를 통해 이 유적이 수백 년에 걸쳐 점차 확장되었을 것으로 추정되었다. 그 외에 하노이강 유역의 다른 히르기수르에서 확보한 BC 1,390~910년(KYR 57)와 BC 930~785년(KYR 119)이라는 연대도 참고하여 몽골의 히르기수르는 기원전 2천년대 후반~기원전 7세기에 축조된 것으로 판단하였다. 위성 돌무지에서 발견된 말뼈는 모두 머리가 동쪽 혹은 남동쪽이었음이 지적되었고, 또 늦가을에 도축되어 제물로 바쳐졌을 것으로 판단되었다. 히르기수르의 용도는 동물 혹은 천체의 운행을 포함하는 다양한 의례 행위와 관련되었을 것으로 추정되었다.

판석묘는 4기가 발굴되었는데, 그중 2기에서 사람과 동물의 뼈가 발견되었다(도면 50). 유물은 없었다. 규모가 5.7×5.0m인 가장 큰 판석묘에서는 사람의 뼈 일부와 함께 소량의 동물뼈가 발견되었다.

필자는 오브트 몰락 복합유적 2호 히르기수르에 관한 자료를 찾지 못하였다. 따라서 답사를 통해 파악한 내용을 중심으로 글을 전개하겠다. 2호 히르기수르는 사실 그 자체가 복합유적이다(도면 45: 2). 이곳에 청동기시대 대형 히르기수르, 판석묘, 사슴돌, 그리고 위석과 발발로 이루어진 소형의 돌궐 제사유적도 있다.

2호 히르기수르도 중앙 적석구, 경계 위석열, 위성 돌무지군, 부

도면 50. 오르트 볼락 복합유적 1호 히르기수르 서북쪽 모서리 부근의 판석묘(사진 정석배)

석낭도, 환석군으로 구성되어 있어 전체 구조가 1호와 비슷하다(도면 51~58). 중앙 적석구는 가운데가 오목하고, 돌들이 옆으로 흩어져 있어 원래 크기는 짐작이 힘들지만, 현재 지름은 30m 내외이다. 중앙 적석구 바깥으로 석열이 수 개 방사상으로 뻗어 있는 것들이 보이는데 원래부터 있었던 구조물인지 분명하지 못하다. 1줄로 된 경계 위석열은 평면이 네모-사다리꼴이며, 네 모서리에 돌무지가 있다. 모서리 돌무지들 사이의 중심 거리는 동쪽 190m, 서쪽 152m, 남쪽 134m, 북쪽 132m이며, 전체 둘레 길이는 약 608m이다. 그 바깥의 위성 돌무지군은 동쪽과 남쪽에 집중되어 있고, 돌무지들은 열을 이루기도 하는데 서쪽은 1~2줄, 북쪽은 3줄이며, 동쪽은 최대 18줄이다. 남쪽은 남북 방향 열에 가까워 줄을 세기가 곤란한데 굳이 따진다면 최대 25줄 내외이다. 위성 돌무지군의 장축 길이는 375m에 이른다. 환석들은 위성 돌무지군 바깥으로 상당한 거리를 두고 넓게 분포한다. 부석낭도는 크기가 대략 122×7m 크기이다.

도면 51. 오르트 볼락 복합유적 2호 히르기수르 원경(1호 히르기수르에서)(사진 정석배)

도면 52. 오르트 볼락 복합유적 2호 히르기수르(북서쪽 모서리 부근에서)(사진 정석배)

2. 청동기시대   59

도면 53. 오르트 볼락 복합유적 2호 히르기수르 동쪽 위성 돌무지군(남쪽에서)(사진 정석배)

도면 54. 오르트 볼락 복합유적 2호 히르기수르 동쪽 위성 돌무지군(중앙 적석구에서)(사진 정석배)

도면 55. 오르트 볼락 복합유적 2호 히르기수르 남쪽 환석군(동쪽에서)(사진 정석배)

도면 56. 오르트 볼락 복합유적 2호 히르기수르 서쪽 환석군(북쪽에서)(사진 정석배)

도면 57. 오르트 볼락 복합유적 2호 히르기수르 북쪽 부석낭도(서쪽에서)(사진 정석배)

도면 58. 오르트 볼락 복합유적 2호 히르기수르 북쪽 부석낭도, 위성 돌무지군, 경계 위석열(서쪽에서)(사진 정석배)

판석묘는 부석낭도 바깥의 양쪽 끝부분에 각각 위치한다(도면 59). 사슴돌은 히르기수르의 북쪽 상당히 떨어진 거리에 3기가 나란히 서 있는데 다시 세운 것이다(도면 60~62). 그중 상대적으로 높은 2

도면 59. 오르트 볼락 복합유적 2호 히르기수르 북서쪽 부근 판석묘(사진 정석배)

도면 60. 오르트 볼락 복합유적 사슴돌(사진 정석배)

도면 61. 오르트 볼락 복합유적 가운데 사슴돌 (사진 정석배) 도면 62. 오르트 볼락 복합유적 오른쪽 사슴돌 (사진 정석배)

기는 아래 요대가 지상에 노출되었고, 낮은 1기는 요대가 보이지 않았다. 높은 2기에는 공통적으로 한쪽 넓은 면에 위에는 크고 둥근 고리-귀걸이, 그 아래 넓은 면적에 걸쳐 비스듬하게 하늘로 오르려고 하는 듯한 사슴들, 요대 위에는 오각형 방패가 각각 새겨져 있다. 사슴은 모두 입이 새의 부리 모양이었고, 가지 달린 긴 뿔이 등과 평행을 이루며 뒤로 젖혀져 있었고, 곱사등이었으며, 다리는 가늘고 접어 넣은 상태이다. 자세만 놓고 본다면 스키타이 동물양식의 사슴을 연상시키지만, 부리 모양 입이나 곱사등, 굽 표현 등 세부에서는 차이를 보인다. 스키타이 동물양식 사슴표현은 사슴돌 사슴표현에서 기원하였을 것이다.

위석과 발발로 이루어진 돌궐 제사유적은 2호 히르기수르의 북서쪽 모서리에서 조금 떨어진 곳에 있다(도면 63). 네모꼴로 돌린 위석(圍石) 안에 한 겹의 돌이 깔려 있었고, 북쪽으로 발발이라고 불리는 작은 돌기둥들이 일정 간격으로 배치되어 있었다.

도면 63. 오르트 볼락 복합유적 2호 히르기수르 북서쪽 부근 돌궐 위석-발발(사진 정석배)

(4) 자르갈란팅 암(Жаргалантын ам; Jargalantyn am) 복합유적

아르항가이 아이막 운두르 올랑 솜 하노이강 중상류 좌안(서안) 산기슭 가까이에 위치한다. 관련 자료가 다수 확인된다(국립문화재연구소, 2020a; Turbat 외, 2011; 볼꼬프, 2002). 1989~1991년에 몽골과 러시아가 공동 조사를 하였으며, 1989년에 중앙 복합체(중앙 돌무지-사슴돌 그룹)에서 1기의 위성 돌무지, 복합체 뒤쪽(즉, 북쪽)의 1호와 2호 구조물(아마도 사각 구조물), 대형 사각 무덤(아마도 3호 사각 구조물)을, 1990년에 중앙 복합체 남쪽 1호 사슴돌 주변의 7기 위성 돌무지를, 1991년에 북쪽 돌궐 시대 제사유적, 유적 서쪽 계곡 등의 몽골 시기 무덤 수기를 각각 발굴하였다.

사각 구조물들은 사슴돌이 재사용되어 이 유적 기본 복합체보다는 상대적으로 시기가 늦을 것으로 판단되었다. 남쪽 1호 사슴돌 주변 위성 돌무지 7기에서는 모두 말 머리뼈가 발견되었는데, 말 머리뼈가 모두 동쪽을 향하고 있었다. 2기의 위성 돌무지에서는 말 머리뼈와 함께 말의 척추뼈도 발견되었다.

2008년에는 몽골과 한국 연구자가 공동으로 25기의 사슴돌을 촬영 및 탁본하였다고 하나 관련 자료를 발견하지 못하였다. 이후 2009년에 몽골유형문화유산협회(Mongolian Tangible Heritage Association)가 조직한 "자르갈란팅 암 복합체 보호 및 복구 하노이 계곡 프로젝트"를 통해 유적에 방치되어 있던 사슴돌 24기를 지금의 위치에 다시 세웠다. 이때 몽골 주재 미국대사관의 "문화 보존을 위한 대사 기금(Ambassador's Fund for Cultural Preservation)"이 재정지원을 하였고, 몽골과학아카데미 고고학연구소, 몽골국립박물관, 캐나다 퀸즈 대학이 이 프로젝트를 함께 수행하였다. 이때 유적의 전체 유구 배치도가 작성되었다.

자르갈란팅 암 유적은 동쪽 돌무지-사슴돌 그룹, 서북쪽 히르기수르, 북쪽 사각 구조물 그룹으로 이루어져 있다(도면 64)(Turbat 2011). 동쪽 돌무지-사슴돌 그룹은 남서-북동 방향으로 길게 뻗어있으며, 전체 길이 389m이다. 이 기본 그룹은 다시 9개의 세부 그룹으로 구분되는데, 규모가 가장 큰 중앙 돌무지-사슴돌 그룹은 폭이 187m이다(도면 65). 북쪽 사각형 구조물 그룹과 서쪽 히르기수르를 포함하는 유적 전체의 규모는 남북 470m, 동서 380m에 달한다.

동쪽 돌무지-사슴돌 그룹에는 위성 돌무지들(1유형 제사 시설)과 그 둘레를 에워싸고 있는 환석(環石)들(2유형 제사 시설), 그리고 복구

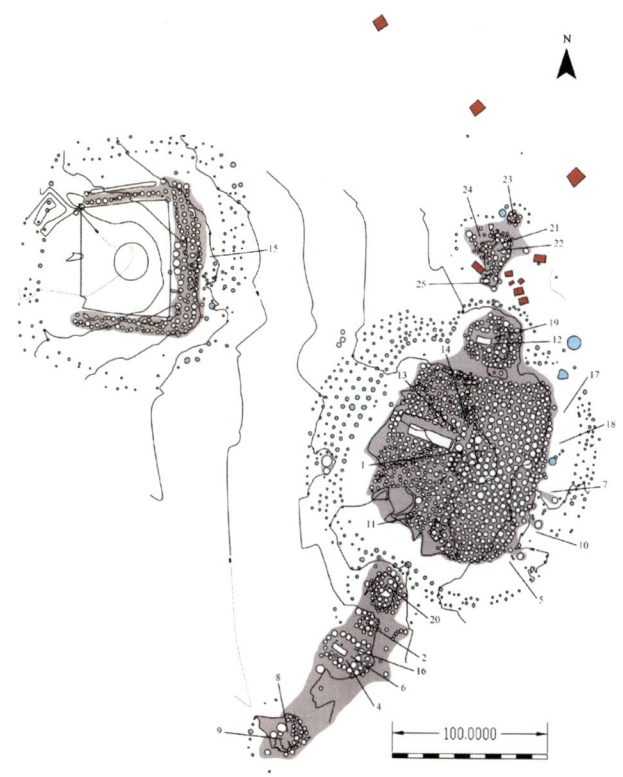

도면 64. 자르갈란팅 암 복합유적 현황도(국립문화재연구소, 2020a)

도면 65. 자르갈란팅 암 복합유적 모습(사진 정석배)

하여 세운 사슴돌들이 있다. 이곳에는 모두 830개 이상의 위성 돌무지가 확인되었는데, 그중 중앙 돌무지-사슴 그룹에만 대략 670개가 있다. 위성 돌무지는 일반적으로 크기가 2.5~3m, 높이 0.3~0.5m이며, 아래 30~50㎝ 깊이의 구덩이에서 말의 머리뼈, 아래턱뼈, 척추뼈, 발굽 등이 발견되었다. 환석은 대개 직경이 1m 내외이며, 지표 아래 15~20㎝ 깊이에서 불에 탄 작은 뼈 쪼가리들, 숯, 드물게는 토기 쪼가리 등이 발견되었다. 동쪽 돌무지-사슴돌 그룹에서 모두 약 400개 환석이 발견되었다.

사슴돌은 모두 30개 혹은 32개가 있었으며, 2009년에 원래 자리에 넘어져 있던 규모가 큰 1호, 2호, 3호 사슴돌은 제자리에, 북쪽의 사각형 구조물에 재사용되었던 21개의 사슴돌은 거의 모두 지금의 위치에, 다시 말해서 위성 돌무지가 있는 곳에 복구되었다.

사슴돌 25개는 네 면에 사슴이 표현되었고, 나머지는 일부 면에만 그림이 새겨져 있다. 25개 중 23개는 몽골-자바이칼 유형이고, 2개는 동물이 표현되지 않은 유라시아 유형이다. 사슴돌에 둥근 고리-귀걸이, 태양 고리-귀걸이, 요대(腰帶), 단검, 전투형 도끼, 숫돌, 활집, 화살을 시위에 건 활, 칼, 거울 등 다양한 기물이 확인된다. 사슴돌을 몇 개 소개하면 다음과 같은데, 사슴돌의 번호와 크기는 국립문화재연구소(2020a) 안을 따랐다.

6호 사슴돌은 윗부분에 구슬 목걸이가 표현되었고, 목걸이 위에는 넓은 양쪽 면에 각각 크고 작은 둥근 고리-귀걸이가 2개씩 새겨져 있다(도면 66). 아랫부분에는 무늬가 없는 띠 모양의 요대가 새겨져 있고, 요대 위 한쪽에는 위에 원판이 새겨진 오각형의 방패가, 요대 아래에는 전투형 도끼, 단검, 활집, 칼, 숫돌 등이 표현되어 있다.

방패는 모가 위로 향한 둔각 절선(折線)으로 채워져 있으며, 윗부분에 원판 모양 기호가 있다. 목걸이와 요대 사이는 모두 머리가 위로 향하는 사슴들이 표현되었다. 한쪽 넓은 면의 사슴들 사이 가운데에 원판 모양 거울이 보인다. 이 사슴돌은 크기가 272×50×32㎝이다.

11호 사슴돌은 윗부분에 구슬 목걸이가 있고, 그 위로 양쪽 넓은 면에는 모두 2개씩의 크고 작은 고리-귀걸이가 있다(도면 67). 한쪽 넓은 면에는 고리에 광선

도면 66. 지르갈란팅 암 복합유적 C호 사슴돌(사진 정석배)

이 표현되어 있어 태양 고리-귀걸이 형태를 하고 있으며, 그중 큰 것에는 아래로 술이 드리어져 있다. 다른 쪽 넓은 면의 작은 고리에도 광선이 표현되었다. 아래의 요대는 연속 능형무늬로 장식되었다. 요대 위로는 방패와 전투형 도끼, 칼, 활집이, 요대 아래는 검이 보인다. 방패의 안은 모가 위로 향한 절선들로 채워져 있고, 윗부분에 이중 원 모양

도면 67. 자르갈란팅 암 복합유적 11호 사슴돌(사진 정석배))

의 기호가 새겨져 있다. 가운데 부분과 요대 아래는 머리가 위로 향하는 사슴들이 조밀하게 표현되었다. 이 사슴돌은 크기가 335×63×43 ㎝이다.

12호 사슴돌(Turbat 외의 2-1호)은 이 유적의 다른 사슴돌이 모두 화강암으로 만들어진 것과는 달리 현무암으로 만들어 암회색을 띤다(도면 68). 좁은 양쪽 면 윗부분에 1개씩의 둥근 고리-귀걸이가 있

도면 68. 자르갈란팅 암 복합유적 12호 사슴돌(사진 정석배)

고, 목걸이 아래로 가운데 부분을 지나 요대 아래까지 사슴표현으로 채워져 있다. 요대는 무늬가 없으며, 요대 위 넓은 면 한곳에 오가형 방패가 새겨져 있다. 방패 안의 윗부분에 말굽 모양 기호가, 나머지 부분은 모두 모가 위로 향한 둔각 절선(折線)으로 채워져 있다. 요대에는 활과 화살, 화살집, 칼, 숫돌, 전투형 도끼 등이 매달려 있다. 좁은 면 한쪽 가운데에 사슴들 사이로 거울이 보인다. 이 사슴돌은 크기가 336×48×32㎝이다.

20호 사슴돌(Turbat 외의 3호)은 양쪽 넓은 면의 윗부분이 한쪽은 1개의 둥근 고리-귀걸이로, 다른 한쪽은 광선이 표현된 2개의 태양 고리-귀걸이로 장식되었다(도면 69~70). 그중 큰 태양 고리-귀걸이에는 아래로 술이 달려 있다. 구슬 목걸이 아래는 머리가 오른쪽 위로 향하는 사슴들로 가득 채워져 있다. 요대 아래에도 사슴들이 있는데, 이 요대에는 모두 67마리(Turbat 외는 68마리)의 사슴이 새겨져 있다고 한다. 요대는 연속 X자 및 각 X자 사이가 마름모로 채워진 무늬로 장식되었다. 요대 위 한쪽 좁은 면에는 오각형 방패가, 태양 고리-귀걸이가 있는 넓은 면의 요대 위에는 화살을 시위에 건 활, 활집, 전투형 도끼, 검, 칼 등이 각각 표현되어 있다. 방패는 둔각 절선들로 채워져 있고, 윗부분에 이중 원 모양 기호가 새겨져 있다. 이 사슴들은 크기가 높이 389㎝, 폭 68㎝, 두께 48㎝, 무게 4톤 이상으로서 세계에서 가장 큰 사슴돌로 평가된다.

21호 사슴돌에는 머리가 왼쪽 위를 향하는 32마리의 사슴이 새겨져 있다(도면 71). 구슬 목걸이 위 양쪽 넓은 면에는 크고 작은 2개씩의 둥근 고리-귀걸이가 새겨져 있는데 그중 한 면의 큰 고리-귀걸이에는 아래로 늘어진 술이 있다. 요대는 톱니 혹은 지그재그 모양 무늬로 장식되었다. 요대 위로 넓은 면에는 단검, 칼, 시위에 화살을 건 활, 활집, 전투형 도끼, 숫돌이 선명하게 새겨져 있다. 한쪽 좁은 면에는 요대 위로 둔각 절선으로 채워지고 윗부분에 둥근 고리 모양 기호가 있는 오각형 방패가 보인다. 이 사슴돌은 크기가 386×56×35㎝이다.

22호 사슴돌은 사슴표현이 없는 유라시아 유형이다(도면 72). 넓은 면 양쪽 윗부분에 1개씩의 둥근 고리-귀걸이가 보이고, 좁은 면에는 한쪽에는 송곳니 모양의 장신구가, 다른 한쪽에는 머리카락을 길

도면 69. 자르갈란팅 암 복합유적 20호 사슴돌(사진 정석배)

게 많은 듯한 표현이 있다. 그 아래에는 둔각 절선으로 채워진 방패가 있는데 윗부분에 기호가 없다. 양쪽 넓은 면 아랫부분에는 지그재그 무늬로 채워진 요대 위로 단검, 숫돌, 활과 화살, 거울, 활집, 칼 등이 보인다. 이 사슴들은 크기가 187×28×27㎝이다.

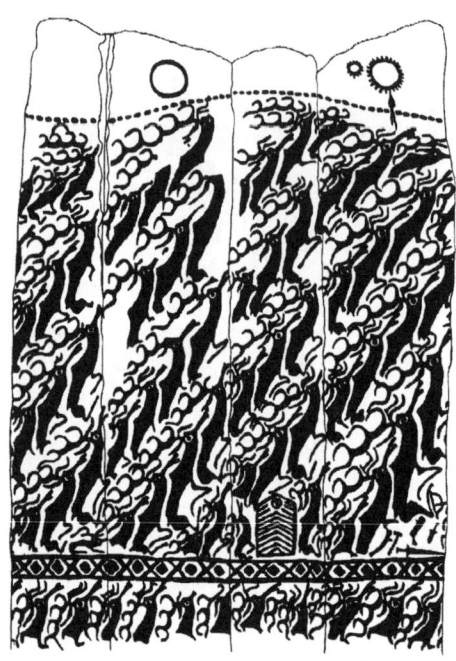

도면 70. 자르갈란팅 암 복합유적 20호 사슴돌 모사도
(Turbat 외, 2011, 96쪽 도면)

북서쪽 히르기수르는 중앙 적석구(積石丘), 경계 위석열, 위성 돌무지군, 부석낭도, 환석군으로 이루어져 있다(도면 64; 도면 73). 중앙 적석구는 직경 22m이며, 평면 사다리꼴의 경계 위석열은 크기가 73×58m이다. 위성 돌무지는 약 160개가 경계 위석열의 바깥 동쪽, 남쪽, 북쪽에 분포한다. 히르기수르의 가장 바깥에는 175개의 환석이 배치되었다. 이 히르기수르의 동쪽 위성 돌무지 사이에 15호 사슴돌이 세워져 있다(도면 74).

동쪽 돌무지-사슴돌 그룹의 북쪽에는 사각형 구조물이 분포한다(도면 75). 북쪽 바깥에 상대적으로 큰 3기의 사각형 구조물이 동남-북서 방향으로 열을 이루고 있고, 돌무지-사슴돌 그룹 북쪽 부분에 크기가 작은 다른 7기의 사각형 구조물이 분포한다. 사각형 구조물은 3기가 발굴되었는데 그중 2기에 대한 발굴 보고 내용을 확인하였다.

북쪽 가운데에 위치하는 2호 사각형 구조물은 크기 7.0×8.5m, 깊이가 가장자리 1m, 가운데 2.2m이다. 가운데 구덩이 안에서는 사람이나 동물의 뼈는 발견되지 않았고, 대신 청동 숟가락과 동포 1점씩

도면 71. 자르갈란팅 암 복합유적 21호 사슴돌(사진 정석배)

이 발견되었다. 이 구조물을 두르고 있는 벽 바깥 공간에서 말, 소, 양, 염소, 낙타의 머리뼈 80개가 열과 층을 이루면서 발견되었다. 3호 사각형 구조물은 크기가 7.0×7.5m이다. 판석으로 만든 높이 30~35㎝의 단 구조물에서 약 100개의 당시 사육하였던 모든 중요 가축 머

도면 72. 자르갈란팅 암 복합유적 22호 사슴돌(사진 정석배)

도면 73. 자르갈란팅 암 복합유적 북서쪽 히르기수르(사진 정석배)

도면 74. 자르갈란팅 암 복합유적 15호 사슴돌(사진 정석배)

도면 75. 자르갈란팅 암 복합유적 사각형 구조물(사진 정석배)

리뼈와 2개의 개 머리뼈가 발견되었다. 그 외 청동으로 만든 4쌍의 청동 재갈멈치, 스푼 모양 펜던트, 화살촉, 원뿔 모양 굽이 있는 동복편 등이 출토되었다. 이를 통해 이 사각 구조물은 무덤이 아님이, 또 돌무지-사슴돌 그룹보다 늦은 시기에 축조되었음이 확인되었다.

(5) 알탄산달 올(Алтансандал уул; Altansandal uul) 복합유적

알탄산돌 올 복합유적에 대해서는 국내 발간 자료에 간략하게 소개된 것이 있다(국립문화재연구소, 2020a). 하지만 유적의 전체 구성과 자세한 내용은 소개되지 못하였으며, 또 필자는 다른 자료를 발견하지 못하였다. 따라서 이 유적에 대해서는 필자가 답사를 통해 파악한 내용을 중심으로 간략하게 기술하려고 한다.

이 유적은 아르항가이 아이막의 항가이산맥 내인 호이드 타미르강 중상류 좌안(서안)에 위치한다. 유적은 3개 지점으로 나눌 수 있다. 1지점은 북동쪽 호이드 타미르강 가까이의 들판에, 2지점은 북서쪽의 낮은 구릉에, 3지점은 남쪽의 호이드 타미르강 가까이 각각 위치한다.

1지점에는 2기의 히르기수르가 있다(도면 76~77). 그중 하나는 대형(1호)이다. 대형 히르기수르의 동쪽 가까이에 3개의 원형 적석구조물이 있는데 이것이 히르기수르에 속하는 구조

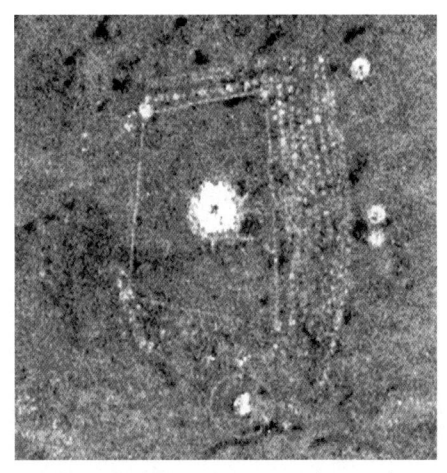

도면 76. 알탄산달 올 유적 1지점 모습(구글어스)

물인지 아니면 독립된 구조물인지 알 수 없다. 그 외에도 멀리 떨어진 곳에 무언가 돌 구조물들이 보였지만 확인하지 못하였다.

1호 대형 히르기수르는 중앙 적석구, 경계 위석열, 위성 돌무지, 환석, 부석낭도(敷石廊道)로 이루어져 있다(도면 78~81). 중앙 적석구는 직경이 약 28m이고, 그 바깥의 경계 위석열은 규모가 60~73m×86~110m인 긴 네모-사다리꼴이다. 경계 위석열은 둘레 길이가 약 329m에 달한다. 경계 위석열은 돌을 한 줄 쭉 놓아 만들었고, 각 모서리에는 돌무지를 만들어 놓았다. 위성 돌무지는 경계 위석열의 북쪽, 동쪽, 남쪽 바깥에 열을 지어 배치되어 있는데 동쪽 바깥은 열 전체 폭이 32m 이상이다. 환석은 주로 서쪽에 멀리 배치되었다. 부석낭도는 돌을 긴 네모꼴 모양으로 깔아 놓은 것인데 북쪽에 1줄로 배치된 돌무지들 바깥에 위치한다. 비어 있는 중앙 적석구의 가운데에 탈색이 된 다수의 동물 뼈가 나뒹굴고 있었다. 석축 구조물 중에는 외곽이 방형이고 속이 거의 비어 있는 것도 있는데, 판석묘일 수도 있다.

도면 77. 알탄산달 올 유적 1지점 원경(2지점 언덕에서)(사진 정석배)

도면 78. 알탄산달 올 유적 1지점 1호 히르기수르 경계 위석열, 모서리 돌무지, 적석구(사진 정석배)

도면 79. 알탄산달 올 유적 1지점 1호 히르기수르 위성 돌무지(사진 정석배)

도면 80. 알탄산달 올 유적 1지점 1호 히르기수르 부석낭도, 위성 돌무지, 경계 위석열(사진 정석배)

도면 81. 알탄산달 올 유적 1지점 1호 히르기수르 환석(사진 정석배)

도면 82. 알탄산달 올 유적 1지점 2호 원형 히르기수르(사진 정석배)

도면 83. 알탄산달 올 유적 2지점 모습(구글어스)

　2호 소형 히르기수르는 대형 히르기수르의 남쪽 위성 돌무지에 잇대어 축조되어 있다(도면 82). 경계 위석열은 평면이 원형이며, 직경은 약 30m이다.

　2지점은 1지점에서 서쪽으로 약 1.2km 떨어져 있다. 이곳 표지석이 있는 북서쪽의 2지점에는 나지막한 구릉 위에 3기의 히르기수르와 7~8기의 판석묘 그리고 판석묘에 사용된 6개의 사슴돌이 있다(도면 83). 그 외에 최근에 만들어진 것으로 보이는 의례 장소가 하나 있다.

　2지점에서 히르기수르는 북쪽 구릉 정상부에 하나, 남쪽 구릉 정상부에 2개가 위치하며, 모두 가운데 적석구(積石丘), 그 둘레를 두르고 있는 경계 위석열(圍石列), 그리고 그 바깥의 위성 돌무지와 환석(環石)으로 구성되어 있다. 경계 위석열은 가장 남쪽 히르기수르가 평면 원형이고, 나머지 2기는 평면 긴 네모-사다리꼴이다. 남쪽 구릉 북쪽의 긴 네모-사다리꼴 히르기수르에는 부석낭도(敷石廊道)가 있다(도면 84~85). 구글어스를 통해 볼 때 경계 위석열의 규모는 북

도면 84. 알탄산달 올 유적 2지점 남쪽 구릉 방형 히르기수르 모습(남쪽에서)(사진 정석배)

도면 85. 알탄산달 올 유적 2지점 남쪽 구릉 방형 히르기수르의 경계 위석열, 위성 돌무지, 부석낭도(동쪽에서)(사진 정석배)

쪽 구릉의 것이 대략 45~48×50~55m, 남쪽 구릉 북쪽의 것이 대략 35~37×39~47m, 남쪽의 것은 직경 약 39m이다.

판석묘는 가운데 히르기수르의 북동쪽 가까이에 4기, 북쪽 히르기수르 남동쪽 가까이에 3~4기가 각각 위치한다. 모두 평면이 네모꼴이며, 판석 벽체 바깥에는 모양이 일정하지 않은 큰 돌들이 깔려 있다(도면 86). 판석묘에 사슴돌이 함께 세워져 있는 것도 있다(도면 87).

사슴돌은 모두 판석묘 둘레에서 발견되었는데 국립문화재연구소가 보고한 1호와 2호 사슴돌은 북쪽 히르기수르 남동쪽의 한 판석묘에, 3호, 5호, 6호 사슴들은 가운데 히르기수르의 북동쪽 판석묘들에 각각 위치한다. 4호 사슴돌은 찾지를 못하였다.

도면 86. 알탄산달 올 유적 2지점 판석묘(사진 정석배)

상태가 가장 좋은 알탄산돌 올 5호 사슴돌은 가운데 히르기수르 북동쪽의 4개 판석묘 중 가장 아래쪽에 있는 판석묘의 한쪽 모서리에 세워져 있다(도면 87). 네 면이 모두 동물 혹은 다른 물건으로 장식되었는데 넓은 면 한쪽에 3마리

도면 87. 알탄산달 올 유적 2지점 판석묘와 사슴돌(사진 정석배)

의 말이 새겨진 점이 특징적이다. 이 면에는 가장 위에 술이 달린 둥근 귀걸이, 가장 위쪽 말의 배 아래에 시위에 화살을 건 활과 화살통이, 가운데 말의 배 아래에는 거울이, 가장 아래 말의 등 위쪽에는 창을 연상시키는 물건이 각각 새겨져 있다. 다른 넓은 면에는 한쪽 측면에서 시작된 뿔이 달린 사슴 2마리와 위쪽의 둥근 고리-귀걸이 및 아래의 전투형 도끼가 새겨져 있다. 좁은 면의 한쪽에는 방패가, 그 반대편에는 활집 혹은 화살집이 보인다. 이 사슴돌은 높이 176㎝, 폭 62㎝, 두께 40㎝이다(도면 88).

3지점은 1지점과 2지점 사이 남쪽에 있는 작은 동산의 남쪽에 위치하며, 1지점 남쪽 가장자리에서 남동쪽으로 약 1.3㎞ 떨어진 들판에

도면 88. 알탄산달 올 유적 2지점 5호 사슴돌(사진 정석배)

위치한다. 이곳에는 돌궐 석인상이 하나 있다 (도면 89). 원래는 쓰러져 있었는데 세워 놓았다고 한다. 하지만 몸통은 서 있지만, 머리는 떨어져 땅에 놓여 있었다. 그 외 다른 석물도 있었다. 이 돌궐 석인상은 청동기시대 사슴돌을 재가공하여 만들었으며 뒷면에 사슴을 새긴 것이 아직 남아있다. 재질은 화강암이다.

도면 89. 알탄산달 올 유적 3지점 돌궐 석인상(사진 정석배)

(6) 올랑 톨고인 바론 벨(Улаан толгойн баруун бэл; Ulaan tolgoin baruun bel) 복합유적

아르항가이 아이막 이흐 타미르 솜 호이드 타미르강의 서쪽에 위치한다. 타이하르 출로(바위)에서 북북동쪽 약 11.5㎞ 거리이다. 히르기수르, 판석묘, 사슴돌이 함께 분포한다. 이 유적에서는 3기의 사슴돌이 보고되었는데(국립문화재연구소, 2020a), 필자는 그중 3호 사슴돌을 답사하였고, 또 주변의 히르기수르를 확인하였다. 히르기수르는 평면 긴 네모-사다리꼴의 경계 위석열과 가운데 중앙 적석구로 이루어져 있다(도면 90). 경계 위석열의 규모는 약 31.5~34×38~38.5m로 크지 않다. 비가 와서 히르기수르의 다른 부속시설은 제대로 관찰하지 못하였다.

도면 90. 올랑 톨고인 바론 벨 복합유적 히르기수르 모습(사진 정석배)

   3호 사슴돌은 넓은 면 한쪽에 는 술이 달린 둥 근 고리-귀걸이 와 머리가 아래 로 향하는 5마리 의 사슴 그리고 둥근 거울과 네 모난 물체 및 1 마리의 말이 새 겨져 있다(도면 91). 다른 넓은 면에서는 얼굴이 위로 향하는 3마

도면 91. 올랑 톨고인 바론 벨 복합유적 3호 사슴돌(사진 정석배)

리의 사슴과 단검이 확인된다. 한쪽 좁은 면에는 2마리의 사슴이 새겨 져 있고, 다른 한쪽 좁은 면은 그림이 잘 보이지 않는다. 이 사슴돌은 높이가 218㎝이다.

2. 청동기시대

(7) 올랑 톨고인 아르 쉴(Улаан толгойн ар шил; Ulaan tolgoin ar shil) 복합유적

아르항가이 아이막 이흐 타미르 솜 호이드 타미르강의 서쪽에 위치한다. 타이하르 촐로(바위)에서 북북동쪽 약 12.5㎞ 거리이다. 다수의 히르기수르와 1개의 사슴돌이 확인된다. 히르기수르는 모두 평면이 긴 네모-사다리꼴이며, 경계 위석열, 모서리 돌무지, 중앙 적석구, 위성 돌무지군, 환석군 등의 존재가 확인된다. 히르기수르의 경계 위석열 규모는 모서리 돌무지 간의 거리를 기준으로 사슴돌 남쪽에 있는 것은 42~44m×50~55m, 사슴돌 서북쪽에 있는 것은 50~52.5×60.5~61m이다(도면 92). 그 외 이보다 더 작은 규모의 히르기수르도 확인된다.

사슴돌은 한쪽 넓은 면과 한쪽 좁은 면에 각각 그림이 확인된다(국립문화재연구소, 2020a). 넓은 면에는 머리가 위로 향하는 4마리의 사슴, 머리가 아래로 향하는 1마리의 사슴, 1마리의 말, 방패, 단검이 새겨져 있다(도면 93). 넓은 면의 왼쪽 위 모서리 가까이 위치하는 말

도면 92. 올랑 톨고인 아르실 복합유적 사슴돌 북서쪽 히르기수르(사진 정석배)

도면 93. 올랑 톨고인 아르실 복합유적 사슴돌(사진 정석배)

은 머리를 뒤로 돌린 상태이다. 그 외에도 넓은 면에는 다른 동물의 형상도 보이나 종류가 잘 구분되지 않는다. 좁은 면에는 말이 작은 크기로 8마리 새겨져 있다. 이 사슴돌은 땅속에 묻힌 부분을 포함하여 높이가 2.03m로 보고되었다.

(8) 바양차가니 훈딘 아닥(Баянцагааны хөндийн адаг; Bayantsagaany khundiin adag) 복합유적

아르항가이 아이막 이흐 타미르 솜의 호이드 타미르강이 북동쪽으로 흐르다가 동쪽으로 굽어지는 곳의 모서리 부분 서쪽에 위치한다. 이곳의 사슴돌은 타이하르 촐로(바위)에서 북북동쪽으로 약 19.2 ㎞ 떨어져 있다. V.V.볼꼬프는 이 유적을 "바양 차강 골(Баян цаган гол)"로 불렀으며, 모두 8개의 사슴돌이 있는 것으로 보고하였다 (볼꼬프, 2002). 이 유적에는 대형의 히르기수르와 판석묘도 있다. 사슴돌 그룹 남쪽의 히르기수르는 경계 위석열, 모서리 돌무지, 중앙 적석구, 위성 돌무지, 환석군, 부석낭도 등으로 구성되어 있다. 긴 네모-사다리꼴의 경계 위석열은 규모가 모서리 돌무지 기준 약 186~196×218~238m이다(도면 94~95). 사슴돌은 6개를 확인하였다. 5개는 발굴을 한 듯한 구덩이의 주변에 모여 있고, 하나는 이곳에서 남쪽으로 약 60m 떨어져 있다(도면 96). 다른 하나는 이 구덩이에서 약 200~300m 떨어진 곳에 있다고 한다. 사슴돌은 1호와 2호만 예로서 소개하며, 사슴돌 번호는 국립문화재연구소의 안을 따른다 (국립문화재연구소, 2020a).

1호 사슴돌은 얇은 화강암 판석으로 만들었는데 넓은 한쪽 면에 큰 사슴 3마리와 작은 산양 3마리, 시위에 화살을 건 활, 거울, 兀(올)자 모양 기물, 단검 등이 새겨져 있다(도면 97~98). 다른 쪽 넓은 면에는 크고 작은 사슴 6마리, 전투형 도끼, 활집이 표현되어 있다. 가장 아래의 큰 사슴 1마리는 머리가 다른 것들과는 달리 사선 방향 위를 향한다. 이 면의 윗부분에는 원래 술이 달린 귀걸이가 있었을 것으로 추정은 되나 고리-귀걸이 부분은 결실되었고 술 부분만 일부 잔존한다. 양쪽 좁은 면에는 한쪽에는 9마리의 산양이, 다른 쪽에는 사슴과 오각형의 방패가 새겨져 있다. 이 사슴돌은 높이가 185㎝이다.

2호 사슴돌(V.V.볼꼬프의 6호 사슴돌)은 윗부분에는 목걸이, 아랫부분에는 톱니 모양 무늬로 장식된 요대가 선명하게 표현되어 있다

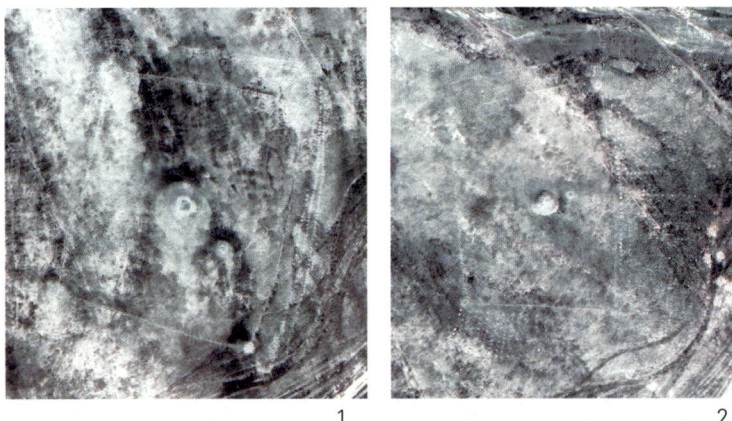

도면 94. 바양차가니 훈딘 아닥 복합유적 히르기수르(구글어스): 1 - 남서 히르기수르, 2 - 북동 히르기수르

도면 95. 바양차가니 훈딘 아닥 복합유적 남서 히르기수르(사진 정석배)

도면 96. 바양차가니 훈딘 아닥 복합유적 사슴돌 그룹(사진 정석배)

도면 97. 바양차가니 훈딘 아닥 복합유적 1호 사슴돌(사진 정석배)

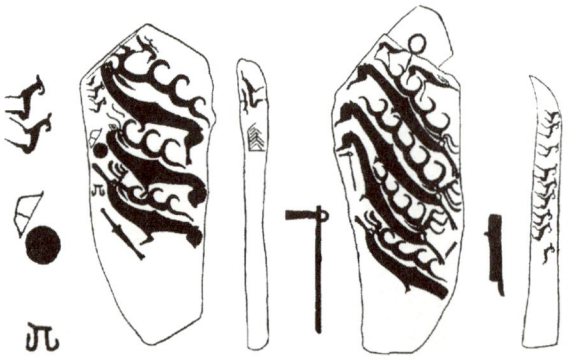

도면 98. 바양차가니 훈딘 아닥 복합유적 1호 사슴돌 모사도(볼꼬프, 2002)

도면 99. 바양차가니 훈딘 아닥 복합유적 2호 사슴돌(사진 정석배)

도면 100. 바양차가니 훈딘 아닥 복합유적 2호 사슴돌(사진 정석배)

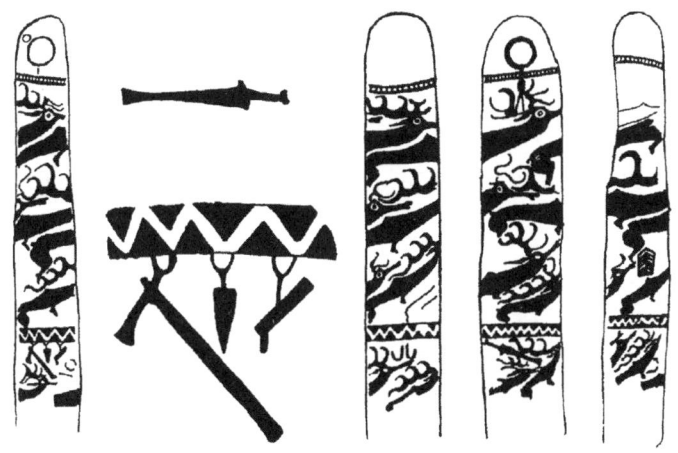

도면 101. 바양차가니 훈딘 아닥 복합유적 2호 사슴돌 모사도(볼꼬프, 2002)

(도면 99~101). 이 사슴돌은 단면이 거의 사각형으로서 넓은 면과 좁은 면이 잘 구분되지 않는다. 목걸이 위로는 술이 달린 둥근 고리-귀걸이와 그냥 둥근 고리-귀걸이 및 작은 고리가 각각 대칭적으로 배치되었고, 요대 아래에는 단검, 전투형 도끼, 숫돌(?), 활집이, 목걸이와 요대 사이 및 요대 아래에는 19마리의 사슴이 각각 새겨져 있다. 한쪽 면에는 요대 위로 방패가 보인다. 이 사슴돌은 높이가 314㎝이다.

(9) 차칭 에렉(Цацын эрэг; Tsatsyn ereg) 복합유적

아르항가이 아이막 이흐 타미르 솜의 호이드 타미르강이 북동쪽으로 흐르다가 동쪽으로 굽어지는 곳의 모서리 부분 서쪽에 위치한다. 바양차가니 훈딘 아닥 유적의 사슴돌 그룹에서 북동쪽으로 약 12㎞ 떨어져 있다. 타이하르 촐로(바위)에서 북북동쪽으로 약 20.2㎞ 거리이다.

이 유적에 대해서는 소략하나 관련 자료가 확인되었다(국립문화재연구소, 2020a ; 볼꼬프, 2002). V.V.볼꼬프는 13기의 사슴돌을 보고하였는데, 주변에 크고 작은 히르기수르와 판석묘가 분포한다. 필자는 한 판석묘(3.3×3.35m)의 모서리에 서 있는 그리고 그 주변에 눕혀져 있는 3호~7호 사슴돌을 확인하였다(도면 102). 그중 3호와 6호 사슴돌을 소개하면 다음과 같다.

3호 사슴돌(V.V.볼꼬프의 1호 사슴돌)은 판석묘의 북동쪽 모서리 부분에 눕혀져 있다(도면 103~104). 한쪽 넓은 면에 둥근 거울, 단검, 兀(올)자 모양 기물, 전투형 도끼 등이 새겨져 있는데, 안타깝게도 이 면이 아래로 향하고 있어 확인하지 못하였다. 다른 면들에는 사슴들이 새겨져 있고, 그중 한 면의 윗부분에는 둥근 고리-귀걸이도 있다. 이 사슴돌은 길이가 280㎝이다.

6호 사슴돌(V.V.볼꼬프의 2호 사슴돌)은 판석묘의 동쪽 변을 이루던 것을 세운 것이다(도면 105). 한쪽 넓은 면 윗부분에 술이 달린 직경 22㎝의 둥근 고리-귀걸이가, 그 아래에는 5마리의 사슴이, 가장 아래에는 단검이 각각 새겨져 있다. 다른 넓은 면에는 둥근 고리-귀걸이와 사슴들이 새겨져 있고, 한쪽 좁은 면에는 사슴들 사이에 등에 고리가 있는 전투형 도끼가 확인된다. 이 사슴돌은 길이가 201㎝이다.

이 사슴돌 그룹이 위치하는 판석묘의 동쪽에는 부석낭도를 연상시키는 좁고 긴 네모꼴과 긴 네모꼴 구조물 및 환석군이 일정한 규칙에 따라 배치된 제사유적이 있다(도면 106). 이 유적에는 또한 방형의 경계 위석열과 중앙 적석구, 모서리 돌무지, 위성 돌무지, 부석낭도 등의 둘레를 둥글게 원을 그리면서 환석군이 둘러싸고 있는 히르기수르도 있다(도면 107). 중앙 적석구에서 경계 위석열 동변을 지나

도면 102. 차칭 에렉 복합유적 1~5호 사슴돌(사진 정석배)

도면 103. 차칭 에렉 복합유적 3호 사슴돌(사진 정석배)

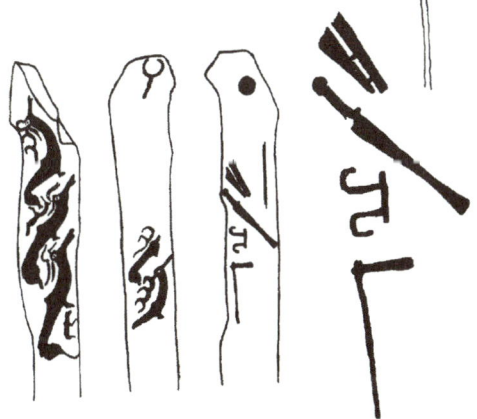

도면 104. 차칭 에렉 복합유적 3호 사슴돌 모사도(볼꼬프, 2002)

2. 청동기시대

는 좁고 긴 네모꼴 구조물도 확인된다. 이 히르기수르의 동쪽에는 사슴돌이 하나 있다.

도면 105. 차칭 에렉 복합유적 6호 사슴돌(사진 정석배)

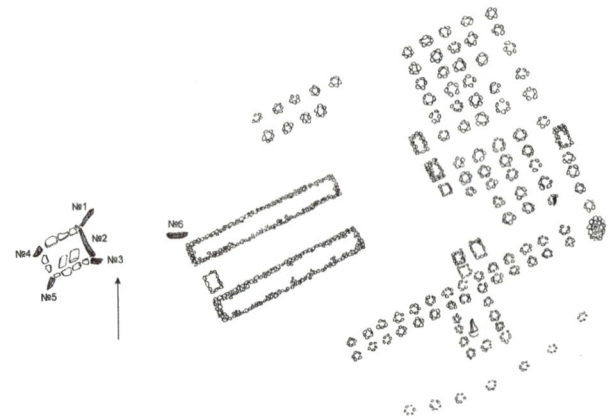

도면 106. 차칭 에렉 복합유적 판석묘와 제사유적 배치도(볼꼬프, 2002, 필자 재편집)

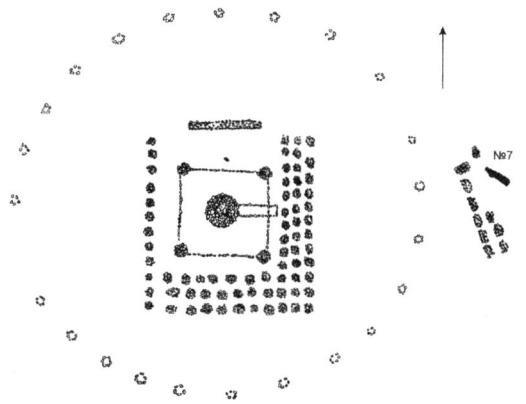

도면 107. 차칭 에렉 복합유적 히르기수르(볼꼬프, 2002, 필자 재편집)

(10) 쉬베르팅 암(Шивэртийн ам; Shivertiyn am) 복합유적

아르항가이 아이막 바트쳉겔 솜의 호이드 타미르강 남쪽에 위치한다. 그런데 "쉬베르팅 암(시베르틴 암)"이라는 명칭을 가진 사슴돌 유적은 아르항가이 아이막 이흐타미르 솜에도 있어 주의가 필요하다. 1976년에 몽골과 소련 공동조사단이 발굴을 하여 2기 판석묘에서 약 30개의 사슴돌을 발견하였다. 1979년에 D.체벤도르지가 이 유적에서 37개의 사슴돌이 있다고, 1981년에 V.V.볼꼬프는 31개의 사슴돌이 있다고 각각 보고하였다. 현재는 21개의 사슴돌이 있다고 한다. 사슴돌 2개에는 붉은색 물감 흔적이 남아있다(국립문화재연구소, 2020a).

필자가 구글어스와 답사를 통해 파악한 바에 따르면 이 유적에는 3개소의 지점이 구분된다. 동북쪽에 사슴돌과 판석묘, 동남쪽에 사슴돌과 판석묘 및 각종 환상 구조물이 있다. 서쪽에는 히르기수르들이 분포하고 있다.

동북 그룹에는 16호, 17호, 18호, 19호 사슴돌이 한곳에 모여 있고(도면 108), 그 남쪽에 판석묘가 1기 확인된다.[2] 그중 가장 큰 19호 사슴돌에는 양쪽 넓은 면의 윗부분에 둥근 고리 모양의 귀걸이가 새겨져 있는데 그중 하나는 아랫부분이 두 가닥으로 나뉘는 술이 달려 있다(도면 109). 아랫부분에는 한쪽 넓은 면에는 단검이, 양쪽 좁은 면에는 방패와 兀(올)자 모양 기물이 각각 새겨져 있다. 가운데에는 모두 17마리의 크고 작은 사슴이 새겨져 있다. 술이 있는 귀걸이의 아래로 큰 사슴 두 마리 사이 오른쪽에 2마리의 산양이 작게 새겨져 있다. 여러 가지 정황으로 보아 이 사슴돌은 V.V.볼꼬프의 2호 사슴돌에 상응하는 것으로 생각된다. V.V.볼꼬프는 이 사슴돌이 5호 위석의 북동쪽 모서리에 서 있다고 하였다. 이 사슴돌은 높이는 252㎝

도면 108. 쉬베르팅 암 복합유적 동북 그룹 사슴돌(사진 정석배)

---

2. 사슴돌 번호는 국립문화재연구소(2020) 번역본 안을 따랐다. 국립문화재연구소의 1호 사슴돌은 V.V.볼꼬프의 24호 사슴돌에 해당하는 등 사슴돌 번호가 서로 차이를 보인다.

도면 109. 쉬베르팅 암 복합유적 19호 사슴돌(사진 정석배)

이다. V.V.볼꼬프는 높이를 1.3m로 파악하였는데 아마도 땅속에 묻힌 부분을 제외한 높이일 것이다.

18호 사슴돌은 19호 사슴돌과 나란히 위치하며, 한쪽 넓은 면 윗부분에 술이 달린 둥근 귀걸이가, 그 왼쪽에는 2마리의 말이, 말과 귀걸이 아래에는 서로 방향을 달리하는 사슴들이, 아래에는 둥근 거울과 단검이 각각 새겨져 있다(도면 110). 이 면의 가장 위 큰 사슴 아래에는 왼쪽에 작은 크기의 사슴 혹은 말이 하나 더 보인다. 다른 쪽 넓은 면에는 사슴들이, 한쪽 좁은 면에는 위에는 방패와 활이, 아래에는 말들이 각각 새겨져 있다. 이 사슴돌은 높이가 152㎝이다.

동남 그룹에 위치하는 1호 사슴돌(V.V.볼꼬프의 24호 사슴돌)은 붉은색 안료를 칠한 사슴의 그림으로 유명하다. 이 사슴돌은 판석묘의 한쪽 변에 세워져 있으며, 모양이 커트 칼을 연상시킨다(도면 111~113). 양쪽 넓은 면의 윗부분에는 각각 크고 작은 2개씩의 둥근 고리-귀걸이가 새겨져 있고, 그 아래에는 목걸이가 표현되어 있다.

도면 110. 쉬베르팅 암 복합유적 18호 사슴돌(사진 정석배)

도면 111. 쉬베르팅 암 복합유적 동남그룹 1호 사슴돌과 판석묘(사진 정석배)

도면 112. 쉬베르팅 암 복합유적 1호 사슴돌(사진 정석배)

목걸이 아래에는 크고 작은 사슴들이 표현되었으며, 그 중 한 곳에는 둥근 거울이 새겨져 있다. 아래의 요대에는 단검, 전투용 도끼, 활집 등이 매달려 있다. 좁은 면 한 곳에는 안에 둥근 원이 들어 있는 오각형 방패가 새겨져 있다. 이 사슴돌은 높이가 270㎝이다.

도면 113. 쉬베르팅 암 복합유적 1호 사슴돌 모사도 (볼꼬프, 2002)

필자는 그 외 이 유적에서 동북 그룹 16호와 17호, 동남 그룹 6호와 7호 등의 사슴돌도 확인하였으나, 상기 사슴돌과 16호를 제외하고는 모두 넘어져 있는 상태였다.

(11) 운두르 하사(Өндөр хацаа; Undur khyasaa) 사슴돌

우부르항가이 아이막 바트-울지 솜의 오르혼 폭포에서 서서남쪽으로 약 6.1㎞ 거리에 위치한다. 이곳은 오르혼강 상류 우안 계곡 들판이다. 관련 자료가 간략하게 소개되어 있다(국립문화재연구소, 2020b). 화강암으로 만든 사슴돌이 하나 서 있는데 주변에 히르기수르 등 다른 유적은 보이지 않는다. 사슴돌의 한쪽 면 윗부분에는 둥근 고리-귀걸이가 있고, 아랫부분에는 지그재그 혹은 톱니무늬로 채워진 요대가 돌려져 있다(도면 114). 귀걸이와 요대 사이는 4면이 모두

도면 114. 운두르 하사 사슴돌(사진 정석배)

사슴의 형상으로 채워져 있는데 머리가 위로 향하는 것과 아래로 향하는 것이 구분된다. 이 사슴돌은 크기가 225×40×34㎝이다.

(12) 테멩 출론 암(Тэмээн чулууны ам; Temeen chuluuny am) 유적

우부르항가이 아이막 바트-울지 솜의 테멩 출론 암(낙타 돌의 입)에 위치한다. 이곳은 빼어난 절경으로 유명한 우르팅 토호이 절벽에서 바트-울지 솜 읍으로 가는 길의 남쪽 산 사이 계곡에 해당하며, 우르팅 토호이 절벽과는 서서남쪽으로 약 5㎞ 떨어져 있다. 오르혼강의 상류 지역에 해당하며, 오르혼강 우안에 이름을 알 수 없는 지류의 우안(동남쪽)에 위치한다. 두 강이 합수하는 곳에서 서남쪽으로 약 2.05㎞ 떨어져 있다. 이 유적은 세계문화유산에 등재되어 있다.

이곳에는 판석묘가 수 개의 그룹을 이루며 분포하는데 서쪽에 있는 가장 많은 수의 판석묘는 110m에 걸쳐 남북 방향으로 열을 이루고 있다(도면 115~116). 유적 표지판의 설명에 따르면 1971년에 이곳에서 판석묘를 발굴하여 소와 양의 뼈, 골제 유물, 청동 유물, 토기편 등을 발견하였다고 한다. 이 유적의 11호 판석묘에는 5개의 사슴돌이 사용되었다고 하는데, 필자는 1호 사슴돌만 실견하였다(도면 117). 이 사슴돌에는 아랫부분에 3마리의 사슴표현이 잘 남아있으나, 다른 부분에서는 사슴 등을 구분할 수 없었다. 이 유적에서 발견된 상태가 좋은 4호 사슴돌은 현재 하르허롬 박물관에 전시되어 있다(국립문화재연구소, 2020b).

도면 115. 테멩 촐론 암 유적(북서쪽에서)(사진 정석배)

도면 116. 테멩 촐론 암 유적(남동쪽에서)(사진 정석배)

도면 117. 테멩 촐론 암 유적 11호 판석묘와 사슴돌(사진 정석배)

2. 청동기시대

이 유적의 판석묘 하나에는 사람들이 나란히 서 있는 모습의 암각화가 있다(바트볼드, 2016). 오른쪽에 있는 9명의 사람은 왼손을 허리에 대고 오른손을 위로 치켜들었으며 다리는 조금 벌린 자세이다(도면 118~119). 그런데 위로 치켜든 오른손에는 무언가 둥근 혹은 타원형의 물건이 쥐어져 있다. 왼쪽 가장 끝의 사람은 팔과 다리를

도면 118. 테멩 촐론 암 유적 판석묘의 암각화(사진 정석배)

도면 119. 테멩 촐론 암 유적 판석묘의 암각화 모사도(바트볼드, 2016)

그냥 벌린 채 서 있다. 그런데 모사도를 보면 그 앞의 한 사람은 마치 그에게 칼을 겨누는 듯한 모습이고, 또 그 오른쪽의 사람은 허리와 다리만 표현되었지만, 실제 암각화를 보면 칼을 겨누는 것 같지 않고 또 허리 위로도 무언가 몸체가 있는 것으로 여겨진다. 오른쪽의 9명은 마치 손에 무언가를 들고 응원하는 모습을 연상시킨다.

(13) 숑흘라이 올(Шунхлай уул; Shunkhlai uul) 복합유적

우부르항가이 아이막 후지르트 솜 읍의 북쪽 숑흘라이 올(산) 산기슭에 위치한다(도면 120). 숑흘라이 올 고분군(Шунхлай уулын булш) 혹은 숑흘라이 올 고분, 히르기수르 복합유적(Шунхлай уулын булш, хиргисүүрийн цогцолбор дурсгал)으로 불리기도 한다.

이 유적은 1949년 S. V. 끼셀료프와 Kh.페를레가 이끄는 소련 과학원과 몽골 과학 연구소가 조직한 "몽골 역사 및 민족학" 원정대에 의해

도면 120. 숑흘라이 올 복합유적 전경(서북쪽에서)(사진 정석배)

처음 조사되었다. 1956년과 1978년에 "Kharkhorum Expedition"이 이곳의 여러 판석묘를 발굴하였고, 2020년 교육문화과학부 장관 A/161호 명령에 따라 아이막의 보호를 받게 되었다(인터넷 자료1).

이곳 숑흘라이 올(山)의 서쪽 말단부 남쪽과 서쪽 기슭을 따라 150 기 이상의 판석묘, 히르기수르 등이 분포한다. 이 산의 남쪽 기슭에 분포하는 3기의 히르기수르는 모두 경계 위석열의 평면이 원형이며, 가운데 중앙 적석구가 위치한다. 경계 위석열의 직경은 47~48m, 41~43m(도면 121), 29~31m 등 크지 않다. 남쪽과 서쪽 기슭 사이의 모서리 부분에는 히르기수르를 연상시키나 네 모서리에 입석을

도면 121. 숑흘라이 올 복합유적 남쪽 기슭 서남쪽 히르기수르(사진 정석배)

도면 122. 숑흘라이 올 복합유적 남쪽과 서쪽 기슭 사이의 히르기수르 모양 구조물(사진 정석배)

도면 123. 숑흘라이 올 복합유적 서쪽 기슭의 히르기수르(사진 정석배)

도면 124. 숑흘라이 올 복합유적 서쪽 기슭의 판석묘(사진 정석배)

세운 구조물도 있다. 이 구조물은 경계 위석이 평면 원형이며, 입석은 장방형을 이루게 배치되었다. 경계 위석열의 직경은 약 20~21m이다(도면 122). 서쪽 기슭에는 크기가 작은 다수의 히르기수르가 분

2. 청동기시대   111

포하나(도면 123), 남북 경계 위석열의 거리가 약 69m가 되는 대형도 있다. 판석묘는 이 산의 남쪽과 서쪽 기슭에 히르기수르 보다는 더 산에 가깝게 분포한다(도면 124).

(14) 돈드 자르갈란트(Дунд жаргалант; Dund Jargalant) 복합유적

헨티 아이막 움누델게르 솜에 위치한다. 유적이 있는 곳은 헨티산맥의 남동쪽 가장자리 가까이 흐르는 오논강의 지류 자르갈란트강의 좌안(북안) 들판이다. 이곳 주변은 모두 산이다. 이 유적은 1973년에 Kh.페를레와 D.체벤도르지가, 1975년에 몽골과 V.V.볼꼬프가 이끄는 소련 조사단이 공동으로 조사하였다. 2008년에는 몽골의 Ts. 볼로르바트 등이 이 유적을 다시 조사하였다(국립문화재연구소, 2020b ; 볼꼬프, 2002). 필자는 이 유적을 2023년 8월에 답사하였다.

유적은 일정 거리를 두고 동쪽과 서쪽 2개 그룹이 구분된다. 동쪽 그룹은 4기의 판석묘와 사슴돌로 이루어져 있는데(도면 125), 2호 판석묘가 비교적 잘 남아있다(도면 126). 모두 10기의 판석묘와 7개의 사슴돌이 확인되었다. 이곳 사슴돌은 대부분 판석묘의 모서리 돌로 쓰이거나 혹은 판석묘를 축조할 때 부재로 사용되었다. 이 사슴돌은 모두 몽골-자바이칼 유형에 속한다. 사슴돌의 번호는 V.V.볼꼬프의 책과 국립문화재연구소가 발간한 책에 서로 차이를 보이며, 그 외 사슴돌의 크기도 다르게 표시되었다. 여기에서는 국립문화재연구소 안을 따르기로 한다. 사슴돌의 그림은 1호, 2호(V.V.볼꼬프의 3호), 3호(V.V.볼꼬프의 5호), 5호(V.V.볼꼬프의 7호) 사슴돌에 비교적 잘 남아있다. 1호와 2호 사슴돌은 1호 판석묘에(도면 127), 3호와 4호

도면 125. 돈드 자르갈란트 복합유적 동쪽 그룹 4호, 3호, 2호, 1호 판석묘(왼쪽→오른쪽)와 사슴돌 모습(사진 정석배)

도면 126. 돈드 자르갈란트 복합유적 2호 판석묘(사진 정석배)

사슴돌은 4호 판석묘에 각각 사용되었다.

1호 사슴돌은 회색 화강암으로 만들었다(도면 128~129). 윗부분에는 한쪽에는 술이 달린 둥근 고리-귀걸이가 다른 한쪽에는 사람의 얼굴 일부가 확인된다. 아랫부분에는 수직선을 일정 간격으로 넣은 요

도면 127. 돈드 자르갈란트 복합유적 1호 판석묘와 1호(가운데) 및 2호(왼쪽) 사슴돌(사진 정석배)

대가 표현되어 있고, 요대 위에는 거울과 오각형 방패가, 요대 아래에는 전투형 도끼와 단검이 각각 새겨져 있다. 중간 가장 넓은 부분에는 4면 모두에 사슴을 새겨 놓았는데, 3면의 사슴은 모두 머리가 위로 향하지만, 1면의 사슴은 머리가 아래로 향한다. 이 사슴돌은 높이가 178㎝ 이다.

도면 128. 돈드 자르갈란트 복합유적 1호 사슴돌(사진 정석배)

2호 사슴돌은 1호 판석묘의 북동쪽 모서리에 세워져 있다(도면 130~131). 회색 화강암으로 만들었고, 윗부분에 둥근 고리-귀걸이와 목걸이가 없다. 사슴들이 돌의 네 면에 걸쳐 표현되었다. 아래에는 삼각형 무늬로 장식된 요대와 숫돌, 방패, 단검, 칼 등이 표현되어 있다. 요대 아래에도 사슴이 새겨져 있다. 이 사슴돌의 높이는 193cm이다.

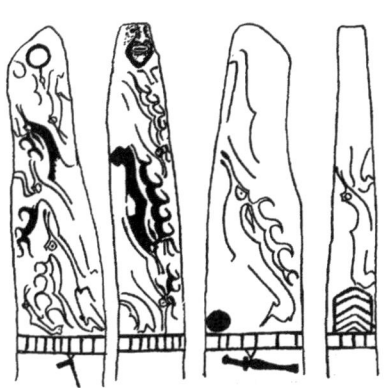

도면 129. 돈드 자르갈란트 복합유적 1호 사슴돌 모사도(볼꼬프, 2002)

3호 사슴돌은 4호 판석묘의 한쪽 모서리에 세워졌는데 지금은 많이 기울어져 있다(도면 132). 현재 사슴 등의 그림은 남쪽 면에만 남아있고, 다른 면에는 거의 보이지 않는다. 남쪽 면에는

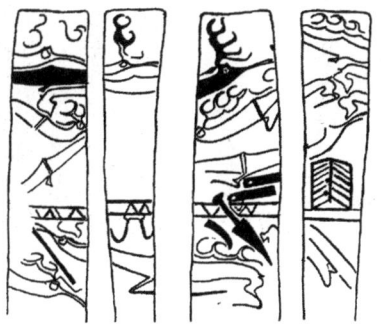

도면 130. 돈드 자르갈란트 복합유적 2호 사슴돌 모사도(볼꼬프, 2002)

위에서 아래로 고리-귀걸이, 목걸이, 6마리의 사슴이 새겨져 있다. 사슴은 위 두 마리는 머리가 아래로, 나머지는 모두 위로 향한다. 가장 아래에는 궁형의 등을 가진 칼이 새겨져 있다. 이 사슴돌은 높이가 248cm이다.

5호 사슴돌은 10호 판석묘 동쪽 10m 떨어져 위치한다. 이 사슴돌은 절반이 부러져 나간 상태이며, 한쪽 면에만 그림이 있다(도면 133). 가장 위에는 아래로 길게 곧은 선 모양의 술이 늘어진 둥근 귀걸이가, 그

도면 131. 돈드 자르갈란트 복합유적 2호 사슴돌(사진 정석배)

아래에는 두 줄의 선으로 된 목걸이가, 그 아래에는 네 마리의 사슴이 각각 새겨져 있다. 이 사슴돌은 잔존 길이가 165㎝이다. 필자가 답사하였을 때 이 사슴돌은 땅 위에 누워있는 상태였다.

  이 유적에 있던 사슴돌 중 하나는 현재 움누델게르 솜의 청사 부근에 세워져 있다. V.V.볼꼬프의 2호 사슴돌로 생각되며, 높이는 볼꼬프는 3.1m로, 국립문화재연소는 270㎝로 각각 보고하였다. 그 외에도 이 유적에는 사슴돌로 보이는 다른 돌이 하나 놓여 있는 것이 확인되었는데 그림이 일반적인 사슴돌과는 크게 차이가 난다.

도면 132. 돈드 자르갈란트 복합유적 3호 사슴돌(사진 정석배)

도면 133. 돈드 자르갈란트 복합유적 5호 사슴돌(사진 정석배)

(15) 하조 노르(Хажуу нуур; Khajuu nuur) 복합유적

라샹 하드 암각화 유적에서 북쪽으로 약 4.3km 거리의 들판에 위치한다. 이곳에는 판석묘 10여 기와 히르기수르가 있고, 그 북서쪽 부분에 사슴돌이 2개 세워져 있다(도면 134~135). Kh.페를레가 발견하였고, 1975년에 몽골과 소련 조사단이 공동으로 조사하였다. 2008년에는 몽골의 Ts. 볼로르바트 등이 이 유적을 다시 조사하였다(국립

도면 134. 하조 노르 복합유적(사진 정석배)

도면 135. 하조 노르 복합유적 판석묘(사진 정석배)

문화재연구소, 2020b; 볼꼬프, 2002). V.V.볼꼬프는 이 유적을 아르샹 하드라고 불렀고, 당시에는 사슴돌이 모두 눕혀진 상태였다. 이 유적 사슴돌은 유라시아대륙 사슴돌 중 가장 동쪽에 위치하는 것으로 평가되고 있다. 2호 사슴돌은 표면이 많이 풍화되어 그림이 잘 구분되지 않는다. 필자는 학생들과 함께 2023년 8월 저녁 8시 넘어 이 유적을 답사하였다.

1호 사슴돌은 정수리 부분에 "오"자 모양의 기호가 새겨져 있고, 또 윗부분에 다수의 고리-귀걸이가 새겨져 있다(도면 136~137). 한쪽 측면에는 고리-귀걸이가 4개 새겨져 있는데 그 중 3개에는 아래로 직선 모양의 술이 표현되었다. 한쪽 넓은 면에는 직경 5㎝인 2개의 작은 고리와 술이 달린 직경 12㎝인 1개의 큰 고리가 함께 새겨져 있다. 두 넓은 면에는 각각 네 마리씩의 사슴이 새겨

도면 136. 하조 노르 복합유적 1호 사슴돌(사진 정석배)

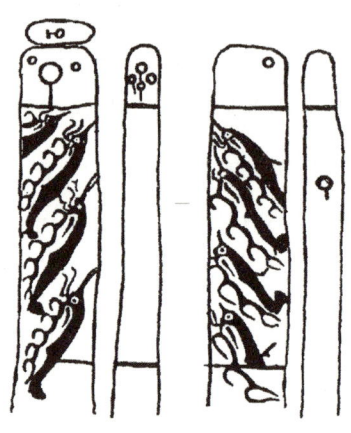

졌는데 가장 아래 사슴은 요대에 걸쳐져 있다. V.V.볼꼬프는 한쪽 측면에 있는 아래로 곧은 선이 있는 둥근 고리를 손잡이 달린 거울로 해석하였다. 이 사슴돌은 높이가 230㎝이다(V.V.볼꼬프는 높이 2.9m라고 하였다).

도면 137. 하조 노르 복합유적 1호 사슴돌 모사도(볼꼬프, 2002)

(16) 에르데네트(Эрдэнет; Erdenet) 구리광산

몽골의 두 번째 도시인 에르네네트시(市) 동쪽에 위치한다. 몽골에서 가장 큰 구리광산 중 하나이며 청동기시대부터 사용되었다고 한다(에렉젠, 2018). 필자는 2022년 8월에 에르데네트 구리광산을 멀찍이서 보았다(도면 138).

도면 138. 에르데네트 구리광산(북쪽에서)(사진 정석배)

3. 초기 철기시대

몽골의 초기 철기시대는 파지리크 문화와 찬드만 문화 그리고 판석묘 문화 후기로 대표된다(E.A.노브고라도바 저 / 정석배 역, 1995; 에렉젠, 2018). 청동기시대에 몽골의 중부와 동부 및 바이칼 남쪽 지역을 중심으로 발달한 판석묘 문화는 기원전 4세기 초기 철기시대까지도 계속해서 존속하였다. 판석묘 문화는, 상기한 바와 같이, 전기 촐로트 단계(기원전 13~기원전 8세기)와 후기 아차이 단계(기원전 8~기원전 6세기)로 구분하기도 하는데(쯔이빅따로프, 1998), 스키타이 시대에 발달한 아차이 단계가 바로 초기 철기시대에 해당한다.

파지리크 문화는 고르느이 알타이를 중심으로 발달한 고고학 문화이다. 이곳에는 청동기시대 카르수크 문화 단계 이후 아르잔-마이에미르 단계(기원전 9~기원전 6세기 전반)가 구분되고 있으며, 다음이 바로 파지리크 문화(기원전 6세기 후반~기원전 3세기)가 발달한 단계이다(띠쉬낀 (편찬), 2019). 고르느이 알타이의 파지리크 문화는 파지리크, 투엑타, 바샤다르, 베렐, 카탄다, 쉬베 등에서 조사된 대형 쿠르간 봉분을 가진 적석목곽분과 금, 은, 가죽, 모직물, 나무 등으로 만든 화려하고 다양한 유물 및 문신으로 장식된 미라로 인해 우리에게도 잘 알려져 있다. 카자흐스탄 지역에서 발굴된 베렐 고분군과 우코크 고원에서 발굴된 '얼음공주' 무덤도 모두 파지리크 문화에 속한다. 파지리크 문화의 유물은 영구빙결대(永久氷結帶) 덕분에 스키타이 세계의 그 어느 곳보다 유물이 잘 보존되었다.

몽골에서는 고르느이 알타이와 인접한 몽골 알타이에서 다수의 파지리크 문화 유적이 조사되었다. 이곳의 얼렁 구링 골-10 고분군, 바가 투르게니 골 고분군, 시베트 하이르한 고분군 등은 몽골의 파지리크 문화를 대표하는 유적들이다(에렉젠, 2018). 얼렁 구링 골-10 고분군 1호 쿠르간에서는 직경 11m의 적석 봉분 아래의 적석목곽분에서 남성 미라를 비롯하여 다량의 유물이 출토되었다. 목곽 덮개 위 북쪽 부분에서는 마구가 착장된 순장된 말 2필과 나무 방패 등이 발견되었다(도면 139). 이 무덤의 방사성탄소연대는 기원전 393년이다(몰로딘 외, 2012).

도면 139. 얼렁 구링 골-10 고분군 1호 쿠르간 피장자와 말 복원도(몰로딘 외, 2012)

찬드만(울란곰) 문화도 몽골의 서쪽 지역을 중심으로 발전하였지만, 파지리크 문화 유적에 비해 더 북동쪽으로 몽골에서 가장 큰 호수인 옵스 노르(호수) 가까이 유적이 분포한다. 이곳 찬드만-올 산에서 다수의 이 문화 무덤이 발굴되었다. 적석 봉분 아래의 묘광에서 통나무로 만든 목곽이나 석상 혹은 통나무관이 확인되었다. 스키타이 시대에 특징적인 다수의 청동 단검, 청동 손칼, 곡괭이형 투부, 동물장식 유물, 버클, 잠자리 눈 유리구슬 목걸이, 사슴이 돋을새김된 토기 등의 유물이 출토되었다. 연구자들에 따라 기원전 7~기원전 3세기 혹은 기원전 5~기원전 3세기로 편년된다(노브고라도바 E.A. 저 / 정석배 역, 1995).

필자는 1996년에 코카서스의 노보자베젠노예-2 고분군 스키타이 쿠르간 발굴에 참여한 적이 있고, 또 2014년에 하카시아-미누신스크 분지의 대(大) 살브익 쿠르간, 소(小) 살브익 쿠르간 등, 2014년과 2019년에 고르느이 알타이의 파지리크 고분군, 투엑타 고분군, 바샤다르 고분군, 쉬베 고분군 등 다수의 쿠르간을 답사한 바 있지만, 몽골에서는 파지리크 문화와 찬드만 문화의 유적을 아직 본 적이 없다. 판석묘 문화 후기 유적은 낮은 판석의 하조 노르 복합유적의 판석묘가 해당할 수 있을 것이나 확신할 수 없다. 따라서 몽골의 초기 철기시대 유적 소개는 차후의 과제로 하겠다.

Ⅲ. 흉노, 선비, 유연 시대

1. 흉노제국(匈奴帝國)

몽골 초원에는 판석묘 문화 다음에 흉노(匈奴) 시대가 도래한다. 흉노에 관한 내용은 『사기』「흉노열전」, 『한서』「흉노전」 등에서 확인할 수 있다(동북아역사재단 편, 2009a; 동북아역사재단 편, 2009b). 최근에 국내에 『흉노 유목제국사』라는 책이 발간되었는데(정재훈, 2023), 흉노 역사를 공부할 때 많은 도움이 될 것으로 생각된다.

기원전 4세기 후반에 역사의 무대에 등장한 흉노는[3] 기원전 209년에 묵특(冒頓)이 선우(單于)가 되면서 동쪽으로 동호(東胡)를, 서쪽으로 월지(月氏)를 격파하고, 남쪽으로 누번(樓煩), 백양(白羊), 하남(河南)의 땅을 병합하고, 또 진나라 몽염에게 빼앗겼던 땅을 모두 회복하였으며, 얼마 후에는 북쪽으로 혼유(渾庾), 굴석(屈射), 정령(丁零), 격곤(鬲昆), 신리(薪犁)를 모두 복속시켜 순식간에 대제국을 건설하였다.

『한서』「흉노전」에는 흉노가 자신의 수장을 텡그리 쿠트 선우(탱리고도선우 撐犁孤涂單于)로 불렀다고 한다. 텡그리는 하늘을, 쿠트는 아들을 뜻하기 때문에 텡그리 쿠트 선우는 바로 '하늘의 아들 선우', 다시 말해서 천자선우(天子單于)를 말하는 것이다. 흉노가 그 수장을

---

3. 『사기』「진본기」에 따르면 기원전 318년(后元 7년)에 한(韓), 조(趙), 위(魏), 연(燕), 제(齊) 5국이 연합하여 흉노를 거느리고 진(秦)을 공격한 사건이 있었다. 다만 이때의 "흉노"는 사마천이 북방의 유목민을 통칭하여 부른 명칭에 불과하다는 의견도 있다.

선우로 부른 것은 후대 유목제국의 칸, 카간, 혹은 가한(可汗)이나 중원왕조의 황제와는 명칭이 다르지만, 천자선우는 그 의미가 중원왕조의 천자, 즉 황제에 맞먹었다고 말할 수 있다.

기원전 200년에는 흉노 묵특선우와 한(漢) 고조 유방이 백등산(白登山)에서 싸워 한 고조에게 "평성(平城)의 치(恥)"를 안겨 주었다. 이후 약 70년간 한나라는 흉노와 겉으로는 동등한 "형제의 맹약"을 맺었으면서도 사실 종실의 공주 혹은 옹주를 비롯하여 매년 헤아릴 수 없이 많은 선물을 흉노에 보내는 등 굴종적인 상태가 이어졌다. 나중에 한나라는 흉노를 견제하기 위해 기원전 139년에 장건을 서역의 대월지로 파견하였고, 기원전 133년 마읍성(馬邑城) 사건 이후에는 공세적인 자세로 전환하여 빈번하게 흉노에 대한 군사 원정을 감행하였다.

흉노는 원래 황하가 북쪽으로 크게 만곡하는 곳의 오르도스 고원과 그 주변 일대에서 발원하였으나, 기원전 121년 무렵에 막북(漠北)으로, 다시 말해서 고비사막의 북쪽, 즉 지금의 몽골고원으로 그 중심지를 옮겼다. 몽골과 주변 지역의 흉노 유적들의 상한이 대부분 기원전 2세기 말인 것은 이 역사적 사실과 무관하지 않다.

흉노는 내분으로 인해 기원전 56년에 동흉노와 서흉노로 분열되었고, 또 서기 48년에는 다시 북흉노와 남흉노로 분열되면서 몽골고원에는 북흉노만 남게 되었다. 북흉노는 서기 87년에는 선비(鮮卑), 89년에는 한(漢), 91년에는 한과 남흉노의 군대에 의해 각각 크게 타격을 입고 마침내 몽골고원을 버리고 오손(烏孫)이 거주하고 있던 이리분지, 즉 지금의 카자흐스탄 알마티가 있는 제티수(=세미레치예) 지역으로 이동하고 말았다. 북흉노는 한때 이 일대에서 위세를 떨치기도 하였으나 서기 166년 이후로는 행적이 분명하지 못하다. 한편, 후한에 내속하였던 남흉노는 이후 그 후예들이 조(趙)(전조: 304~329년), 후조(後趙: 319~351년), 북량(北凉: 397~439년) 등을 선국하는 등 5호 15국 시대의 한 주역이 되었다.

사마천은 흉노가 "가축을 따라서 먹이고 옮겨 다녔다(隨畜牧而轉移)"라고 하여 유목 생활을 하였음을 말해주었다. 기르는 가축에 말, 소, 양이 많았고, 그 외에 낙타, 나귀, 노새 등 다른 동물도 있었다. 물과 풀을 따라 옮겨 다니며 살았으나, 각자에게 주어진 땅 분지(分地)는 있었다. 어린아이(兒)도 능히 양을 탈 수 있었고, 활을 당겨 새와 서(鼠)를 쏜다고 하였는데 서(鼠)는 아마도 몽골 초원 어디에나 사는 마멋일 것이다. 아이가 조금 자라면 여우와 토끼를 활로 쏘아 먹거리로 하였다. 어른은 활을 잘 쏘아 모두 무장 기병이 되었다. 평화로울 때는 가축을 따르고 짐승을 사냥하여 생업으로 삼았고, 위급할 때는 싸워 공격하는 것을 익혀 침략하였으니 그들의 천성이라고 하였다. 모두 가축의 고기를 먹고 그 가죽과 털로 옷을 해 입고, 모직물과 가죽으로 덮었다. 젊은이는 기름지고 맛있는 음식을 먹고 늙은이는 그 나머지를 먹었다. 아비가 죽으면 그 후처를 아내로 맞고, 형제가 죽으면 그 아내를 차지하였다고 하였다.

흉노의 유적은 고분, 성, 제철 유적, 토기 가마 유적, 암각화 등이 있다(중앙문화재연구원 엮음, 2018). 그중 고분이 가장 많이 조사 및 연구되었다. 흉노의 고분은 몽골, 자바이칼, 오르도스, 청해성, 감숙성, 신강성, 투바, 알타이산맥 등 폭넓은 지역에 걸쳐 분포하나, 몽골지역에 가장 집중되어 있다. 몽골에서는 2018년 기준 약 300개 지점에서 약 1만 2천 기의 흉노 무덤이 확인되었다. 고분은 봉분만 본다면 평면 방형과 원형(혹은 고리형)이 뚜렷하게 구분되며 규모도 차이가 난다.

평면 방형 무덤은 봉분과 묘도 부분을 포함하면 평면이 뒤집은 凸(철)자 모양이다. 발굴하기 전의 모습은 북쪽의 네모꼴 혹은 긴 네모꼴 봉분과 남쪽의 긴 사다리꼴 묘도구(墓道丘)가 구분된다. 봉분과 묘도구 모두 가장자리에는 돌을 쌓아 호석을 만들었으며, 안에는 일정한 규칙에 따라 흙과 돌을 채웠다. 평면 방형 무덤은 골모드-2 고분군 1호 무덤과 같이 높이 3.5m, 길이 48m, 폭 42~46m, 봉분과 묘도구를 합친 전체 길이가 약 86m인 대형도 있지만, 타힝틸 호트고르 64호 무덤과 같이 봉분의 크기가 8.1×8.27m로 소형인 것도 있다. 묘광(墓壙)은 계단식으로 팠으며, 노용올 고분군 20호 무덤이나 골모드-2 고분군 1호 무덤과 같이 깊이가 18.3m 혹은 21m로 깊은 것들도 있다. 묘광(무덤구덩이) 바닥에는 목곽 안에 목관을 안치하였으며, 그 위로는 돌층과 흙층을 반복하여 무덤구덩이를 메웠다. 대형의 방형 무덤 주변에는 배장묘를 만들기도 하였다.

평면 원형(혹은 고리형) 무덤은 외형이 돌 고리 모양으로 생겼으며, 묘도는 없고, 크기는 직경이 3~20m까지이다. 묘광은 평면 장방형이 많으며, 마찬가지로 계단식으로 팠다. 봉분은 높이가 지표상에 겨우 분간될 정도로 낮으며, 대부분 직경은 3~6.5m, 묘광의 깊이는 0.8~2.5m이다. 화려한 황금 유물은 대부분 대형의 방형 무덤에서 출토되었다.

암각화는 몽골 알타이 하느인 하드산(山)의 야만 오스 암각화 마차 그림이 유명하다(노브고라도바, 1984). 2개의 마차 그림이 따로 그려져 있는데 모두 차양으로 덮은 차체에 "공주"가 타고 있으며, 그 앞 혹은 앞뒤로 걷고 있는 동작의 말 위에 무장한 수행원이 타고 있다. 마차의 바퀴가 전차와 같이 2개인 점이 주목된다. 한 마차는 1필의 말이 끌고 있고, 다른 한 마차는 3필의 말이 끄는 삼두마차이다(도면 140). 마차 혹은 전차는 흉노의 고분에서도 다수 출토되었다.

흉노의 유물은 골모드-2 고분군 1호 무덤에서 출토된 화려한 황금 유물과 여러 종류의 기물이 유명하다. 금, 은, 청동 등으로 만든 띠 부속품도 잘 알려져 있으며, 한국과 관련해서는 청동 솥인 동복(銅鍑)과 재갈멈치 등의 마구(馬具)가 주목받고 있다. 흉노 유적에서는 명적(鳴鏑)도 가끔 발견되고 있는데, 흉노제국을 건설한 묵특(冒頓)이 자신이 발명한 명적을 이용하여 아버지 두만선우를 죽이고 스스로 선우가 되었다는 일화가 있다.

흉노의 복합식 활도 중요한데, 흉노식 활은 이후 돌궐식 활 및 몽골식 활로 개량되어 오늘에 이르고 있다(고르부노프, 2006). 흉노의

도면 140. 몽골 알타이 하느인 하드산의 야만 오스 암각화 흉노 마차(노브고라도바, 1984)

활은 나무로 만든 몸체, 뼈 혹은 뿔로 만든 양쪽 가장자리 뿔 부분(고자 부분)의 덧판 및 가운데 부분(줌통 부분)의 덧판으로 구성되었으며, 동물의 심줄을 감아 고정하였고, 자작나무 내피를 덧싸 마무리하였다. 기원전 2세기~서기 5세기에, 다시 말해서 흉노, 선비, 유연 시대에 사용된 흉노식 활은 덧판을 7개 혹은 6개를 사용하였으며, 시위를 푼 상태의 길이가 140~155㎝인 장궁(長弓)이었다. 이에 반해 돌궐식과 몽골식 활은 시위를 푼 상태의 길이가 130~135㎝인 중궁(中弓)이나 120㎝이하인 단궁(短弓)을 사용하였으며 덧판의 개수와 길이도 차이가 났다. 장궁은 원거리용이고, 단궁은 단거리용인데, 흉노에서 돌궐을 거쳐 몽골제국 시대에 이르면서 유목민들 사이에 전략의 변화가 있었음을 보여 준다.

흉노의 활 부속품은 몽골의 흉노 유적 여러 곳에서 출토되었다(도면 141). 흉노식 활의 모양은 고르느이 알타이 얄로만-2 고분군 출토 흉노 시기 활 몸체와 부속품 및 그 복원도를 통해 잘 확인할 수 있다(도면 142). 그 외에도 몽골에서는 유연 시기의 오르트 올란 우네트 암벽 무덤에서 거의 온전한 상태로 발견된 흉노식 활이 있어 주목된다(도면 205).

흉노는 국제적으로 주목받는 연구주제이다. 한국의 국립중앙박물관과 국립문화재연구원, 서울대학교 박물관, 중앙문화재연구원 등도 몽골에 있는 흉노 유적을 발굴한 적이 있다. 그것은 아마도 민족대이동의 시대를 열

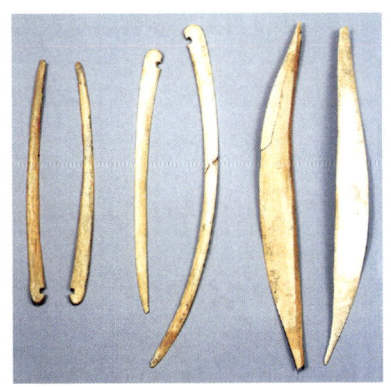

도면 141. 몽골 노민 야상 날트 유적 출토 흉노 활 부속품(덧판)(서울대학교 박물관 외, 2008)

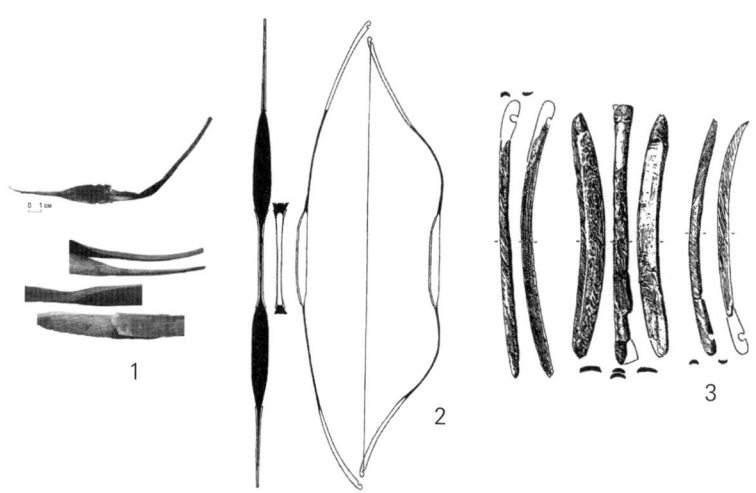

도면 142: 고르느이 알타이 얄로만-2 고분군 출토 흉노식 활: 1 – 얄로만-2 고분군 31호 쿠르간 출토 목제 활 몸체(띠쉬낀·므일니꼬프, 2008), 2 – 얄로만-2 고분군 출토 흉노식 활 복원도(고르부노프, 2006), 3 – 얄로만-2 고분군 출토 골제 활 덧판(고르부노프, 2006).

고 또 지금의 유럽지역 역사에 큰 영향을 끼친 훈족이 흉노와 밀접한 관련이 있기 때문일 것이다. 흉노와 훈족의 관계가 학술적으로 분명하게 밝혀진 것은 아니지만 훈족이 서쪽으로 이동한 북흉노과 관련되었음은 의심의 여지가 없다고 생각되며, 유럽의 역사학자와 고고학자들은 일찍부터 자신들의 고대 및 중세사 연구와 관련하여 몽골 초원의 흉노 유적에도 주목하였다. 국제적인 관심에 힘입어 오늘날 몽골 경내에서는 엄청난 수의 흉노 유적이 발견된 상태이며, 화려한 유물을 안겨준 대형의 고분들도 발굴되었다.

흉노의 유적은 2022년에 흉노 용성(龍城)으로 추정되고 있는 오르혼강 중류 지역의 하르가닝 두르불징 성(城), 화려한 황금 유물이 다량 출토된 하노이강 유역의 골모드-2 고분군과 버러강과 만달강 사이의 노용 올 고분군, 소형 무덤들이 모여있는 만달강 상류 지역의 아르 군트 고분군을 답사하였다. 그 외 오르혼강 중상류 지역 위구르 오브라 합찰 고분군 부근의 흉노 고분군도 보았다. 2023년에는 오논강 유역의 도르릭 나르스 고분군, 헤를렌강 상류 지역의 테렐징 두르불징 성, 부르힝 두르불징 성, 후레트 도브 성, 쳉헤린 골링 헤렘 성, 오르혼강 중류 지역의 하르가닝 두르불징 성과 탈링 고르왕 헤렘(타미르 2) 성을 답사하였다. 흉노의 유물은 올란바타르에 있는 몽골국립박물관과 칭기스칸 박물관에서 실견할 수 있다.

(1) 하르가닝 두르불징(Харганын дөрвөлжин; Kharganyn dörvöljin / Durvuljin) 성(城)

아르항가이 아이막 울지트 솜의 오르혼강 좌안(서안) 평원에 위치하며 동쪽의 오르혼강과는 약 2.5㎞ 떨어져 있다. 울지트 솜 읍의 동쪽 오르혼강 다리에서 서남쪽으로 약 10.1㎞ 거리이다. 올란바타르 수흐바타르 동상과는 서쪽으로 약 330㎞ 떨어져 있다. 흉노 용성(龍城) 유적이며, 흉노 용성으로 밝혀진 다음부터는 "용의 도시"라는 뜻을 가진 "로트 허트(Луут хот)"로도 불린다.

성은 평면 回(히)자 모양이 내외 이중성이며, 성벽은 모두 층다짐하여 쌓았다. 다만 외성 성벽은 북쪽 부분만 남아있다(도면 143). 외성의 북벽은 길이 553m, 너비 12~15m이다. 내

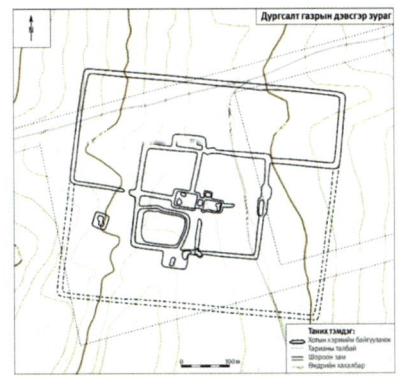

도면 143. 하르가닝 두르불징 성 평면도(이데르 항가이, 2021)

성은 평면이 동서 장방형이며, 동서 길이 265m, 남북 폭 200m, 성벽 두께 13~16m이다. 내성의 가운데에 궁전 건축지로 추정되는 기단 건물터가 있고(도면 144), 이 기단에서 사방의 성문으로 연결된 도로가 있다. 내성의 남서쪽에는 길이 94.5m, 너비 65m, 깊이 2m인 인공 연못이 있다(도면 145). 연못의 서쪽에는 길이 6.35m, 너비 0.65m의 도랑이 발굴되었다. 도랑의 바닥에는 암키와를 깔았고, 양쪽에는 판석을 세워 벽을 만들었으며, 위는 판석으로 덮었다. 2022년에는 궁성의 남문지를 발굴하기 시작하였다.

이 유적은 T.이데르항가이가 2017년에 발견하였고, 2019년에 "單于(선우)"명 와당편을, 2020년 4월에 "天子單于(천자선우)"명 와

도면 144. 하르가닝 두르불징 성 궁전 기단(사진 정석배)

도면 145. 하르가닝 두르불징 성 인공 연못(사진 정석배)

당편 발견하였으며, 2020년 7월에 발굴을 시작하였다(이데르항가이, 2021). T.이데르항가이는 "單于"와 "天子單于"명 와당을 통해 발굴 전에 이 유적이 흉노의 용성(龍城)일 것을 추정하였다.『한서』「흉노전」에 "매년 정월에 여러 장(長)이 선우정(單于庭)에서 작은 모임(小會)을 갖고 제사 지냈다. 오월에는 용성(龍城)에서 큰 모임(大會)을 갖고 그 조상, 천지, 귀신에게 제사를 지냈다. 가을 말이 살찔 무렵에 대림(蹛林)에서 큰 모임(大會)을 갖고 백성과 가축의 숫자를 세었다"라고 하였다.『사기』「흉노열전」에도 이와 같은 기록이 있는데 용성(龍城)을 농성(蘢城)으로 기록한 것만 차이가 난다. 선우정의 위치에 대해서는『사기』「흉노열전」과『한서』「흉노전」 모두 "선우정은 대(代), 운중(雲中)과 마주하고 있다"라고 하여 대략적인 위치를 말해주고 있다. 하지만 용성과 대림의 위치에 대해서는 사료에 언급이 없다.

발굴에서 다량의 수키와 및 암키와와 함께 전체 형태가 복원된 와당도 출토되었는데 "天子單于 與天毋極 千萬歲(천자선우 여천무극 천만세)"라는 글자가 돋을새김으로 표현되어 있다(도면 146). 명문의 서

도면 146. 하르가닝 두르불징 성 출토 천자선우여천무극천만세(天子單于與天毋極千萬世) 명문 와당(칭기스칸 박물관, 사진 정석배)

체는 전서체(篆書體)이다. "하늘의 아들 선우, 하늘과 더불어 끝이 없길, 천만세를 누리길"로 해석할 수 있을 것이다. "선우천강(單于天降)"과 "선우화친(單于和親)" 등 "선우"명 와당은 내몽골 포두시(包頭市) 소만(召灣) 한묘(漢墓) 등 다른 유적에서도 발견된 적이 있어도 (張靖硏·張麗, 2010), "선우천자"명 와당은 이 유적을 제외하면 아직 발견된 곳이 없다.

『한서』「흉노전」에 "하늘의 아들 선우"에 대한 다음과 같은 기록이 있다: "선우의 성은 연제씨(攣鞮氏)인데 그 나라에서 탱그리 쿠트 선우(탱리고도선우 撐犁孤涂單于)라고 불렀다. 흉노는 하늘을 탱리(=탱그리)라고, 아들을 고도(=쿠트)라고 불렀다". 탱리고도선우는 해석하면 하늘의 아들 선우, 다시 말해서 한자로 "천자선우(天子單于)"가 되는 것이다.

T.이데르항가이는 이 유적을 흉노의 용성이나 도성으로 판단한다. 이 성은 몽골지역에서 발견된 흉노 성 중 최대 규모이다. 용성 혹은 도성으로 추정된 적이 있는 유적으로 탈링 고르왕 헤렘성, 고아 도브성, 후레트 도브성이 있다.

탈링 고르왕 헤렘성은 3개의 성이 동서로 나란히 배치되어 있는데 용성 유적으로 추정된 적이 있다. 3개 성이 각각 조상, 천지, 귀신에 대한 제사와 관련되었다는, 혹은 가운데 성은 선우, 좌우의 성은 좌현왕과 우현왕의 제사 장소라는 의견이 있었다(任瀟·周立剛, 2021). 고아 도브성(200×180m)은 흉노 선우의 여름 궁전일 것으로 추정된 바 있고, 도성의 성격을 가지기에 용성과 관련될 수 있다는 의견도 제시되었다. 후레트 도브성은 규모가 420×420m의 대형 성이며, 다량의 기와와 와당 등이 출토되어 흉노의 도성으로 추정된 바 있다.

(2) 탈링 고르왕 헤렘(Талын гурван хэрэм; Talyn gurvan kherem) 성(타미르 2)

아르항가이 아이막 타미르강 좌안(북안)에 위치한다. 흉노 용성인 하르가닝 두르불징 성에서 남서쪽으로 약 26.7㎞ 떨어져 있고, 동쪽으로 오르혼강과 타미르강이 합수하는 지점까지는 약 17.8㎞ 거리이다. 서에서 동으로 A성, B성, C성으로 명명된 3개의 방형 토성이 근접하여 동서 방향으로 나란히 배치되어 있다(도면 147). A성(서성) 동벽과 C성(동성) 서벽과의 거리는 1,725m이다(David 외, 2006). 3개의 성이 나란히 배치되어 있어 삼련성(三連城)이라고 부르기도 한다(任瀟·周立剛, 2021).

서성(西城) A성은 크기가 동서 490m, 남북 450m이며, 성벽의 너비는 16~18m, 높이는 0.5~2m이다. 동벽, 서벽, 남벽 단절부는 문지였을 것으로 추정된다. 각 모서리는 바깥으로 4~5m 돌출하였고 또 0.4~1m가 더 높아 각대가 있었을 것으로 추정되었다(도면 148). 성벽 둘레에 해자가 있다. 성 내에는 가운데에 큰 규모의 둔덕 모양 건물 기단이 있고(도면 149), 그 남쪽에 다른 상대적으로 작은 둔덕-기단들이 분포한다.

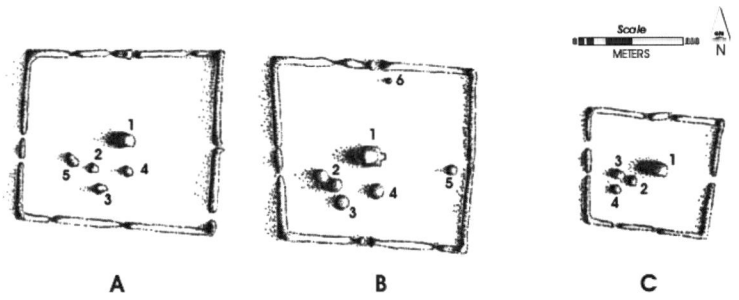

도면 147. 탈링 고르왕 헤렘 성 배치도(David E. Purcell 외, 2006, 필자 재편집)

도면 148. 탈링 고르왕 헤렘 성 서성(A성) 동북 모서리 부분(밖에서)(사진 정석배)

도면 149. 탈링 고르왕 헤렘 성 서성(A성) 내의 둔덕-기단(북벽에서)(사진 정석배)

    중성(中城) B성은 규모가 동서 455m, 남북 440m이며, 네 성벽에 각각 문지가 확인되었다(도면 150). 성벽은 너비 16~20m, 높이 1.2~1.75m이다(도면 151). 성 둘레의 해자는 현재 깊이 15~20㎝이다. 성 내에 다수의 둔덕 모양 기단이 분포한다. 성 가운데에 있는 둔덕은 높이가 2m이다(도면 152).

    동성(東城) C성은 규모가 동서 335m, 남북 275m이며, 성벽은 너비 10m, 높이 0.2~0.6m이다. 3개 성 내에는 모두 가운데에 높은 둔

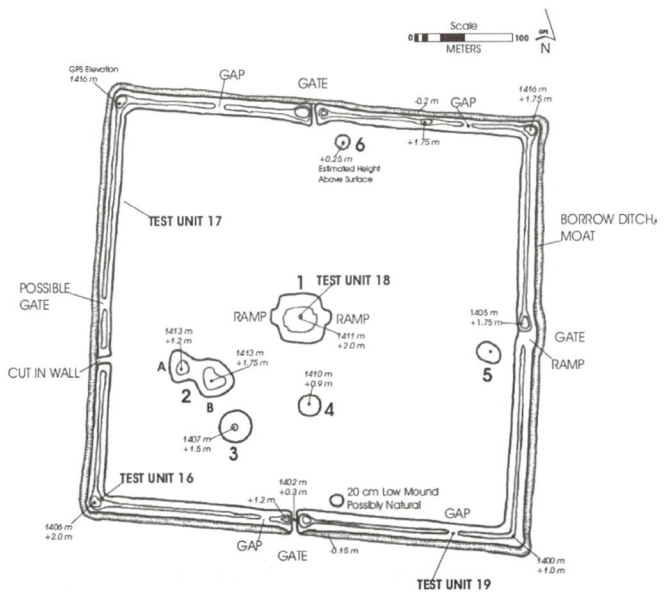

도면 150. 탈링 고르왕 헤렘 성 중성(B성) 현황도(David E. Purcell 외, 2006)

도면 151. 탈링 고르왕 헤렘 성 중성(B성) 북벽(동쪽에서)(사진 정석배)

덕 형태의 건물 기단이 있고(도면 153), 또 그 주변으로 크고 작은 기단이 분포한다.

타미르 2 유적으로 불리기도 하는 탈링 고르왕 헤렘 성은 과거 용성 유적으로 추정된 적이 있으며, 3개 성이 각각 조상, 천지, 귀신에 대한 제사와 관련되었다는, 혹은 가운데 성은 선우, 좌우의 성은 좌현왕과 우현왕의 제사 장소라는 의견도 있다(任瀟·周立剛, 2021).

도면 152. 탈링 고르왕 헤렘 성 중성(B성) 내의 둔덕-기단(북벽에서)(사진 정석배)

도면 153. 탈링 고르왕 헤렘 성 동성(C성) 내의 둔덕-기단(북벽에서)(사진 정석배)

(3) 테렐징 두르불징(Тэрэлжийн Дөрвөлжин; Tereljiin Dörvöljin) 성

헤를렌강 최상류 좌안 지류인 테렐지 강가에 위치한다. 투브 아이막 멍거머리트 솜에 있다. 1925년에 B.Ya.블리디미르초프가 발굴을 하였으나 시대를 특정하지는 못하였다. 하지만 그는 민간에서 이 유적을 〈하사르(카사르) 성〉이라 부른다는 사실에 주목하여 칭기스칸의 동생 하사르 성이라고 판단하였다. 1949년에 S.V.키셀료프가 이 성 발견 유물을 본 다음에 흉노 시대로 편년하였고, 1952년에 Kh.페를레도 이 유적에서 흉노 기와를 발견하였다(다닐로프 외, 2016).

성은 평면 방형이며, 성벽 둘레로 해자가 있고, 네 벽에 폭 5~6m의 성문터가 있다(도면 154~156). 흙다짐으로 축조한 성벽의 길이는 남동벽 222m, 남서벽 214m, 북서벽 225m, 북동벽 230m, 성벽 둘레길이 895m이다. 북서벽 성문터 가까이 2개, 동벽에 1개의 망대가 있고, 각 모서리에도 망대가 있었을 수 있다. 성벽의 잔존 높이는 0.5~0.8m, 해자의 너비는 10~15m였으나 현존 너비는 3~6m, 깊이는 0.3~0.7m이다. 성 내에 높이 1~2m의 건축물 기단이 4개 있다. 그중 가운데의 대형 기단은 크기가 60×32m, 높이 2m이며, 이 기단 북서쪽에는 26×21m, 높이 1.5m의 기단이 있다. 서쪽 모서리 가까이에도 대형 건물터가 있다. 성 내에서 흉노 시기의 기와와 벽돌 등이 발견되었다. 대형 기단 건물에 대한 발굴은 이 성이 화재에 의해 파괴되었

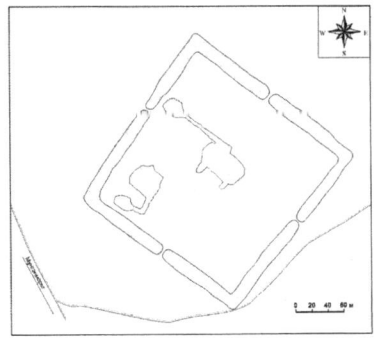

도면 154. 테렐징 두르불징 성 평면도(다닐로프 외, 2016)

도면 155. 테렐징 두르불징 성 남서벽과 성 내의 둔덕-기단(사진 정석배)

도면 156. 테렐징 두르불징 성 북동벽 문지(사진 정석배)

음을 보여 주었다. 2007년에 몽골과 러시아가 공동 발굴하였다.

테레진 두르불징 성의 축조 및 폐기 시기는 분명하지 못하나 흉노 고아 도브 성과 같은 때에 축조 및 폐기된 것으로 추정되고 있다.

(4) 부르힝 두르불징(Бүрхийн Дөрвөлжин; Bürkhiin Dörvöljin) 성

투브 아이막 멍거머리트 솜 헤를렌강 최상류 좌안 지류인 존 부르힝 골(강) 우안에 위치한다(도면 157). 성은 원래 평면 방형이며, 크기는 180×180m이다(다닐로프, 2004 ; 다닐로프 외, 2016). 다만 지금은 북서벽 전체와 북동벽 일부 및 남서벽 일부만 남아있다. 성 내의 2개의 건축물 기단이 있는데 크기가 18×30m와 28×29m이다(도면 158). 성의 남쪽 부분은 부흐힝 골 강물에 의해 많이 훼손되었다(도면 159). 성 내의 발굴에서 기와와 벽돌이 발견되었고, 유적의 연대는 테렐징 두르불징 성 및 고아 도브 성과 같을 것으로 판단되었다.

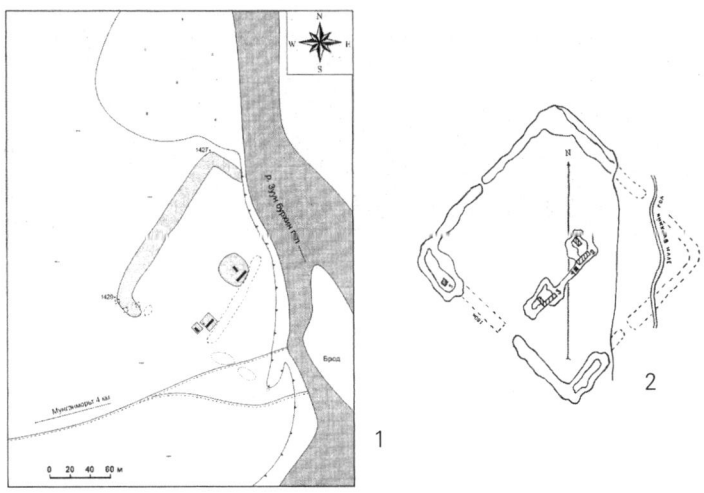

도면 157. 부르힝 두르불징성: 1 - 현황도(다닐로프 외, 2016), 2 - 평면도(다닐로프, 2004)

도면 158. 부르힝 두르불징성 내의 대형 건물 기단(사진 정석배)

도면 159. 부르힝 두르불징성 북동벽과 성 내부 및 강 모습(사진 정석배)

 현지 주민들은 이 성을 하랄칭 헤렘(저주받은 성)이라고 부르며, 성에 남성과 여성 큰 샤먼 2명이 살았다고 생각한다. 존 부르힝 골에는 "샤먼", "샤먼카"라 불리는 장소가 있는데 이곳에 그 2명의 샤먼이 묻혔다고 여겨진다.

(5) 후레트 도브(Хүрээт дов; Khüreet dov) 성

투브 아이막 바가노르시(市) 북서쪽 모서리에서 북동쪽으로 약 7.9 ㎞ 떨어져 있다(도면 160). 유적에서 발견된 기와를 통해 흉노 시기로 편년되었다(다닐로프, 2004).

성의 크기는 410×420m, 성벽 잔존 높이는 1.5~2m, 성벽 두께는 4~5m이다. 성벽의 네 모서리에 8×8m 크기의 각대 자리가 있다. 사방에 성문이 있었다(도면 161). 토축 성벽이며, 성 내의 다수의 둔덕 형태 건물 기단이 있다(도면 162). 가운데 가장 큰 둔덕-기단의 서쪽에는 돌을 깔아서 만든 좁고 긴 네모꼴의 단이 있는데 기단 위 건물과 관련된 시설일 수도 있을 것이다. 성 내에서 집수지로 보이는 저지도 있다(도면 163).

2023년 답사 시 기단들을 발굴한 흔적이 확인되었는데 흉노의 기와와 토기의 편들이 흩어져 있었다. 발굴 보고서가 발간되면 이 성에 대해 더 많이 알 수 있을 것이다. ~~북동쪽~~ 모서리 바깥에 위구르 두르불징을 연상시키는 유적이 있다.

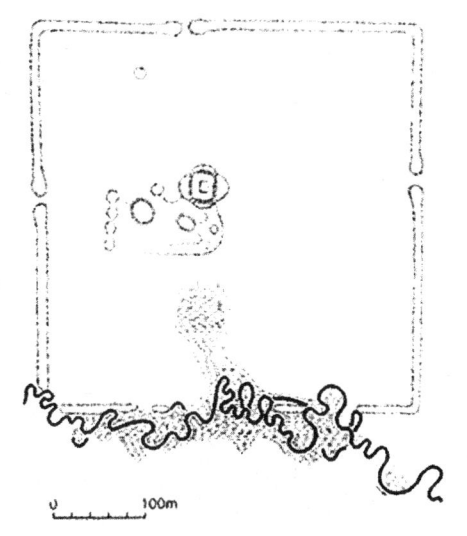

도면 160. 후레트 도브 성 평면도(다닐로프, 2004)

도면 161. 후레트 도브 성 동문지 모습(서쪽에서)(사진 정석배)

도면 162. 후레트 도브 성 내 대형 건물 기단(서쪽에서)(사진 정석배)

도면 163. 후레트 도브 성 내 집수지 모습(사진 정석배)

(6) 쳉헤링 골링 헤렘(Цэнхэрийн голын хэрэм; Tsenkheriin golyn kherem) 성

헨티 아이막 자르갈란탄 솜에 위치한다. 서쪽 약 3㎞ 거리에 쳉헤린 골(강)이 흐른다. 성은 평면 사다리꼴이며, 성벽의 길이는 북동벽 377m, 남동벽 324m, 남서벽 312m, 북서벽 303m, 전체 둘레길이 1,316m이다(도면 164). 성벽은 높이 0.7~0.9m, 너비 14~15m이다(도면 165). 토축 성벽이나 잔돌이 섞여 있다. 동벽과 북벽에 문지가 있다. 성 내 가운데 서쪽으로 조금 치우친 곳에 38×43m, 높이 약 2m의 둔덕-기단이 있다(도면 166). 이 둔덕 남서쪽에도 30×16m, 높이 1.5m의 건물 기단이 있고, 그 외 다른 작은 건물 기단이 더 있다(도면 167). 흉노 시기의 성으로 추정된다(다닐로프 외, 2016).

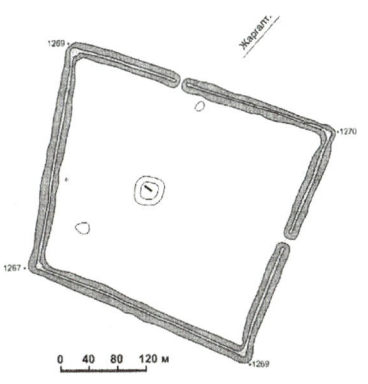

도면 164. 쳉헤링 골링 헤렘 성 평면도 (Данилов С.В. 외, 2016)

도면 165. 쳉헤링 골링 헤렘 성 북서 모서리 부분(사진 정석배)

도면 166. 쳉헤링 골링 헤렘 성 내의 대형 기단(사진 정석배)

도면 167. 쳉헤링 골링 헤렘 성 내의 건물 기단들(사진 정석배)

(7) 골 모드-2(Гол мод-2; Gol mod-2) 고분군

아르항가이 아이막 운두르 올랑 솜 읍에서 동쪽으로 약 60㎞ 거리의 보가트산(山) 북쪽 기슭의 골모드 계곡에 위치한다. 타이하르 촐로에서 북쪽으로 약 45㎞ 떨어져 있으며, 서북쪽 하노이강 건너편에 청동기시대 오르트 볼락 복합유적이 위치한다. 이 유적은 북쪽, 동쪽, 남쪽 삼면이 산으로 둘러싸여 있으며, 서쪽은 트여 있다. 유적의 북쪽에 흐르는 엘스트 개울이 서쪽으로 흘러 하노이강과 합류한다.

고분의 분포 범위는 대략 2.2×1.3㎞이다. 188기의 무덤이 확인되었는데 그중 108기는 묘도가 있는 대형의 방형 무덤이고, 나머지는 소형의 고리형 무덤이다(도면 168). 2001년에 몽골과 미국 공동조사단이 발견하였고, 2002년부터 발굴을 시작하였다(국립중앙박물관 편찬, 2008).

이 고분군은 H.에르데네바타르 교수가 발굴한 1호 초대형 고분에 의해 세계적으로 유명한 유적이 되었다(Hatagin D. Erdenebaatar, 2018). 1호 고분은 유적의 서북쪽 가장자리에 위치하며, 겉으로 볼 때 방형 봉분과 긴 사다리꼴 묘도구(墓道丘)로 이루어져 있다(도면 169~170). 장축이 남북 방향으로서 봉분은 북쪽에, 묘도구는 남쪽에 위치한다. 봉분은 높이 3.5m, 길이 48m, 폭 42~46m이다. 묘도구는 봉분과의 연결 지점은 높이가 3m로 높으나, 남쪽으로 가면서 점차 낮

도면 168. 골모드-2 고분군 유구 배치도(국립중앙박물관 편찬, 2008)

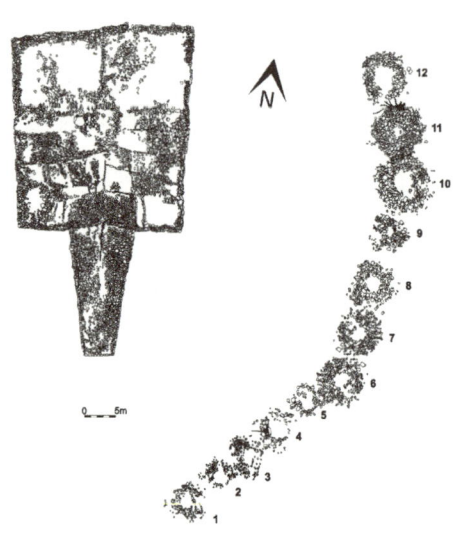

도면 169. 골모드-2 고분군 1호 무덤 및 배장묘 평면도(에르데네바타르(책임편찬), 2021)

도면 170. 골모드-2 고분군 1호 무덤 현재(2022년) 모습(사진 정석배)

아져 지표면과 비슷한 높이가 된다. 묘도구는 길이 최대 37m이다. 봉분과 묘도구를 합친 전체 길이는 약 86m이다. 봉분과 묘도구 가장자리를 따라 호석(護石)으로 돌을 12단 쌓았는데 높이가 2.0~2.2m이다. 무덤구덩이의 전체 깊이는 21m였으며, 가장 아래에 6×8m 크기의 목곽이 놓여 있었다. 목곽 위는 두께 1m의 돌들로 덮여있었고, 그 위에서 불에 태운 16~17대 분량의 수레 부속품이 발견되었다. 수레 1대는 불에 태우지 않아 전체 구조가 복원되었다(도면 171).

목곽 내에서 금제와 은제 드리개, 마면, 굴레 장식, 띠 부속품, 옥제품, 유리 제품, 목걸이 등 다량의 유물이 출토되었다. 금제와 은제 드리개와 마면, 띠 부속품 등은 모두 환상적인 동물과 다양한 넝쿨 및 잎사귀 문양으로 장식되었다. 판테라(panthera)로 소개된 환상 동물은 표범의 얼굴, 산양의 외뿔, 새의 날개와 발을 가졌고(도면 172:1; 173:1, 3; 174), 유니콘 안텔로프(unicorn antelope)로 소개된 환상 동물은 사슴의 몸통에 산양의 외뿔을 가졌다(도면 172:2; 173:2; 175). 그 외 다양한 종류의 환상 동물들이 보인다. 이 고분을 발굴한 H.에르데네바타르 교수는 황금으로 만든 원형 판테라 장식을 태양의

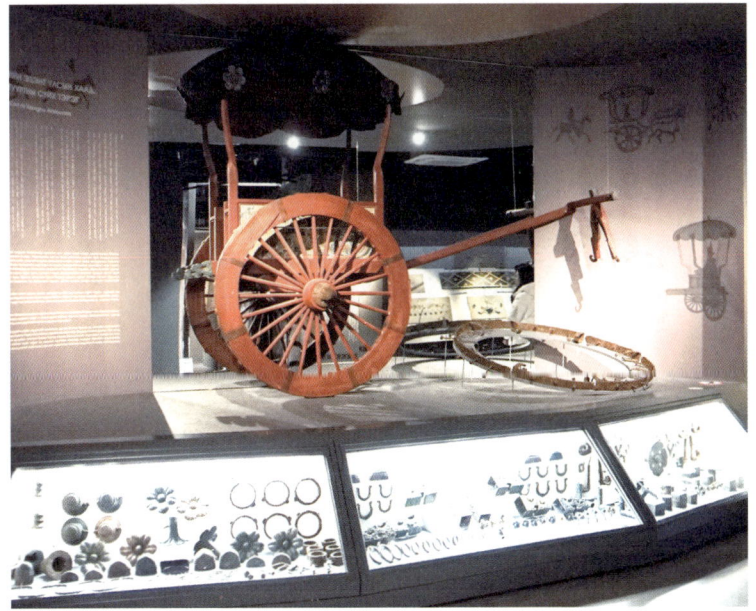

도면 171. 골모드-2 고분군 1호 무덤 출토 수레 부속품과 수레 복원 모형(칭기스칸 박물관, 사진 정석배)

1. 흉노제국(匈奴帝國)　149

도면 172. 골모드-2 고분군 1호 무덤 출토 판테라 표현 금제 원판장식(1)과 안텔로프 표현 은제 원판장식(2)(Hatagin D. Erdenebaatar, 2018)

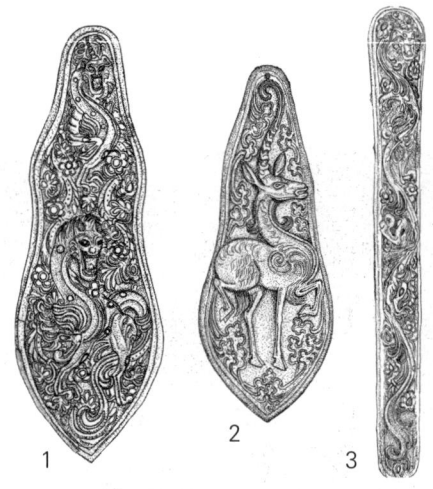

도면 173. 골모드-2 고분군 1호 무덤 출토 판테라 표현 금제 내만 타원형 장식(1), 유니콘 안텔로프 표현 은제 내만 타원형 장식(2), 유니콘 판테라 장식 금제 마면(3)(Hatagin D. Erdenebaatar, 2018)

상징(the symbol of the Sun)이라고 하였다.

1호 고분의 주변에는 모두 27기의 배장묘가 확인되었는데, 그중 23기는 동쪽 35~55m 거리에 분포한다. 배장묘는 1호~8호의 발굴 조사 내용이 알려져 있다. 대부분 목관에서 인골이 확인되었다. 골모

도면 174. 골모드-2 고분군 1호 무덤 출토 판테라 표현 금제 원판장식(칭기스칸 박물관, 사진 정석배)

드-2 고분군 1호 무덤 출토유물은 현재 올란바타르에 있는 칭기스칸 박물관에 전시되어 있다. 전시된 유물은 모두 화려하기 그지없다. 그 황금 유물들이 흉노의 삶과 죽음에 관한 수많은 수수께끼를 풀 수 있게 할 것이다.

골모드-2 고분군에서는 1호 무덤 이외에도 다수의 고분이 발굴된 것으로 파악되나 자료 확

도면 175. 골모드-2 고분군 1호 무덤 출토 유니콘 안텔로프 표현 내만 타원형 장식(칭기스칸 박물관, 사진 정석배)

보가 쉽지 않다. 유적 내에 다수의 묘도가 있는 대형 방형 고분이 확인된다(도면 176).

도면 176. 골모드-2 고분군 2022년도 발굴 시작 묘도가 있는 대형 방형 고분(사진 정석배)

(8) 노용 올(Ноён Уул; Noyon uul) 고분군

셀렝게 아이막과 투브 아이막 경계 지역 만달 골(강)과 버러 골(강) 사이의 노용 올 산에 위치한다. 이곳 노용 올 산에는 서북쪽 수직트 계곡(도면 177~178), 남쪽의 조람트 계곡, 동쪽의 호지리트 계곡에 모두 230기의 흉노 무덤이 분포한다.

1912년에 이곳 일대에서 금광을 탐사하던 E. 발러드가 고분의 함몰부를 광물 채굴구덩이로 생각하여 아래로 파고 내려가서 금제 유물 등을 발견하면서 확인되었다(루덴꼬 1962; 뽈로시막 외, 2015). 하지만 E.발러드가 유물을 이르쿠츠크 박물관에 보내고 또 1913년에 러시아 지질학협회 동시베리아 지부 등에 서한을 보내는 등 학계의 관심을 끌고자 하였으나, 여러 가지 이유로 한동안 유적의 존재가 잊혀지고 말았다. 그러다가 1924년에 러시아 지질학협회 몽골-티

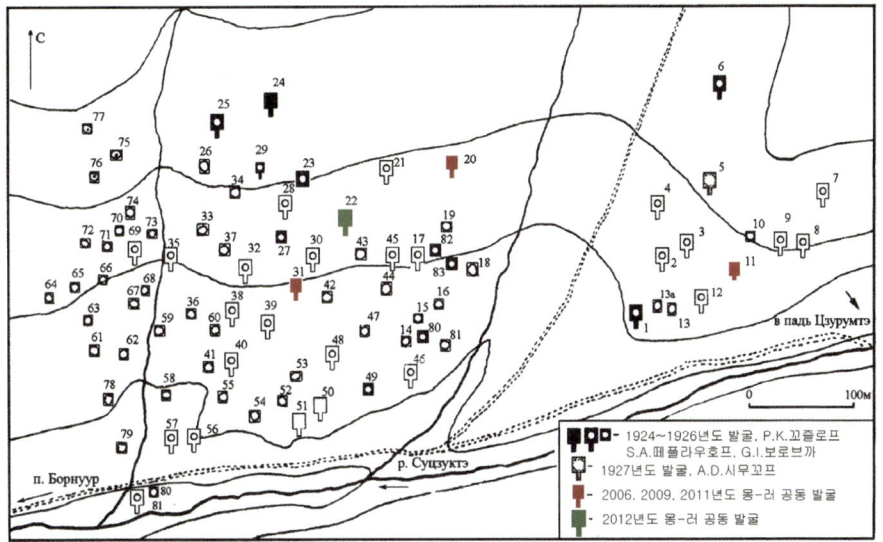

도면 177. 노용 올 고분군 수직트 계곡 고분 배치도(볼로시막 외, 2015, 필자 재편집)

도면 178. 노용 올 고분군 수직트 계곡 원경(사진 정석배)

1. 흉노제국(匈奴帝國)   153

베트조사단장인 P.K.꼬즐로프가 우연히 이 유적에 대해 알게 되었고, 본격적인 발굴조사가 시작되었다. 그와 현장 책임을 맡은 S.A.꼰드라찌예프 등이 1924~25년에 "발러드 쿠르간", "안드레예프 쿠르간", "꼰드라찌예프 쿠르간" 및 수직트 계곡에 있는 1호, 6호, 23호, 25호 등 대형의 고분을 "발굴"하였는데, 모두 고고학자가 아니어서 2.2×2.2m 크기의 수직 구덩이를 파는 형식으로 발굴하였고 또 제대로 된 발굴기록도 남기지 못하였다.

P.K.꼬즐로프는 1924년 6월에는 우르가(오르가, 지금의 올란바타르) 신문에, 7월에는 모스크바의 신문에 자신의 발굴과 출토유물을 소개하였고, 엄청난 유물로 인해 학계에 큰 반향을 불러일으켰다. 러시아과학원은 몽골-티베트조사단에 고고학자가 없음을 알고 당시 시베리아 미누신스크 분지에서 유적 조사를 하고 있던 S.A.떼플로우호프를 급하게 파견하였다. 그 결과 1924년에 S.A.떼플로우호프가 발굴한 24호 고분만이 당시로서는 유일하게 제대로 된 발굴기록과 전체 단면도를 남기게 되었다.

1924~1925년 발굴에서 의복, 금은 장신구, 마구, 동복, 토기, 양탄자(도면 179~180), 목기, 동경, 수레 부속품 등 엄청난 유물이 발견되었고, 이 유물들은 베를린, 에르미타주, 런던, 모스크바 등 여러 도시의 박물관에서 차례로 전시되었다. 이후 1954~55년, 1961년에 몽골과학원, 도르지수렝 등이 각각 발굴하였고, 2006년, 2009년, 2011년, 2012년에 다시 몽·러 공동조사단이 발굴하였다.

노용 올 고분군에서 가장 큰 고분은 소위 "발러드 쿠르간"으로서 봉분 크기 35×35m, 높이 3.2~3.5m이다. 남쪽에 묘도구(墓道丘)가 있었다. 1호 고분 혹은 모끄르이(러시아어: 습기가 많은) 쿠르간은 1924

도면 179. 노용 올 고분군 6호 고분 출토 양탄자 모사도(루덴꼬, 1962)

도면 180. 노용 올 고분군 6호 고분 출토 양탄자 세부 모습(몽골국립박물관 흉노 특별전, 사진 정석배)

년에 S.A.꼰드라찌예프가 발굴하였다. "모끄르이"는 발굴할 때 속에 물이 자꾸 차서 붙인 명칭이라고 한다. 발굴 전 봉분의 크기는 각 변이 21.9m, 높이 북쪽 1.25m, 남쪽 1.56m, 묘도 길이 21m, 묘도 폭 봉분 쪽 8.16, 끝부분 4.6m였다. 봉분 가운데에 직경 7.73m, 깊이 1.73m의 구덩이가 있었다. 무덤구덩이 안 목곽은 구덩이 바닥에서

10.1m 깊이에서 발견되었다(도면 181). 이 고분에서는 펠트 양탄자 등의 유물이 출토되었다.

2006년에 발굴한 노용 올 20호 무덤은 발굴 전 봉분은 크기 20×19m, 묘도구는 길이 17m, 너비 북쪽 9m, 남쪽 3m였다(도면 182). 봉분 가운데에는 지름 5m, 깊이 3.5m의 함몰부가 있었다. 봉분과 묘도구 가장자리에는 석축 호석이 시설되어 있었다. 봉분에는 동서 2줄의 석열이, 묘도구에는 남북 1줄의 석열이 확인되었다. 묘광(무덤구덩이)은 모두 5

도면 181. 노용 올 고분군 1호 고분 목곽 현재 노출 모습(사진 정석배)

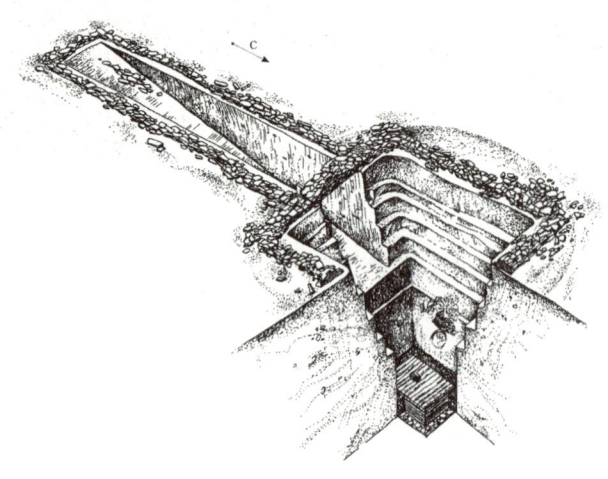

도면 182. 노용 올 고분군 20호 고분 조감도(뽈로시막 외, 2011)

개의 단을 두면서 아래가 좁게 팠다. 무덤구덩이의 깊이는 18.35m이다. 무덤구덩이 안은 중간중간에 돌을 두껍게 깔았다. 가장 아래에는 소나무 목재로 만든 이중 목곽이 들어 있었다. 목곽과 무덤구덩이 사이는 돌로 채웠고, 목곽 바로 위는 통나무를 한 겹 깔았다.

도면 183. 노용 올 고분군 20호 고분 출토 은제 원판형 장식(phalera)(볼로시막 외, 2011)

바깥 목곽은 통나무를 4단 쌓아 만들었는데 크기가 4.8×3.2m이다. 안쪽 목관 안에서는 목관의 흔적이 확인되었다. 20호 고분에서는 금제 장신구와 못을 비롯하여 용, 유니콘, 산양, 사슴 등으로 장식된 다량의 은제 드리개, 금동 마면, 청동 "관 손잡이" 마구 부속품, 수레 부속품, 칠기 이배 등의 유물이 출토되었다. 그 외에 특히 주목되는 것은 그리스-로마 스타일의 은으로 만든 원판형 장식(phalera)이다(도면 183). 이 원판형 장식은 직경이 14.31cm이며, 어깨에 활을 멘 아르테미스와 사티로스가 함께 표현되었다는 의견이 있다.

22호 고분은 30호 고분의 동북쪽 가까이 위치한다. 2012년에 몽골과 러시아가 공동으로 발굴하였다. 발굴 후에 봉분과 묘도 둘레를 두르고 있던 돌들을 남겨 놓아 고분의 윤곽이 확인된다. 고분의 왼쪽 봉분과 묘도 사이 부분에 2012년에 몽골과 러시아가 공동으로 흉노 유적을 조사하였다는 작은 표지석이 세워져 있다(도면 184)

도면 184. 노용 올 고분군 22호 고분 현재 모습(사진 정석배)

발굴 전 긴 네모꼴 봉분은 크기가 18×21m, 긴 사다리꼴 묘도구는 길이 17m였다. 봉분 가장자리에서는 높이 약 1m의 호석이 남아있었고, 봉분 가운데에는 직경 약 6m, 깊이 약 4m의 구덩이가 있었다. 무덤구덩이는 단을 두면서 계단식으로 팠는데 모두 5개의 단이 만들어졌다. 무덤구덩이의 깊이는 16m이며, 바닥 위에서 이중 목곽과 그 안에 들어있는 목관이 발견되었다. 바깥 목곽 둘레에는 돌을 채워 넣었고, 그 위에는 돌을 쌓았다. 목곽 위의 돌을 깐 적석부(積石部)에서는 수레의 잔재들이 발견되었다(도면 185). 그 위는 무덤구덩이를 흙과 돌을 번갈아 채웠으며, 일정 깊이까지는 가로 및 세로 방향으로 격벽을 만들어 놓았다. 이 무덤도 도굴되었지만, 금 혹은 은으로 만든 장신구, 버클, 청동거울 등이 출토되었다. 그중에는 동물로 장식한 은제 패식들도 있다(도면 186).

24호 고분은 25호 고분의 동북쪽 가까이 위치한다. 1924년에

S.A.꼰드라찌예프가 이 고분군에서 도굴 성격의 발굴을 하고 있을 때, 고고학자 S.A.떼쁠로우호프가 마침 도착하여 24호 고분 발굴을 지도하였다고 한다. 덕분에 당시 발굴하였던 고분들 중 거의 유일하게 고분 단면도와 목곽 및 목관의 실측 도면이 함께 작성되었다(도면 187). 고분의 무덤구덩이와 긴 묘도가 메우지 않은 상태로 남아있다(도면 188).

도면 185. 노용 올 고분군 22호 고분 조사 모습(볼로시막 외, 2015)

24호 고분은 발굴 전 봉분의 크기가 14×15m, 높이가 북쪽은 0.5m, 남쪽은 1.5m였고, 묘도는 길이 12m, 폭은 묘도의 어느 부분인지 분명하지 않으나 5m인 것으로 보고되었다. 봉분과 묘도의 가장자리에는 모두 돌을 쌓았다. 무덤구덩이는 단을 남기면서 계단 모양으로 팠는데 전체 깊이는 약 9m였다. 매장주체부는 이중 목곽 안에 목관이 하나 들어 있는 구조였다.

31호 고분은 2009년에 몽골과 러시아가 공동으로 발굴하였다. 발굴 전에 긴 네모꼴의 봉분과 남쪽

도면 186. 노용 올 고분군 22호 고분 출토 은제 패식(몽골 국립박물관 흉노 특별전, 사진 정석배)

1. 흉노제국(匈奴帝國)　159

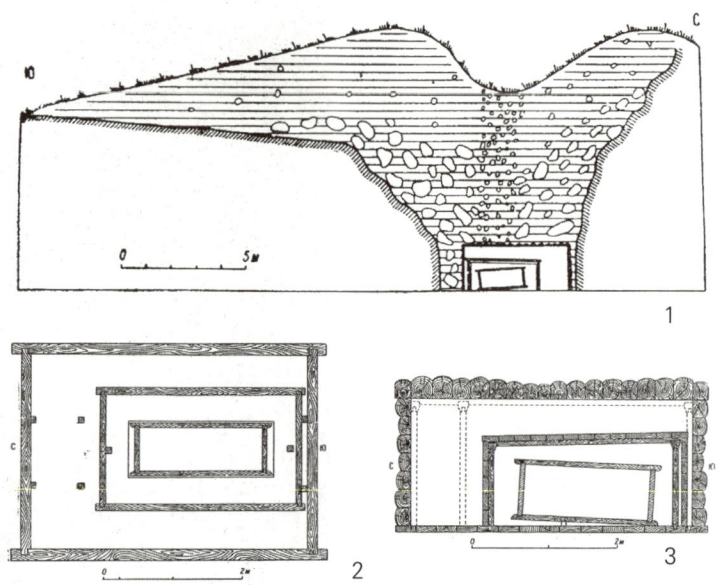

도면 187. 노용 올 고분군 24호 고분 단면도와 목곽 평·단면도(루덴꼬, 1962)

도면 188. 노용 올 고분군 24호 고분 현재 모습(사진 정석배)

의 긴 사다리꼴 묘도구(墓道丘)가 함께 확인되었다. 장축은 남북 방향이다. 이 고분은 발굴 전 봉분의 크기가 18×20m, 묘도구 길이가 14.5m였다. 봉분 가운데에 직경 약 7m, 깊이 약 3.4m의 구덩이가 있었다. 무덤구덩이는 단을 남기면서 계단식으로 파 내려갔는데 모두 4개 혹은 5개(서쪽 부분)의 단이 확인되었다(도면 189). 무덤구덩이의 깊이는 13m이고, 목곽은 지표 아래 12m 깊이에서부터 확인되었다. 이중 목곽 안에 목관이

도면 189. 노용 올 고분군 31호 고분 내부 모습(뽈로시막 외, 2015)

들어 있었다. 바깥 목곽의 둘레는 돌을 채웠다. 목곽의 위를 돌로 덮었고, 또 그 위로 무덤구덩이 안을 흙과 돌을 번갈아 채워 넣었다. 31호

도면 190. 노용 올 고분군 31호 고분 출토 양탄자 복원 모사도(뽈로시막 외, 2015)

1. 흉노제국(匈奴帝國)　161

고분도 도굴되었지만, 작은 쪼가리 상태로 발견된 양탄자를 복원하여 제단으로 향하는 인물들이 수 놓여 있는 것을 확인하였다(도면 190).

(9) 아르 군트(Ар гүнт; Ar gynt / Ar günt) 고분군

아르 군트 고분군은 북쪽의 수직트 계곡 노용 올 고분군과 약 52.5㎞ 떨어져 있으며, 남쪽으로는 헨티산맥의 남서쪽 지맥의 산들을 넘으면 바로 올란바타르 시내이다. 유적은 완만한 경사면에 위치하며, 좌우 양쪽과 뒤쪽이 모두 산이다. 유적이 위치하는 경사면의 양쪽 가장자리에는 각각 조그만 개울-도랑이 있다. 유적의 앞쪽 들판에는 만달 골(강)의 근원(根源)이 되는 톨거트강이 동쪽에서 서쪽으로 흘러 만달강과 합류하며, 남쪽과 남서쪽으로는 들판 너머로 아르 군트 마을이 보인다. 유적 명칭은 이 마을 이름에서 따왔을 것이다.

유적에는 크기가 작은 흉노 시대 원형(圓形) 고분들이 분포한다(도면 191). 2022년에 몽골 과학아카데미 고고학연구소에서 일부 고분

도면 191. 아르군트 고분군 모습(사진 정석배)

을 발굴하였다. 발굴되지 않은 고분들은 크기가 직경 4~5m 정도이다. 이 유적 발굴 조사내용이 공개된다면 유적에 대해 더 자세히 알 수 있을 것이다.

(10) 도르릭 나르스(Дуурлиг нарс; Duurlig nars) 고분군

헨티 아이막 바양 아드라가 솜에 위치한다. 올란바타르 수흐바타르 동상에서 동북쪽으로 약 316㎞ 떨어져 있다. 이곳 소나무 숲속에 약 300기의 흉노 무덤이 분포한다(도면 192~193).

2006년에 1호분의 지상 노출 부분에 대해 평면도를 작성하였고, 2007년에 2호, 3호, 4호분을 발굴하였다. 2008년에 전체 유적 현황도가 작성되었고, 2009년에 5호분과 1호분 주변의 4기 배장묘를 조사하였다. 2010년에 1호분을 본격 발굴하였고, 그 배장묘 발굴도 마

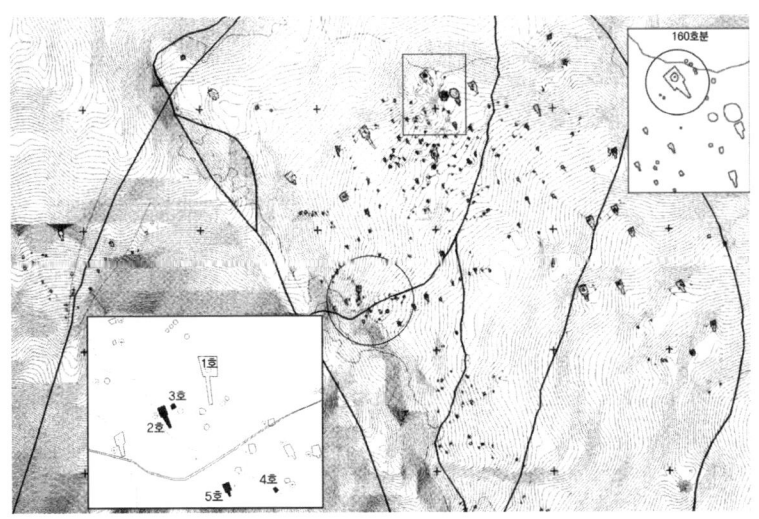

도면 192. 도르릭 나르스 고분군 현황도(국립중앙박물관 외, 2011; 2021, 필자 재편집)

도면 193. 도르릭 나르스 고분군의 소나무 숲과 대형 무덤 모습(사진 정석배)

무리하였다. 2017년에는 한·몽 공동으로 160호분을 노출 및 주변 측량을 하였으며, 2018년에는 지하물리탐사를 실시하여 160호분과 주변 배장묘의 분포를 확인하였다. 2019년에는 160호분의 배장묘 6기와 주변 부속시설을 조사하였다. 발굴된 1호, 2호, 5호, 160호분은 평면 凸자 모양이고, 3호와 4호분은 평면 방형의 소형 무덤이다(국립중앙박물관 외, 2011; 2014; 2021).

1호분은 봉분과 남쪽 묘도로 이루어진 평면 뒤집힌 凸(철)자 모양의 대형묘이며, 전체 길이 약 55.5m, 묘광 깊이 약 15m이다(도면 194). 무덤의 장축은 남북 방향이다. 묘도의 길이는 32m이다. 묘도는 평면이 긴 사다리꼴이며, 묘도구(墓道丘) 가장자리를 따라 호석이 있었다. 경사진 묘도에는 일정 깊이마다 단을 두어 계단식이 되게 하였다. 묘광에는 4개의 단을 두었다. 1호분은 도굴이 되었으나, 목관 내 피장자 머리 부분에서 터키석, 상감 유리구슬, 금박 유리구슬, 뒤꽂이 등의 유물이 출토되었다. 그 외 목곽 등에서 다량의 마구, 청동 용기류, 토기, 칠기, 옥벽 등이 발견되었다. 1호분 주변에서는 모두

11기의 배장묘가 조사되어, 1호분 피장자가 흉노 최고 지배자 중의 하나였던 것으로 추정되었다.

2호분과 5호분도 평면 뒤집힌 凸(철)자 모양이다. 2호분은 봉분 크기 9×11m, 묘도 길이 15m, 묘광 깊이 8m이며, 5호분은 봉분 크기 10×11m, 묘도 길이 6m, 묘광 깊이 6.9m이다. 2호분은 3단, 5호분은 4단 계단식 구조이다. 2호분은 목관을 금띠 사격자 무늬를 둘렀고, 또 4엽 및 3엽 금제 꽃잎장식으로 장식하였고, 5호분은 목관을 4엽의 청동제 꽃잎장식으로 장식하였다. 2호분 출토 옹(甕), 호(壺), 심발(深鉢)은 광택 무늬와 바깥 바닥 가운데의 오목한 홈 등 흉노 토기를 잘 대표한다고 생각된다(도면 195). 2호분에서는 중국 전한(前漢) 시기 양식의 청동거울이 출토되어 기원전 2~기원전 1세기로 편년되었다. 다만 방사성탄소연대는 2호분은 서기 6~70년, 5호분은 서기 70년을 보여 주어, 후한(後漢) 시기에 무덤이 조성되었을 가능성도 있다.

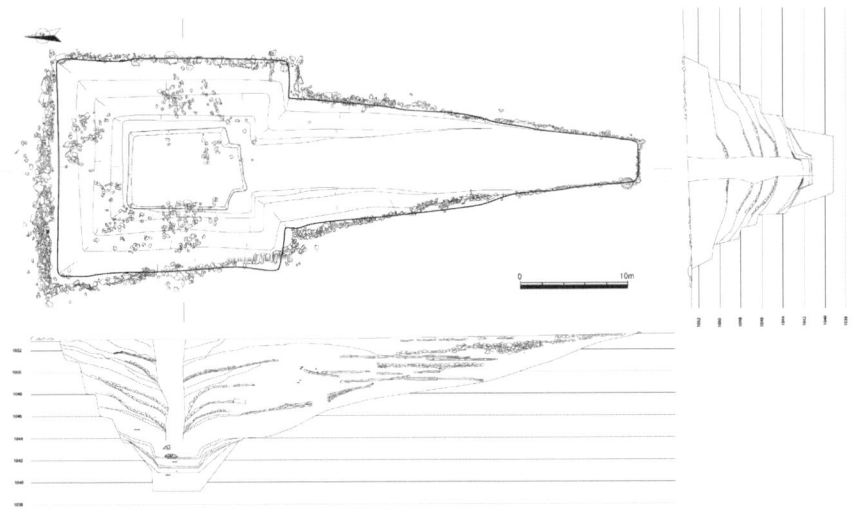

도면 194. 도르릭 나르스 고분군 1호 무덤 평·단면도(국립중앙박물관 외, 2014)

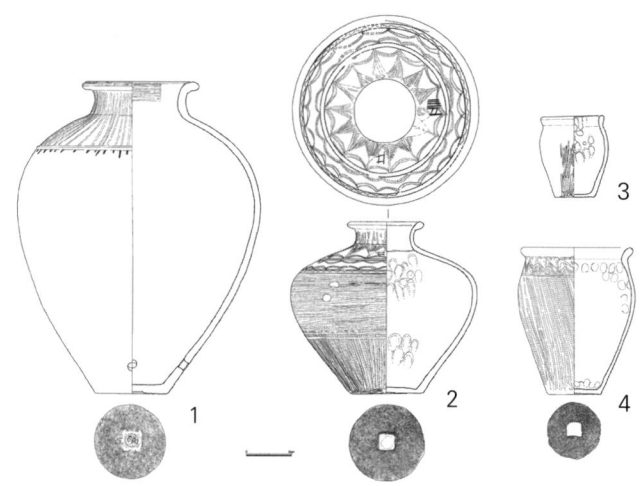

도면 195. 도르릭 나르스 고분군 2호 무덤 출토 토기(국립중앙박물관 외, 2011)

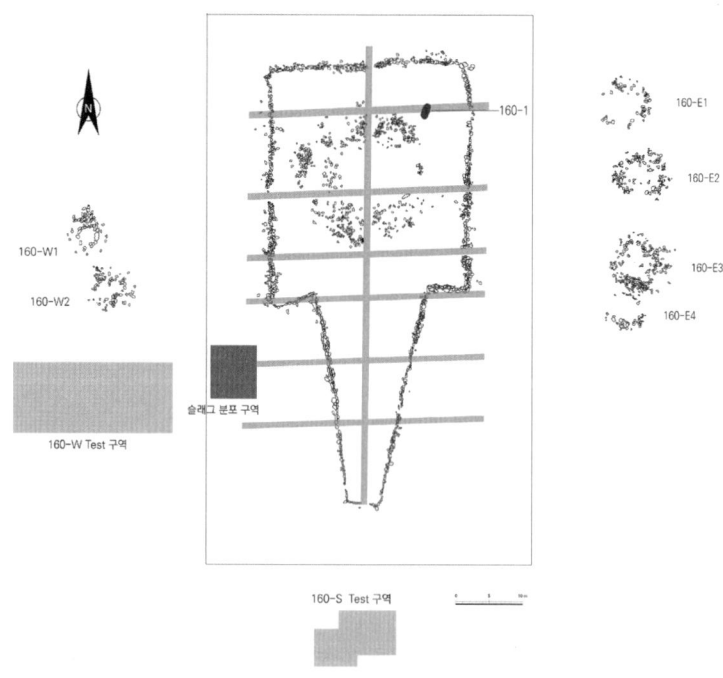

도면 196. 도르릭 나르스 고분군 6호 무덤 및 배장묘 현황도(국립중앙박물관 외, 2021)

160호분은 봉분과 묘도구의 전체 길이가 75m, 봉분 너비가 33m인 평면 뒤집힌 凸(철)자 모양의 대형분으로서 도르릭 나르스에서 가장 규모가 큰 흉노 무덤 중 하나이다(도면 196). 160호분은 배장묘만 발굴이 완료된 상태이다. 배장묘들은 모두 도굴이 되었으나, 해 및 달 모양 목관 장식을 비롯하여 금동제 원형장식, 은제 띠 부속품, 청동 말방울과 햇빛가리개살꼭지, 칠기편, 철제 장식, 띠고리, 화살촉, 창, 칼, 동물 뼈 등이 발견되어 배장묘에도 금, 은 등 다양한 재질의 유물을 부장하였음을 알 수 있다.

3호분과 4호분은 별도의 묘도 시설이 없는 방형 무덤이다. 무덤의 크기는 각각 6×6m, 9×10m이다. 묘광의 깊이는 지표에서 각각 3.5m, 4.5m이다. 3호분은 묘광에 단을 두지 않았으나, 4호분의 묘광 중간에 1개의 단을 두었다(도면 197). 묘광 내에 목곽과 목관

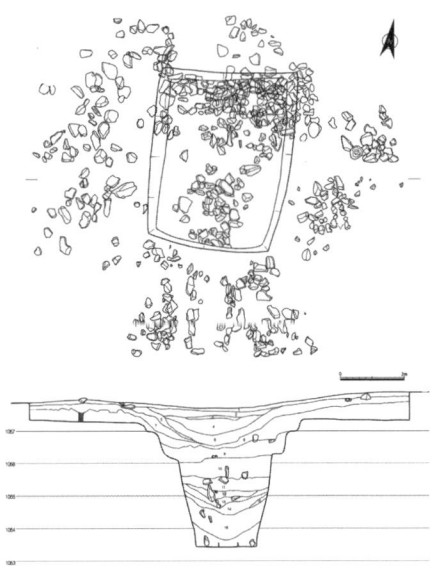

도면 197. 도르릭 나르스 고분군 4호 무덤 평·단면도(국립중앙박물관 외, 2011)

이 함께 설치되었는데, 3호분에서는 목곽만이 확인되어 다른 무덤과 차이가 있다. 4호분 목관은 2호분과 마찬가지로 금띠로 사격자형 장식을 하였다. 그러나 꽃잎장식은 확인되지 않았다.

3호분에서는 곽 내 북벽을 따라 토기 항아리 2점, 등잔 1점, 칠기 등이 나란히 부장되었으며 청동거울, 사슴뿔, 화살촉, 금제 허리띠 장식, 청동제 고리 등 다양한 유물이 북벽 부근에 몰려 출토되었다. 4호분의 경우 동쪽 목관과 목곽 사이 공간에서 토기 등잔 등 3점의 토기가 부장되었다. 목곽의 바깥 공간에서도 유물이 발견되었는데, 3호분의 경우 곽이 북서 모서리에 양 머리뼈 4개가 부장되었다. 4호분의 경우 곽외 북쪽 부장 공간의 동쪽 안에 말뼈가 든 커다란 청동제 솥인 동복(銅鍑)을 두었으며(도면 198), 옆에 토기 항아리와 칠기를 나란히 부장하였다. 4호분 인골은 60대 남성으로 추정되었다. 3호분에서는 중국 전한 양식의 청동거울이 출토되어 기원전 2세기~기원전 1세기로 편년되었으나, 방사성탄소연대는 2호분은 서기 60~70년, 3호분은 기원전 40년~서기 110년, 4호분은 서기 10년을 보여 주어 고분들이 중국의 후한 시기인 서기 1세기 무렵에 조성되었음을 알 수 있다.

도면 198. 도르릭 나르스 고분군 4호 무덤 출토 동복(몽골국립박물관, 사진 정석배)

2. 선비(鮮卑)

흉노 이후 몽골초원은 선비(鮮卑)가 차지하였다. 선비는 기원전 209년에 흉노 묵특선우가 격파한 동호의 후예였다. 『후한서』 「오환선비열전」과 『삼국지』 「오환선비동이전」에 의하면 선비는 서기 54년에 선비 대인 어구분(於仇賁)이 후한에 조공하면서 본격적으로 역사의 무대에 등장하였으며, 이후 한, 오환(烏桓), 흉노 사이에서 서로 공격 혹은 연합하면서 점차 강성해졌다(동북아역사재단 편, 2009c ; 동북아역사재단 편, 2009d).

선비가 서기 87년에 북흉노를 공격하여 우류선우를 살해하고, 또 한과 남흉노의 군대가 89년과 91년에 각각 흉노를 공격하여 대패시키자 북흉노는 마침내 몽골고원을 버리고 오손의 땅이 있는 이리(=제티수=세미레치예) 지역으로 이주하였고, 이때 미처 서쪽으로 이동하지 못하고 몽골고원에 남아있던 흉노 10만 락(落)은 살기 위해 자신을 스스로 선비라고 칭하였다.

선비는 후한 환제(桓帝: 132~168년) 때에 등장한 단석괴(檀石槐) 시기에 가장 강성하였다. 단석괴는 남쪽으로 후한의 북쪽 변경을 약탈하고, 북쪽으로 정령을 막고, 동쪽으로 부여를 물리치고, 서쪽으로 오손을 공격하여 흉노의 옛 땅을 모두 차지하였는데, 이때 선비의 강역은 동서로 1만 4천여 리(『후한서』) 혹은 1만 2천여 리(『삼국지』)였고, 남북으로 7천여 리에 달하였다. 하지만 단석괴 사후 선비는 쇠퇴하였고, 이후 가비능(軻比能: ?~235년) 시기에 일시 다시 힘을 모았다가, 그의 사후인 서기 3세기 중엽 이후에 선비 각 부는 서로를 공격하기 시작하였고, 마침내 9개의 새로운 선비 부족으로 분화되었다.

학계에서는 일반적으로 선비를 동부, 북부, 서부 선비로 구분하는데 동부 선비에는 우문(宇文), 모용(慕容), 단씨(段氏), 북부 선비에는 탁발(拓跋), 서부 선비에는 독발(禿發), 걸복(乞伏), 유연(柔然), 철불(鐵弗), 토욕혼(吐谷渾) 선비가 각각 해당한다. 잘 알려져 있듯이, 탁발 선비는 이후 북위(北魏: 386~534년)를 건국하였고, 모용 선비는 전연(前燕: 337~370년), 후연(後燕; 384~407년), 북연(北燕: 407~436년)의 주인공으로서 고구려와 이웃하면서 쟁투를 벌인 일은 잘 알려진 바와 같다. 살기 위해 스스로 선비라고 칭한 흉노 10만 락은 우문 선비의 일부가 되었다.

오늘날 선비 고고학은 내몽골에서 조사된 유적들과 모용(慕容) 및 탁발 선비와 관련된 유적들을 중심으로 연구가 이루어지고 있다(孫危, 2007). 투바의 꼬껠 문화(사비노프, 2003), 고르느이 알타이의 불란-코빈 문화 벨로 봄 단계(띠쉬낀, 2010)는 모두 선비와 관련된 고고학 문화이다. 몽골초원에서 선비 고고학은 이제 막 시작 단계라고 볼 수 있다. 선비 관련 유적은 최근에야 발견 및 발굴되기 시작하였다.

몽골에서 발굴된 선비와 관련된 유적은 2022년에 아이라깅 고즈고르 고분군을 답사하였다. 유물은 칭기스칸 박물관에서 실견할 수 있다.

(1) 아이라깅 고즈고르(Айрагийн гозгор; Airagiin gozgor) 고분군

오르혼(어르헝) 아이막 자르갈란트 솜에 위치한다. 자르갈란트 솜 읍의 가운데에서 동남쪽으로 약 9.2km, 올란바타르 수흐바타르 동상에서는 북서쪽으로 약 215km 각각 떨어져 있다. 2008년에 발견되었으며,

2014~2017년에 몽골국립박물관에서 13기 고분을, 2018년~2019년에 중국과 몽골이 공동으로 8기 고분을 발굴하였다(오드바타르 외, 2017; 中國人民大學北方民族考古研究所·蒙古國國家博物館, 2021).

모두 91기의 무덤이 발견되었다. 고분은 산 경사면과 자연 도랑 등 자연 지형에 의해 3개 구역으로 나뉘었다(도면 199~201). 남서쪽의 제1구역(남구)에는 58기, 가운데 제2구역(중구)에는 21기, 동북쪽의 제3구역(북구)에는 12기가 각각 분포한다. 무덤의 평면은 방형과 원형이 구분된다. 제1구역과 제3구역에 분포하는 방형 무덤에는 둘레에 대부분 주구(周溝)가 있으며, 무덤의 종류는 경사진 묘도가 있는 동실묘(洞室墓)이다. 원형 무덤은 대체로 규모가 작은 수혈식 토광묘이나, 수혈식 동실묘도 있다.

2018~2019년에 발굴된 40호, 45호, 14호 무덤은 봉분이 평면 뒤

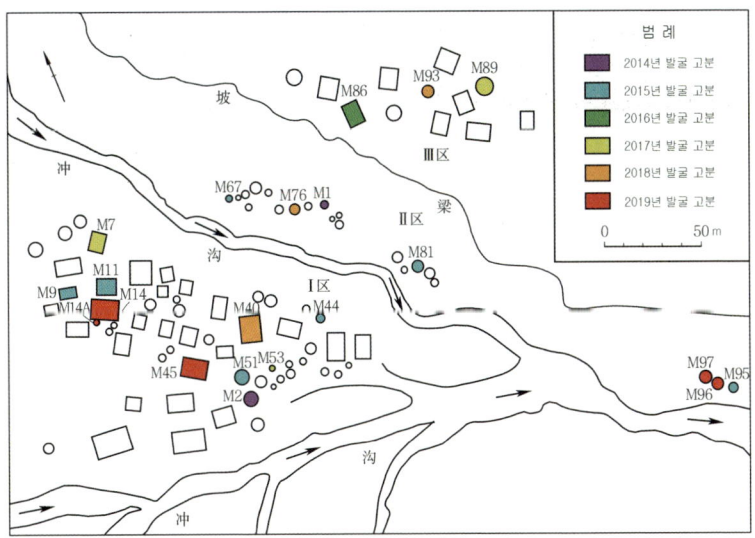

도면 199. 아이라깅 고즈고르 고분군 현황도(中國人民大學北方民族考古研究所 외, 2021, 필자 재편집)

도면 200. 아이라깅 고즈고르 고분군 모습(서쪽에서)(사진 정석배)

도면 201. 아이라깅 고즈고르 고분군 모습(북쪽에서)(사진 정석배)

집힌 凸(철)자 모양이며, 둘레에 배수를 위한 주구가 있고, 묘도는 길이가 10m 이상이다. 장구는 목관을 사용하였고, 인골은 앙신직지(仰身直肢), 즉 등을 아래로 하고 두 팔과 다리는 곧게 편 자세였다. 유물은 토기, 칠기, 청동기, 골기, 목기 등이 출토되었다.

45호 고분의 경우 지상 구조물은 봉분과 주구, 지하 구조물은 묘도와 묘실이 구분된다(도면 202: 1). 봉분은 발굴 전에 장방형이었으나,

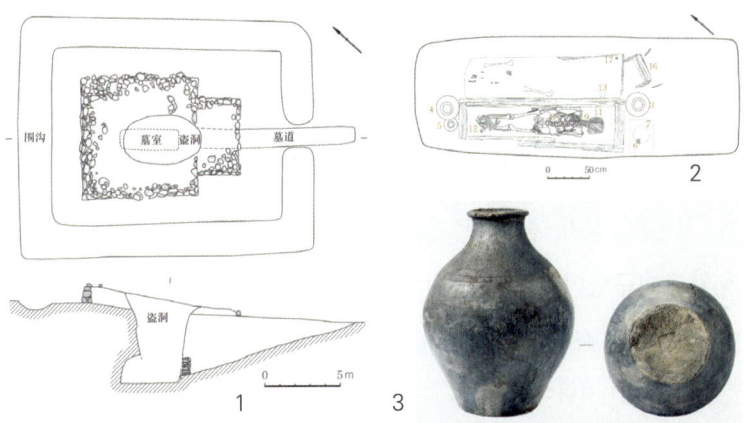

도면 202. 아이라깅 고즈고르 고분군 45호 무덤: 1 - 평·단면도, 2 - 묘실, 3 - 출토 토기 호(中國人民大學北方民族考古研究所 외, 2021)

표면의 흙과 무너진 돌들을 치우자 평면모양이 뒤집힌 凸(철)자 모양이 되었다. 봉분은 겉은 돌로 쌓았으나 속은 흙으로 채워져 있었다. 봉분의 중심 구조물은 평면이 방형이며 크기는 7.7×7.6m, 돌출된 부분은 평면이 장방형이고 크기는 5×3m이다. 가장자리 석축 부분의 잔존 높이는 0.35~1.28m이다. 봉분 가운데에 도굴구덩이가 있었다. 주구는 평면 장방형이며, 묘도가 지나는 동남쪽은 구를 만들지 않았다. 주구의 크기는 19×16m, 폭은 1.9~2.2m, 깊이는 0.55~0.6m이고, 바닥은 둥그스름하다. 묘도는 길이 약 12m, 폭 1.1~1.2m이다. 묘실은 평면이 모 둥근 장방형이며, 길이 3.93m, 폭 1.35~1.42m, 잔존 높이 1.87m이다. 묘실의 입구를 돌로 막았고, 그 안쪽에 5개의 말목이 확인되었다. 묘실 안에서는 2개의 목관이 나란히 놓여 있었는데 서쪽 목관은 도굴 시 천정이 무너져 보존되었다. 인골의 자세는 앙신직지였다(도면 202: 2). 45호 고분 묘실에서는 토기 호 3점, 칠기, 목기, 청동 포수(鋪首), 호박 구슬, 나무 빗, 청동 대구(帶鉤), 직물, 기장(黍) 알곡 등의 유물이 출토되었다(도면 202: 3).

2018~2019년에 발굴된 수혈식 토광묘로는 76호, 96호, 97호, 14A호 무덤이 있다. 석축 봉분은 평면이 원형이며, 직경은 대부분 10m 이하이다. 목관을 사용하였고, 인골의 자세는 앙신직지이다. 토기, 청동기, 철기, 골기, 목기 등의 유물이 출토되었다. 76호 무덤의 경우 무덤구덩이의 크기가 길이 3m, 폭 1.1~1.2m, 깊이 2.6m이다. 97호 무덤에는 머리 쪽에 감실(龕室)이 있다.

2018~2019년에 발굴된 수혈식 동실묘는 제3구역 가운데 부분에 위치하는 93호 무덤이 있다(도면 203). 지상의 석축 봉분은 평면이 원형이며, 직경 6m, 높이 0.12~0.31m이다. 무덤구덩이는 크기가 길이 3.3m, 폭 1.9m의 모 둥근 장방형이며, 깊이는 4~4.4m이다. 지면 아래 0.6m 깊이에서 다량의 돌과 재 그리고 약간의 동물 뼈가 발견되었는데 매장 시에 제사를 지낸 것으로 추정되었다. 깊이 2.15m의 서쪽 벽에 폭 0.4m의 단을 하나 두었고, 바닥은 계단식인데 동실(洞室)과 이어진다. 동실은 입구를 돌로 막았고, 평면이 타원형이며, 길이 2.15m, 최대 폭 1.46m, 잔존 높이 2.28m이다. 동실 바닥의 깊이는 지표에서 4.5m이다. 동실의 내부는 도굴되어 0.4m 두께로 퇴적되어 있었는데, 상층에서는 인골이 흩어진 채로 하층에서는 인골 외에 2개 목관 잔존물이 발견되었다. 전체적으로 2인 합장 무덤인 것으로, 동쪽 목관의 인골은 앙신직지 상태로 매장되었다고 판단되었다. 무덤 바닥에서 다량의 목탄이 발견되었고, 또 인골 및 목관에 불탄 흔적이 있다고 지적되었다.

유물은 상기한 것들 외에도 40호 무덤에서 토기 아궁이 모형, 93호 무덤에서 토기 심발, 97호 무덤에서 청동 및 철제 버클과 철제 칼, 뼈로 만든 그릇과 비녀와 활 고자(덧판), 14호 무덤에서 자작나무 껍질 합과 금제 포식(泡飾), 96호 무덤에서 유리구슬 등의 유물이 출토되었다.

이 고분군 출토 구슬 중에는 홍옥, 호박, 금박구슬도 있다(도면 204).

중국조사단은 출토유물에 대한 검토를 통해 이 고분군을 동한(東漢), 즉 후한 시기로 판단하였고, 방사성탄소연대는 기원전 50년~서기 150년 사이임을 지적하였다. 또 이 고분군에 보이는 뒤집힌 凸(철)자 모양 봉분과 경사진 묘도, 수혈식 세로(竪) 동실묘와 가로(橫)

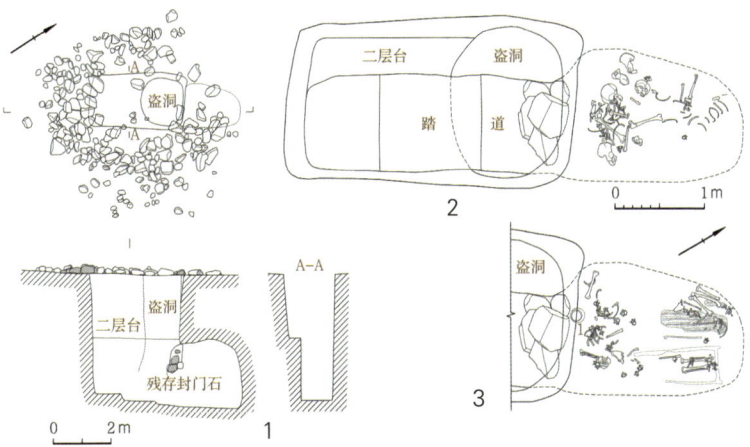

도면 203. 아이라깅 고즈고르 고분군 93호 무덤: 1 – 평·단면도, 2 – 답도와 묘실 상층 평면도, 3 – 묘실 하층 평면도(中國人民大學北方民族考古研究所 외, 2021)

도면 204. 아이라깅 고즈고르 고분군 출토 각종 구슬(칭기스칸 박물관, 사진 정석배)

동실묘는 몽골고원에서 발굴된 흉노 고분에서는 보이지 않은 특징이며, 대신 내몽골 오란찰포(烏蘭察布) 칠랑산(七郞山) 선비 고분군에서 발굴된 무덤 구조와 같음을 시적하였나. 목관 중에는 머리 쪽이 조금 높거나 혹은 넓은 것도 있는데 이 역시 선비 무덤 목관의 한 특징이며, 자작나무 껍질로 만든 용기와 뼈로 만든 활 고자 및 훼기 풍습은 선비 무덤에서도 흔하게 확인된다. 토기의 형태와 문양은 흉노의 것과 같으나, 선비나 북위 고분군에서도 비슷한 토기가 발견되어 토기만을 가지고 흉노 유적으로 판단할 수는 없다고 하였다. 결과적으로 이 유적은 흉노가 동한에 패하고 서쪽으로 이주한 후에 그 잔존 10여만 락(落)이 스스로 선비라고 불렀는데, 바로 선비로 자칭한 흉노의 후예들이 남긴 것으로, 또 이 고분군은 칠랑산 선비의 전신일 수 있다고 추론하였다.

3. 유연(柔然)

선비 다음에 몽골초원은 유연(柔然)이 차지하였다. 유연에 대해서는 『북사』 「연연전」(동북아역사재단 편, 2010)의 내용을 통해 간략하게 소개하기로 한다. 유연이라는 명칭은 4세기 전반에 거록회(車鹿會)라는 인물이 처음 부민(部民)을 거느리게 되면서 스스로 붙인 것이다. 거록회는 말, 담비 모피 등을 북위에 공물로 바치는 등 북위와 우호 관계를 유지하였으나, 나중에 그 후손들은 내분으로 인해 분열이 일어났고, 또 북위와 적대적인 관계가 형성되기도 하였다. 유연이 몽골초원을 지배하기 시작한 것은 5세기 초 사륜(社崙: 재위 402~410) 때부터이다. 사륜은 자신을 스스로 두대가한(豆代可汗)이라 칭하였는데, 이것은 유목제국 수장을 칸, 카간, 가한으로 부른 첫 번째의 예이다. 사륜은 칸이 되기 전에 서북 방면에 매우 부강한 나라로 남아있던 흉노를 오르혼강으로 추정되는 알근하(頞根河)에서 격파하고 병합하였다.

이 내용은 흉노가 한 때 선비의 위세에 눌려 스스로 선비라 칭한 적도 있고 또 선비의 단석괴가 몽골초원을 차지한 적도 있지만, 흉노의 일부 세력이 서기 4세기 말까지 여전히 오르혼강의 서쪽, 즉 항가이 산맥 일대에 잔존하고 있었음을 보여 주는 좋은 예라고 하겠다. 몽골 초원에서 선비 시기의 유적이 극히 드물게 발견된다는 사실은 아마도 이와 무관하지 않을 것이다.

유연은 사륜 시기에 그 영역의 경계가 이미 서쪽은 현재의 신강성에 있는 언기(焉耆), 동쪽은 조선(朝鮮), 북쪽은 흡스굴 혹은 바이칼호로 여겨지는 한해(瀚海), 남쪽은 고비사막인 대적(大磧)에 이를 정도로 강성하였다. 유연은 나중에 연연(蠕蠕)이라고도 불리었으며, 북위와는 대체로 적대적인 상태가 더 많았다. 유연의 마지막 칸은 아나괴(阿那瓌)이다. 아나괴는 반란에 패배하여 북위의 수도로 피신한 적이 있으며, 나중에 귀국하여 유연을 다시 강성하게 만들었다. 하지만 유연은 아나괴가 552년에 돌궐과의 전쟁에서 패한 후 자살로 생을 마감하면서 쇠퇴의 길로 들어섰고, 555년에는 북위가 다시 유연의 잔여 세력을 토벌하면서 결국 멸망하였다.

한때 몽골초원을 지배하였던 유연은 고구려와 매우 친밀한 관계였던 것으로 파악된다. 『위서』 「백제전」에 따르면, 472년에 백제 개로왕이 사신을 파견하여 "연(璉: 장수왕)은 죄가 많고... 북으로 연연(蠕蠕)과 맹약하니 그들은 서로 순치를 이루어..(今璉有罪... 或北約蠕

蠕 其相脣齒…)"라고 하였고(국사편찬위원회, 2007), 또『위서』「거란전」에 따르면, 479년(태화3년)에 고구려(장수왕)가 몰래 연연과 모의하여 지두우(地豆于)를 취하여 나누려 하였다(太和三年 高句麗竊與蠕蠕 欲取地豆于以分之)(동북아역사재단 편, 2009e).

고고학적으로 유연은 아직 공백 상태나 마찬가지인데, 몽골지역에서 확인된 유연 시기의 유적은 바룬 하이르한, 오르드 올랑 우네트, 호흐 노르, 탈링 고르방 헤렘, 호드긴 하잔 등 아직 소수에 불과하다(세레긴 외, 2020). 2015년에 우연히 발견된 오르드 올랑 우네트 암벽 무덤은 말을 순장한 남성 무덤인데 복합식 활(도면 205), 목제 경안(硬鞍)(길이 42㎝, 폭 45.7㎝)(도면 206: 1), 뿔 재갈멈치와 고삐고리가 있는 철제 재갈(도면 206: 2), "주머니"가 있는 가죽으로 만든 화살통(길이 77.5㎝)(도면 206: 3), 나무로 만든 길쭉한 동체에 둥근 고리 모양 손잡이가 있는 컵 모양 용기(높이 19㎝)(도면 206: 4), 의복 등이 출토되어, 유연의 마구와 복식 연구에 큰 도움이 되고 있다.

탈링 고르방 헤렘 고분은 2014년에 몽골과 중국이 공동 발굴하였다. 이 고분에서는 복합식 활 부속품(7개 덧판)(도면 207), 청동 경식,

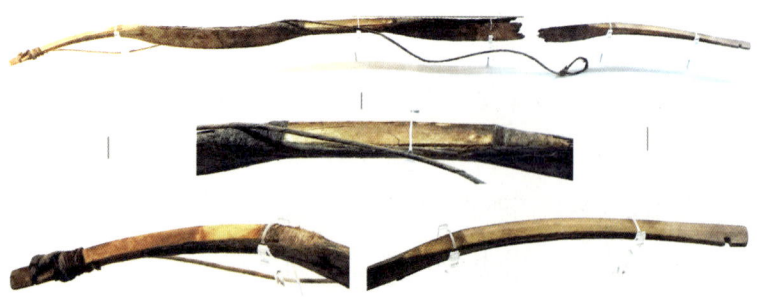

도면 205. 오르드 올랑 우네트 암벽 무덤 발견 유연 시기 흉노식 활(칭기스칸 박물관, 사진 정석배)

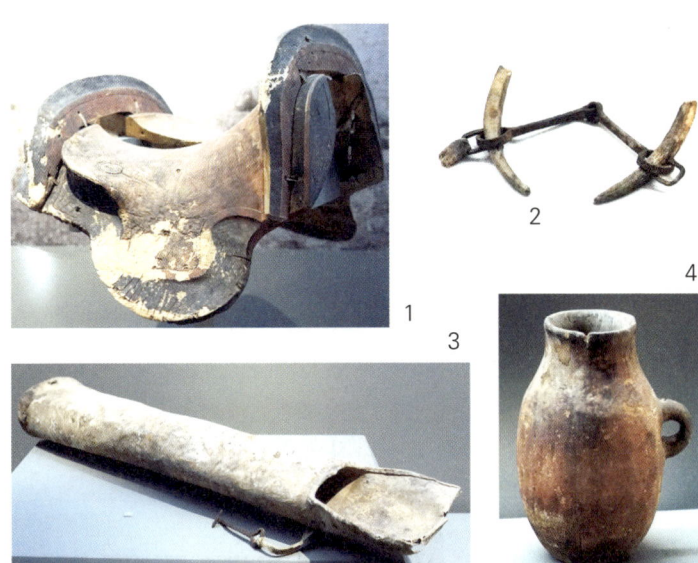

도면 206. 오르드 올랑 우네트 암벽 무덤 발견 유연 시기 유물: 1 – 경식 안장, 2 – 재갈, 3 – 가죽 화살통, 4 – 목제 용기(칭기스칸 박물관, 사진 정석배)

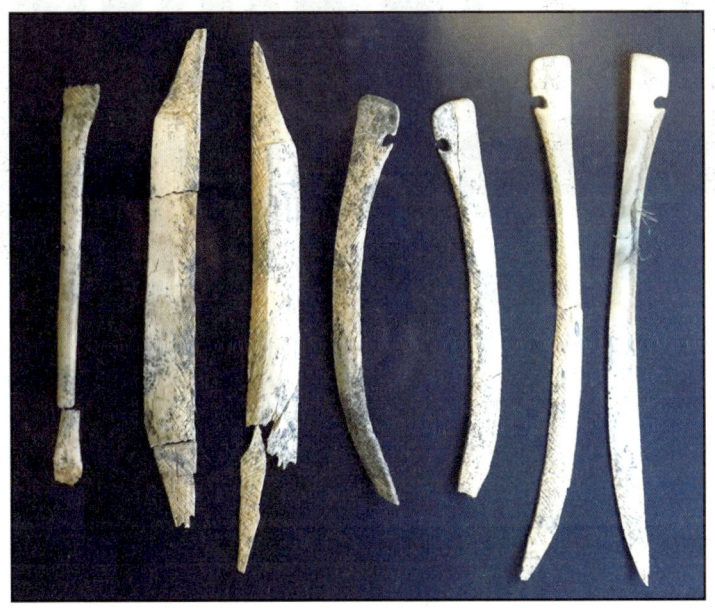

도면 207. 탈링 고르왕 헤렘 고분 발견 유연 시기 골제 활 부속품(하르허롬 박물관, 사진 정석배)

3. 유연(柔然)

금제 패식, 청동 핀셋, 청동 귀이개, 청동 손톱 청소기, 눈썹 핀셋, 불점화기, 토기 등이 출토되었다(도면 208). 그 외에 다른 유적에서 철제 등자, 철제 및 골제 화살촉 등의 유물도 출토되었다.

허브드(호브드) 아이막의 오르드 올랑 우네트 암벽 무덤에서 발견된 유물은 칭기스칸 박물관에, 탈링 고르왕 헤렘 고분에서 출토된 유물은 하르허룸 박물관에 각각 전시되어 있다. 다만 탈링 고르왕 헤렘 고분 출토 금제 패식은 칭기스칸 박물관에 전시되어 있다.

유연이 남긴 유적은 아직 답사하지 못하였다.

도면 208. 탈링 고르왕 헤렘 고분 발견 유연 시기 유물: 1 - 금제 패식, 2 - 청동 핀셋, 3 - 청동 귀이개, 4 - 청동 손톱 청소기, 5 - 청동 눈썹 핀셋(1 - 칭기스칸 박물관, 2~5 - 하르허룸 박물관, 사진 정석배)

IV. 돌궐, 위구르, 예니세이 키르기스 시대

1. 돌궐제국(突厥帝國)

유연 다음에는 돌궐(突厥)이 몽골초원의 지배자가 되었다. 다만 돌궐은 중국 사서에 기록된 명칭이고, 자신들이 남긴 비문을 통해 본다면 그들은 자신을 "튀르크"로 불렀음을 알 수 있다. 돌궐에 대해서는 『주서 周書』「이역전 하-돌궐」, 『북사 北史』「돌궐전」, 『구당서 舊唐書』「돌궐전」, 『신당서 新唐書』「돌궐전」 등에 관련 내용이 있다(동북아역사재단 편, 2010; 동북아역사재단 편, 2011a; 동북아역사재단 편, 2011b).

『북사』「돌궐전」에는 돌궐의 건국과 관련된 세 종류의 설이 소개되어 있다. 첫 번째는 시조 아사나(阿史那)가 사람과 암 이리 사이에서 태어난 인물이며, 군장이 된 다음에 자신의 근본을 잊지 않기 위해 아장의 문에 황금 이리 머리 독(纛)을, 즉 큰 기(旗)를 세웠다고 한다. 두 번째는 북위 태무황제(재위 423~452년)가 북량을 멸망시켰을 때 아사나가 500 가(家)를 이끌고 연연(=유연)에게 도망을 가서 대대로 금산(金山)의 남쪽에 살면서 연연을 위해 대장장이 일을 하였다라고 한다. 세 번째는 돌궐의 조상이 색국(索國)에서 나왔고, 그 부락 대인 아방보(阿謗步)의 70명 형제 중 한 명인 이질니사도(伊質泥師都)가 이리의 소생이었는데, 그는 특이한 기운을 느낄 수 있었고 또 바람과 비를 점칠 수 있었다고 한다. 그는 여름 신의 딸 및 겨울 신의 딸과 결혼하여 여러 아들을 낳았는데 그중 한 명인 납도륙(納都六)이 돌궐의 주(主)로 추대되었고, 또 납도륙의 10명 아내 중 작은 처(小妻)가 낳은 아사나가 나중에 주(主)로 추대되었다고 한다.

세 가지 설 중에서 첫 번째와 세 번째는 신화적인 내용으로서 모두 돌궐이 이리의 후예임을 강조하고 있다. 금산은 지금의 알타이산으로 여겨지고 있는데, 아마도 고르느이 알타이나 몽골 알타이를 말할 것이다. 북서-남동 방향으로 뻗은 알타이산맥은 길이가 2,000㎞, 폭이 200㎞나 되며, 고비 알타이도 있다.

그런데 그 외에도 『유양잡조 酉陽雜俎』라는 책에 돌궐의 조상이 금빛 뿔 흰 사슴과 관련된 사마(射摩)와 사리해신(舍利海神)이라는 설화도 있다고 한다(정재훈, 2016).

돌궐이 몽골초원의 주인이 된 것은 토문(土門: 부민)이 돌궐의 수장이 되었을 때이다. 이때 돌궐은 중국과 교류를 시작하였고, 이즈음에 철륵이 연연을 공략하려고 하자 돌궐의 토문이 550년에 먼저 철륵을 정복하였다. 토문은 자신의 강성함을 믿고 유연의 칸인 아나괴에게 혼인을 청하였으나 "나를 위해 대장장이 일을 하던 놈이 어찌 감히 이런 말을 할 수 있느냐"라는 모욕적인 말로 거절당하자 마침내 연연(=유연)과 관계를 끊고, 서위(西魏)의 장락공주(長樂公主)를 아내로 맞이하였다. 토문은 552년에 연연(=유연)을 크게 격파하였고, 자신을 이리가한(伊利可汗)이라 하였다.

돌궐은 토문의 아들 과라(科羅, 을식기가한 乙息記可汗) 다음에 작은 아들(즉 과라의 동생)인 사근(俟斤)이 제3대 카간(목한가한 木杆可汗)이 되었을 때 그 영역이 이미 동쪽은 요해(遼海)(발해만 일대), 서쪽은 서해(西海)(아랄해 혹은 카스피해), 남쪽은 고비사막의 북쪽, 북쪽은 북해(北海)(바이칼호)까지 동서 1만 리, 남북 5~6천 리에 달하였다. 목한가한은 자신의 근거지를 몽골고원 중앙의 외튀켄(항가이산맥)으로 옮겼다.

돌궐의 서쪽 지역은 토문의 동생인 실점밀(室點密: 이스테미)이 개척하였는데, 그는 에프탈, 소그드, 박트리아지역을 정복하였다. 돌궐에서 사근의 동생 타발가한(他鉢可汗)(재위 572~581년)이 죽은 다음에 내분이 발생하였고, 과라의 큰아들 섭도(攝圖)가 칸이 되어 사발략(沙鉢略)이라 불리었다. 섭도는 타발가한의 유언으로 카간이 되었어야만 하는 사근의 아들 대라편(大邏便)을 아파가한(阿波可汗)으로 삼기도 하였지만, 나중에 대라편의 부락을 공격해 그 어머니를 죽였고, 이에 대라편은 서쪽으로 실밀점의 아들인 달두(達頭)에게 도망을 가서 사발략과 대립하였는데, 달두가 카간이 되면서 583년에 돌궐은 동돌궐(552~630년)과 서돌궐(583~658년)로 분열하였다.

이를 다시 정리하면 다음과 같다: 토문(제1대 이리가한) → 과라(제2대 을식기가한) (토문의 아들) → 사근(제3대 목한가한) (과라의 동생) → ?(이름 불명)(제4대 타발가한) (사근의 동생) → 섭도(제5대 사발략가한) (과라의 아들). 제4대 타발가한이 사근의 아들 대라편을 카간으로 삼으라고 유언하였으나, 과라의 아들 섭도가 카간이 되어 원래 카간이 되어야 할 대라편을 탄압하면서 돌궐이 동서로 분열하는 계기가 된 것이다.

서돌궐의 영역은 『구당서 舊唐書』「돌궐전」에 따르면 중심지는 오손의 옛 땅, 다시 말해서 제티수(세미레치예) 지역이었고, 동쪽은 돌궐국, 즉 동돌궐과 접하였고, 서쪽은 아랄해 혹은 카스피해로 추정되는 뇌저해(雷翥海), 남쪽은 지금의 타림분지 카쉬가르(喀什)에 해당하는 소륵(疏勒), 북쪽은 한해(瀚海)까지였다. 그런데 이후 사궤가한(재위 610~618년경) 시기에는 영토를 계속 개척해 동쪽으로 알타이산맥에 해당하는 금산(金山)에 이르고, 서쪽으로 바다(海)에 이르러 옥문관 서쪽의 나라가 모두 서돌궐에 속하게 되었다.

이후 동돌궐은 630년에, 서돌궐은 658년에 모두 당 태종에 의해 멸망하였다.

돌궐은 멸망 후에 당의 기미 지배라는 간섭도 받았지만, 나중에 682년[4]에 쿠틀룩(骨咄綠 골돌록: 재위 682~691년, 일테리쉬 카간)에 의해 다시 독립하였다. 쿠틀룩 사후에는 동생 묵철(默啜: 재위 691~716년, 카프간 카간)이, 그다음에는 쿠틀룩의 아들 묵극련(默棘連)이 빌게칸(비가가한 毗伽可汗: 재위 716~734년)으로 등극하였다. 돌궐은 이 3대 카간 시기에 톤유쿠크(돈욕곡 暾欲谷) 등의 도움으로 크게 강성해졌지만, 734년에 빌게칸이 독살당하면서 다시 쇠퇴하였고, 745년에 위구르의 공격으로 완전히 멸망하였다.

돌궐은 당의 기미 지배 이전은 돌궐 제1제국 혹은 돌궐 제1한국, 쿠틀룩 카간이 부흥시킨 다음에는 돌궐 제2제국 혹은 돌궐 제2한국으로 불린다.

돌궐의 생활 풍습을 보면 머리카락을 길게 늘어뜨리고(被髮 피발), 옷깃을 왼쪽으로 여미며(左衽 좌임), 둥근 펠트 천막에 살고(穹廬氈帳 궁려전장), 물과 풀을 따라 옮겨 다니며, 가축을 기르고, 활을 쏘아 사냥하는 것으로 생업을 삼았다고 하였다. 또 살코기를 먹고 발효유로 추정되는 락(酪)을 마셨고, 몸에 입는 것은 가죽과 털이었으며, 노인을 천하게 여기고 건장한 사람을 귀하게 여겼는데 겸양과 부끄러움이 적고 예절과 의리가 없는 것이 마치 흉노와 같았다고 하였다. 주목해야 할 점은 물과 풀을 따라 옮겨 다녔지만, 흉노와 마찬가지로 각자에게 나누어 가진 땅 분지(分地)가 있었다는 사실이다.

---

4. 『구당서』「돌궐전」에는 영순(永淳) 2년(683년), 『신당서』「돌궐전」에는 영순 원년(682년)에 골돌록이 반란이 일으켰다고 하였다.

돌궐의 카간은 어도근산(於都斤山, 외튀켄산)에 머물렀고, 아장은 문을 동쪽으로 열어 두었으며, 매년 여러 귀인(벡)을 거느리고 가서 조상이 살던 동굴(先窟)에서 제사를 지내었다고 한다. 또한 5월 중순에는 타인수(他人水)에 모여 양과 말을 많이 잡아 하늘의 신에게 제사 지내었다. 조상이 살던 동굴은 어디인지 알 수 없으나, 타인수는 타미르강이라는 설이 있다.

하늘의 신, 즉 천신(天神)에게 제사를 지낸 타인수가 타미르강이라면, 필자의 생각에 모이기 가장 적합한 곳은 호이드 타미르강 우안 들판에 우뚝 솟아있는 엄청난 크기의 타이하르 촐로 바위일 것이다. 이 바위는 힘센 장사(壯士)가 거대한 뱀을 구덩이에 몰아넣고 입구를 이 바위로 막았다는 전설이 있고, 또 바위에 돌궐 룬 문자 명문도 있다. 이곳은 바위 주변에 넓게 평원이 펼쳐져 있어 수십만 명의 사람이 회합할 수 있는 장소이다. 빌케 카간의 제사유적에서 서쪽으로 119.2㎞ 떨어져 있다.

하늘에 제사를 지낼 때 남자들은 도박의 하나인 저포(摴浦)를 좋아하고, 여자들은 말을 타고 하는 공놀이인 답국(踏鞠)을 했으며, 마유주인 마락(馬酪)을 마시고 취해 노래를 부르며 상대했다. 또한 돌궐인들은 귀신을 받들고 무당을 믿었으며, 싸우다 죽는 것을 중히 여기고, 병들어 죽는 것은 수치스럽게 여겼다.

『수서』「북적전 - 돌궐」에 의하면, 돌궐 제4대 타발가한이 포로로 잡혀 온 북제의 승려 혜림의 설법을 듣고 불교에 귀의하였으며, 절(伽藍)을 하나 짓고 열반경 등 경전을 구해오게 하였고, 또 재계하고 스스로 탑을 돌기도 하였는데, 이 사실은 돌궐에 불교도 알려져 있었음을 말한다.

돌궐은 고구려는 물론이고 발해와도 깊은 관계를 맺고 있었다. 예를 들어, 오르혼강 동쪽 후슈(호쇼) 차이담의 빌게칸 비문과 그 아우 퀼 테긴(684~731년) 비분에는 돌궐의 시조 부민 카간(토문)과 서돌궐의 시조 이스태미 카간(=실점밀)의 장례식 때 조문 사절을 파견한 나라들이 열거되어 있는데 그중에는 고구려로 여겨지는 보클리(뵈클리)라는 나라도 있다. 그 외에도 사마르칸트의 아프라시아브 궁전벽화에서 발견된 고구려 조우관 사절은 돌궐의 영역이었던 몽골초원을 지나 사마르칸트까지 간 것으로 추정된다. 또 607년에 고구려의 사절이 돌궐의 계민가한(啓民可汗)과 그의 아장인 대리성(大利城)에서 만난 적도 있다(이재성, 2013). 발해와의 우호적인 관계는 대조영이 발해를 건국하고 제일 먼저 돌궐에 사절을 보낸 사실로서 확인된다.

몽골초원에는 돌궐유적이 상당히 많이 발견된 상태이다. 대표적인 유적으로는 오르혼강 동쪽의 빌게칸 제사유적과 퀼 테긴 제사유적, 복드한 산 동쪽 들판의 톤유쿠크 제사유적, 하노이강 유역의 쉬베트 올랑 제사유적 등과 같은 수장급 제사유적이 있다. 위석과 발발로 이루어진 소형의 평민 제사유적과 고분 등도 다수 알려져 있다. 석인상도 유명한데 대부분 제사유적에서 발견된다. 최근에는 톨강 중하류 지역에서 돌궐 제1제국과 제2제국 사이 당의 기미 지배 시기에 해당하는 바양노르 벽화묘(=서른 봄바가르 고분)와 복고을돌묘(678년)가 발굴되기도 하였다(박아림·L.에르데네볼드, 2020). 돌궐 계통의 유적은 몽골 바깥으로 고르느이 알타이와 투바, 카자흐스탄 등에서도 다수 조사되었다.

몽골에 있는 돌궐의 유적은 2022년에 빌게칸, 퀼 테긴, 톤유쿠크의 제사유적과 비석, 알탄산달 올 유적 석인상, 오르트 볼락-2 복합 유적의 돌궐 위석-발발을 답사하였고, 그 외 아르항가이 아이막 박물관에 전시된 보고트(부구트) 비석을 보았다. 2023년에는 빌게칸, 퀼테긴, 톤유쿠크의 제사유적과 비석, 보고트 비석 외에 추가로 새로이 쉬베트 올 석축 건축물(쉬베트 톨고이 제사유적)을 답사하였다. 돌궐의 유물은 후슈(호쇼) 차이담 박물관, 하르허룸 박물관, 몽골국립박물관, 칭기스칸 박물관 등에서 실견할 수 있다.

필자는 2014년과 2019년에 고르느이 알타이의 꾸라이까-Ⅱ 고분군에서 다수의 돌궐 고분을, 울라간 고분군과 발르이끄 뚜율 고분군에서 다수의 위석-발발을, 깔빡 따쉬 암각화 유적에서 돌궐의 선각화(線刻畵)와 명문(銘文)를 본 적이 있다. 남시베리아 미누신스크 박물관에 전시된 다수의 룬 문자 비석도 본 적이 있는데, 아마 돌궐 시기의 것도 있을 것이다.

(1) 보고트 비석(Бугутын бичээс / Бугатын бичээс; Bugut inscription)

부구트 비문으로 알려져 있다. 몽골어 발음은 보고트(Бугут)이다. 1956년에 몽골 고고학자 Dj. 도르지수렝이 아르항기아 아이막 보고트산(山) 서쪽 약 10㎞ 거리의 보고드 제사유적에서 발견하였다(도면 209). 비석은 원래 비각에 의해 보호되었을 것으로 추정되었는데 비석 둘레에 모두 6개의 나무 기둥 자리가 발견되었기 때문이다. 보고트 제사유적의 가운데 부분에서는 사당터도 확인되었다(끌랴쉬또르느이 외, 1971; 보이또프, 1996).

비석은 체체를렉시(市)에 있는 아르항가이 아이막 박물관 마당에

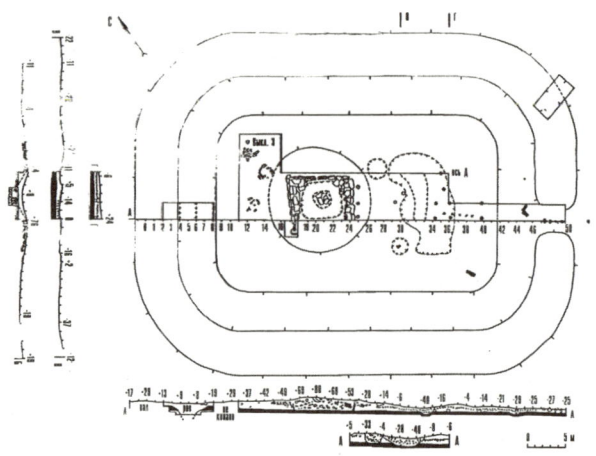

도면 209. 보고트 제사유적 평·단면도(보이또프, 1996)

비석 받침 귀부와 함께 이전 전시되어 있다(도면 210~211). 비석의 크기는 높이 198㎝, 기저 폭 70㎝, 두께 20㎝이다. 비문은 소그드인이 소그드어로 작성하였다. 앞면, 좌우 측면은 상대적으로 잘 남아있고, 후면은 풍화로 인해 글자가 거의 판독되지 못하였다.

이 비석은 돌궐 제1제국 제4대 타스파르 카간(佗鉢可汗 타발가한,

도면 210. 아르항가이 아이막 박물관 안의 보고트 비석(사진 정석배)

도면 211. 보고트 비석: 1 - 정면, 2 - 후면, 3 - 정면 소그드어 비문 세부(사진 정석배)

재위 572~581년) 마지막 해에 세워진 것으로 추정되고 있는데 그 근거는 다음과 같다. 첫째, 돌궐 제2제국 시기의 씨족 표식인 산양 기호가 없다. 둘째, 비석 머리인 이수에 돌궐 제2제국 시기 비석에 보이는 용 대신에 늑대가 묘사되어 있다. 셋째, 비문에 돌궐 제1제국 시기의 부민 카간, 무한 카간, 타스파르 카간, 니바르 카간(572~581년 / 581~587년) 이름만 있고, 돌궐 제2제국 시기 카간의 이름은 없다. 넷째, 비문에 토끼해에 일어난 사건 이야기가 있는데, 돌궐 제1제국 시기 토끼해는 559년, 571년, 583년, 595년, 607년, 619년이지만, 관련된 역사적 사건들은 모두 583년 전에 일어났다. S.G.끌랴쉬또르느이와 V.A.리브쉬쯔는 이러한 사실에 근거하여 보고트 비석의 건립 연대로 타스파르 카간의 재위 마지막 해인 581년이 가장 타당할 것으로 추정하였다(끌랴쉬또르느이 외, 1971).

1. 돌궐제국(突厥帝國)

이들이 지적한 첫째와 둘째 근거는 빌게칸 및 퀼 테긴 비석의 이수(도면 229; 도면 219)와 비교해 보기 바란다.

보고트 비석은 이수에 암늑대와 어린아이가 조각되어 있어 돌궐의 기원 설화와 깊은 관련이 있을 것으로 평가되고 있다. 다만 최근에는 보고트 비석의 이수에 늑대와 어린아이가 아니라 용이 조각되었다는 의견도 제기되었다(루흘랴데프, 2021). 이 의견은 충분히 가능은 하나, 보고트 비석의 이수와 빌케 카간 및 퀼 테긴 비석의 이수가 서로 크게 차이가 나는 사실은 부정할 수 없다. 비석 이수에 암늑대와 아이가 표현되었는지, 아니면 용이 표현되었는지 이수를 원래 상태와 시계 방향으로 90도 돌린 상태에서 비교해 보면 흥미로울 것이다(도면 212).

박물관 정문에서 볼 때 보고트 비석은 박물관 마당의 가운데 중심축 선상에 세워져 있다. 비석 아래에는 비석과 동일 재질 및 색깔의 귀부가 얼굴을 박물관 정문 쪽을 향한 채 놓여 있다. 비석의 상태는 정면에서 볼 때 오른쪽 윗부분이 깨어져 나갔으며, 비석 머리의 일부를 다시 붙였다. 정면과 좌우 양 측면의 소그드 비문은 지금도 잘 남

도면 212. 보고트 비석 이수: 1 – 원래 상태, 2 – 시계 방향으로 90도 회전한 상태(사진 정석배)

아있다(도면 211: 3). 뒷면의 아랫부분에도 문자가 관찰은 되나 앞면에 비하면 풍화가 심하다.

보고트 비석과 아르항가이 아이막 박물관으로 사용되고 있는 자야게게니 후레(Заяын Гэгээний XYpee) 사원의 라브랑궁(宮) 건물들은 서로 잘 조화를 이룬다. 2022년 답사 시에는 비석만 있었지만, 2023년 답사 시에는 비각을 세워 비석을 보호하고 있었다.

(2) 퀼 테긴 제사유적(Күлтигин тахилын онгон; Kültegin)과 비석

아르항가이 아이막 하샤트 솜의 오르혼강 중상류지역 우안(동안) 평원에 위치한다. 올란바타르 수흐바타르 동상에서 서쪽으로 약 308.9㎞, 하르허롬(하르허링)의 에르덴조 사원 북서쪽 모서리에서 북쪽으로 약 40㎞ 떨어져 있다. 남동쪽의 빌게칸 제사유적과는 약 740m 떨어져 있다.

1958년에 L. Jisl이 발굴한 자료를 통해 유적의 양상이 파악되었다. V.I.보이또프는 이 유적을 "후슈 차이담-2 유적"으로 소개하였다. 이곳 후슈(호쇼) 차이담 일대에는 다수의 돌궐 제사유적이 분포하고 있는데 남쪽에서 북쪽으로 차례로 후슈 차이담-1, 후슈 차이담-2, 후슈 차이담-3, 후슈 차이담-4 유적이 분포한다. 여기에서 후슈 차이담-1 유적은 빌게칸 제사유적, 후슈 차이담-2 유적은 퀼 테긴 제사유적에 해당한다(보이또프, 1996).

퀼 테긴은 『구당서』 「돌궐전」에 따르면 형인 빌게칸을 옹립한 인물이며, 731년에 사망하였다. 그의 한자 이름은 궐특근(闕特勤)이다. 그가 죽자 당나라 "황제가 친히 비문을 지었고, 또 사당을 세워

주었고, 석상을 만들었으며, 네 벽에 그의 전투 장면을 그렸다(上自 爲碑文 仍立祠廟 刻石爲像 四壁畵其戰陣之狀)"고 한다(동북아역사재단 편, 2011a).

퀼 테긴 제사유적은 장축이 동서 방향인 평면 긴 네모꼴이며, 둘레가 67.25×28.85m 크기의 담장과 그 바깥의 너비 1.5~2m의 주구(周溝)로 둘러싸여 있다. 동쪽 출입구 문이 있는 부분에는 담장과 주구가 모두 단절된 모습이다. 담장 내부에는 동쪽에서 서쪽으로 귀부와 비석, 두 줄의 석물, 사당, 제단(희생 석단)이 차례로 배치되어 있다(도면 213~214). 담장 바깥 동쪽에는 약 3㎞의 거리에 걸쳐 발발이 세워져 있었는데 1958년 당시 169개가 남아있었다고 한다. 다만 2022년과 2023년 답사 시 1개만 확인할 수 있었다.

발발은 작은 입석(立石) 형태의 돌로서 무덤의 주인공이 생전에 죽인 적의 수를 표시한 것이다. 『수서』「돌궐전」에 "일찍이 한 사람을 죽이면 하나의 돌을 세웠는데 그 수가 천 개 백 개에 이른 사람도 있다(嘗殺一人 則立一石 有至千百者)"라고 하였다.

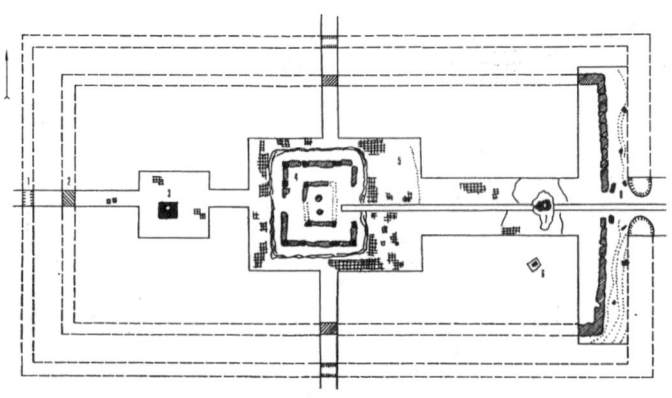

도면 213. 퀼 테긴 제사유적 평면도(보이또프, 1996)

도면 214. 퀼 테긴 제사유적 모습(사진 정석배)

　동쪽 출입구는 폭이 3m이며, 담장 양쪽 끝 바깥 좌우에 두 마리의 석양(石羊)이 서로 마주 보게 놓여 있었다. 출입구 안쪽에서는 바깥 주구와 연결되는 배수시설이 확인되었다. 출입구에서 서쪽으로 약 8m 거리에서는 비각의 흔적과 잔존 길이 2.25m의 귀부가 발견되었다. 비각은 크기가 3.20×3.75m이며, 기와지붕이었고, 또 귀면도 하나 발견되었다. 비석은 귀부와 분리된 채 원래 자리를 이탈하여 세워져 있었다. 비각과 사당 사이는 포장한 길이 있었고, 그 좌우에는 다수의 문인석과 무인석 및 동물상이 있었을 것인데 발굴 당시에는 검이나 도끼를 가진 남성, 수건을 가진 여성, 무릎을 꿇은 남성 등의 인물상이 발견되었다(도면 215).

　사당은 제사유적의 가운데에 위치하며, 크기가 13×13m에 높이가 0.86~0.88m인 정사각형의 토축 기단 위에 축조하였다(도면 216). 기단의 동쪽과 서쪽 가운데에는 계단이 있었다. 기단과 계단의 상면은 모두 전돌로 덮었다. 사당 건물 자체는 규모가 10.25×10.25m이며, 바깥 복도가 구분되는 이중 벽체로 되어 있었

도면 215. 퀼 테긴 제사유적 발견 인물상과 동물상: 1 - 여성 입상, 2 - 남성 입상, 3 - 인물 좌상, 4 - 양(羊) 형상(후슈 차이담 박물관, 사진 정석배)

도면 216. 퀼 테긴 제사유적 사당터(사진 정석배)

다. 건물 벽은 전돌을 쌓아 축조하였고, 표면은 회를 바른 다음에 붉은색 물감을 칠하였다. 지붕에는 점토로 만든 용머리(치미)를 얹은 것이 확인되었다. 기둥 초석은 16개였고, 지붕에는 기와를 얹었으며, 처마 부분에는 연화문 와당을 사용하였다. 사당의 방은 크기가 4.40×4.40m이며, 안에 퀼 테긴과 그 부인의 좌상(坐像), 그리고 2명의 승려 혹은 수하의 입상(立像)이 있었던 것으로 추정되었다. 이곳에는 매끈한 판석도 발견되었지만, 도굴로 인해 심하게 교란된 상태라 석관에 사용된 것인지 아니면 제단에 사용된 것인지 파악되지 못하였다. 방 안에서 3개의 구덩이가 확인되었는데, 그중 한 구덩이에서 퀼 테긴의 두상(頭像)과 그 부인의 두상 일부가 발견되었다(도면 217). 방 안에서 벽화 쪼가리가 다수 발견되어 원래 방의 벽은 모두 벽화로 장식되었을 것으로 추정되었다. 방 안에서 그 외에 토기편, 청동 및 도금한 철제 버클, 양 대리석 두상, 철제 화살촉 등이 출토되었다.

도면 217. 퀼 테긴 제사유적 사당터 발견 퀼 테긴 두상(1)과 그 부인의 두상 일부(2)(몽골국립박물관, 사진 정석배)

도면 218. 퀼 테긴 제사유적 희생 유공석단(사진 정석배)

도면 219. 퀼 테긴 비석 모습(후슈 차이담 박물관, 사진 정석배)

유적의 가장 안쪽에는 화강암으로 만든 희생 석단(sacrificial stone), 즉 제단이 위치한다(도면 218). 이 석단은 입방체 모양이며, 크기가 2.23×2.23×1.15m이고, 일부가 잘리기 전 원래 무게는 14.3톤이었다. 석단의 가운데에는 크고 둥글게 구멍이 뚫려 있어 희생 유공석단(有孔石壇)으로 부를 수 있을 것이다. 석단도 점토 기단 위에 놓여 있었고, 또 이곳에서 기와와 치미의 편 등이 발견되어 이곳에도 보호각이 있었을 것으로 추정되었다.

퀼 테긴 비석은 실물은 유적 주변에 세운 후슈 차이담 박물관에 전시되어 있고(도면 219), 퀼 테긴 제사유적의 원래 자리에는 복제품이 세워져 있다. 돌궐 제2제국 3대 카간인 빌게칸의 동생 퀼 테긴(684~731)의 비석이다. 비석의 크기는 높이 3.75m, 너비 1.22m(위)~1.32m(아래), 두께 44~46㎝이다. 732년 8월 21일에 건립되었다. 이수(螭首)의 한쪽 면에는 산양 모양 탐가(Tamga)(도면 220: 1), 그 뒷면에는 고궐특근지비(故闕特勤之碑)라는 글자가 새겨져 있다. 탐가는 "부족 혹은 씨족 표시 기호"로 이해될 수 있을 것인데 산양 모양 탐가는 돌궐 아사나씨 부족을 상징한다. 비문은 한쪽 넓

도면 220. 퀼 테긴 비석 세부: 1 - 산양 모양 탐가, 2 - 돌궐어 비문 세부, 3 - 한자 비문 세부(후슈 차이담 박물관, 사진 정석배)

은 면과 두 측면은 고대 룬 문자 돌궐어이고(도면 220: 2), 한 면은 한자이다(도면 220: 3).

비문의 내용 중 주목되는 것은 552년에 유연을 멸망시키고 성립한 돌궐제국의 시조 부민 카간(伊利可汗 土門 이리가한 토문: 552~553)과 그 동생으로서 서돌궐한국의 시조인 이스태미 카간(室点密 실점밀, 瑟帝米 슬제미: 552~576)의 장례식 때 조문 사절을 파견한 나라들이 열거되어 있다는 사실이다: "동쪽으로 해 뜨는 곳으로부터 보클리(뷔클리), ..., 중국, 티베트, 아바르, 비잔틴, 키르기스, ..., 거란.. 사람들이 와서 울고 애도하였다".

보클리는 일반적으로 고구려를 말하는 것으로 인식되고 있다. 따라서 이 내용은 당시 고구려 사절들이 오르혼강까지 갔다는 주요 증거의 하나로 제시되고 있다. 이와 관련하여 이재성은 지금의 우즈베키스탄 사마르칸트 아프라시아브 궁전 벽화의 고구려 조우관 사절들이 오르혼강 유역을 지나서 갔을 것으로 추정한 바 있는데 상당히 설득력 있는 의견이다(이재성, 2013).

비문에는 돌궐 제1제국의 멸망 원인과 630~682년 당(唐) 기미지배 시기에 돌궐인들이 당한 고통을 기술하면서 "동쪽으로 해 뜨는 곳의 보클리 카간까지 정벌하였다"라고 하는 내용도 있다. 보클리, 다시 말해서 고구려를 정벌하였다는 내용은 명백한 과장이며 왜곡이다. 왜냐하면 고구려는 돌궐에 정복된 적이 없기 때문이다. 다만 『삼국사기』「고구려본기」에 보면 양원왕 7년(551년)에 돌궐이 고구려 신성(新城)을 포위하고, 또 백암성(白巖城)을 공격하였다는 기록이 있다. 아마도 이 전투와 관련하여 『삼국사기』에는 고구려가 승리한 것으로 기록되어 있지만, 돌궐은 자신들이 승리한 것으로 기록하였을 수도 있다고 생각된다. 오늘날 국가 간의 전쟁에서 서로가 패배를 인정하지 않고 서로 자신이 이겼다고 주장하는 경우가 허다한 사실이 이를 뒷받침할 것이다.

(3) 빌게칸 제사유적(Билгэ хааны тахилын онгон; Bilge Qaghan)과 비석

빌게칸 제사유적은 아르항가이 아이막 하샤트 솜의 오르혼강 중상류지역 우안(동안) 평원에 위치한다. 북서쪽의 퀼 테긴 제사유적과는 약 740m 떨어져 있다.

빌게칸은 716년에 즉위하였으며, 『구당서』 「돌궐전」에 비가가한(毗伽可汗)으로 기록되어 있다. 카간으로 즉위하기 전에는 좌현왕 묵극련(黙棘連)이었으며, 동생 퀼 테긴(闕特勤 궐특근)이 묵철가한 사후에 묵철의 세력을 모두 제거하고 묵극련을 옹립하여 카간이 되었다. 묵철 때 벼슬을 하였던 톤유쿠크(暾欲谷 돈욕곡)를 중용하여 돌궐을 부흥시켰다. 734년에 독살당하였다. 사료에서 그의 행적을 이야기할 때 그를 소살(小殺)이라는 이름으로 소개하고 있다. 빌게칸이 죽자 당 황제가 조칙을 내려 조문하였고, 그를 위해 "비석과 사당을 세워 주었다(立碑廟)"라고 한다(동북아역사재단 편, 2011a).

V.I.보이또프는 빌게칸 제사유적을 후슈 차이담-1 제사유적으로 소개한 적이 있는데, 그에 의하면 퀼 테긴 제사유적은 후슈 차이담-2 제사유적이고, 그 외에 북쪽으로 후슈 차이담-3과 후슈 차이담-4 제사유적이 차례로 배치되어 있다(보이또프, 1996). V.I.보이또프는 빌게칸 제사유적 앞에 길이 2.3km에 걸쳐 발발이 세워져 있었다고 하나

답사 시에 보지 못하였다. 2003년에는 이 유적의 담장과 주구(周溝) 사이에서 발발들이 발견되어 발발이 담장도 둘러싸고 있었을 것으로 추정되기도 하였다.

2000~2001년에 몽골과 터키(튀르키예)가 이 유적에서 공동 발굴조사를 하였다(바야르, 2004). 발굴 전 유적의 모습은 크기가 대략 90×60m인 긴 네모꼴의 낮은 둔덕 모습이었다. 유적의 동쪽 부분에 12×15m 크기의 철제 울타리가 쳐져 있었는데 그 안에 세 조각으로 깨진 비석, 백색 대리석 거북이 모양 비석 받침(귀부), 백색 대리석 석인상, 청색 대리석 인물 좌상, 심하게 훼손된 사자상 등이 있었고, 울타리 밖에는 긴 검을 찬 인물상, 가운데 구멍이 있는 입방체 돌 등이 확인되었다.

유적의 둘레는 평면 긴 네모꼴의 담장과 주구가 둘러싸고 있는데 담장의 규모는 72×36m이며, 주구는 담장과 6m 떨어져 있다. 주구는 너비 6m, 깊이 약 2m이다. 담장 내부는 동쪽에서 서쪽으로 비석이 있는 입구 부분, 사당이 있는 중앙 부분, 제단(희생 석단)이 있는 서쪽 부분이 구분된다(도면 221~222).

비석이 있는 동쪽 입구 부분에는 돌로 만든 양, 사자, 석인상, 귀부(龜趺) 등이 발견되었다(도면 223). 사당 건물은 기단의 크기가 16×16m, 높이는 80~100㎝이며, 벽돌 마감 토축 기단이다. 기단 위에서 4개의 초석이 발견되었으며, 기단 주변에서 무너진 건물 벽체 아래로 두꺼운 와적층이 확인되었다. 사당의 구조와 외관은 퀼 테긴 제사유적의 것과 비슷하였을 것으로, 또 사당 안에는 빌게칸과 그 부인의 석인상 및 추도 기물이 함께 있었을 것으로 추정되었다.

서쪽 부분에서는 가운데에 둥근 구멍이 있는 240×228×130㎝

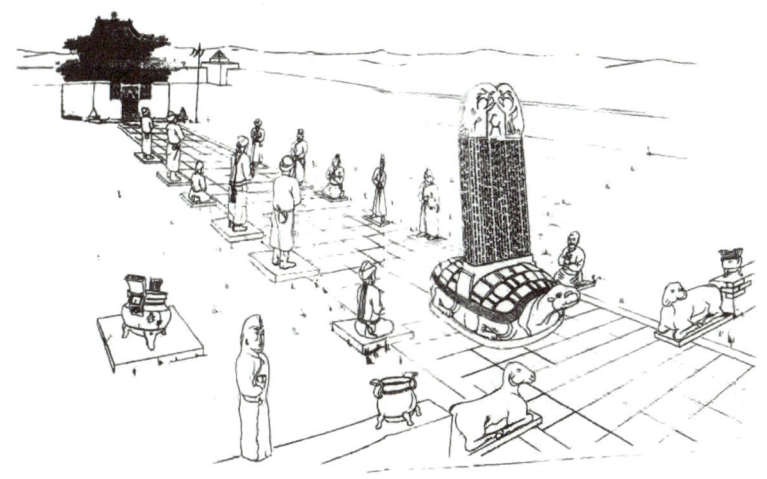

도면 221. 빌게칸 제사유적 복원 상상도(사마쉐프 외, 2016, 재인용)

도면 222. 빌게칸 제사유적 모습(서쪽에서)(사진 정석배)

크기의 입방체 화강암 돌이 발견되었는데 제물을 바치는 희생 석단(sacrificial stone), 즉 제단이다(도면 222). 이와 같은 제단은 그동안 빌게칸과 퀼 테긴 제사유적에만 있는 것으로 알려져 있었으나, 최근 돌궐 제2제국의 제1대 카간인 쿠틀룩(骨咄綠 골돌록: 재위 682~691

1. 돌궐제국(突厥帝國)

도면 223. 빌게칸 제사유적 발견 석인상과 동물상(후슈 차이담 박물관, 사진 정석배)

도면 224. 빌게칸 제사유적 석상(石箱)과 퇴장유적 노출 모습(바야르, 2004)

년, 일테리쉬 카간)의 제사유적(넘건-2 제사유적)에서도 발견된 것이 있다(엥흐투르 외, 2022). 제단의 구멍 안에서는 다량의 동물 뼈가 발견되었고, 또 이곳에서 소형의 룬 문자 비석 조각도 발견되었다. 제단 주변에서 모닥불 흔적인 재와 숯 얼룩들도 확인되었으며, 동물 뼈, 말 머리 등도 발견되었다. 제단 북쪽 가까이에서는 네 장의 판석으로 만든 160×130㎝ 크기의 돌 상자(石箱)가 발견되었다(도면 224).

제단과 돌 상자 사이에서 40×80×30㎝ 크기의 퇴장유적이 발굴되었다(도면 224). 이곳에서 1,878점의 유물이 출토되었는데, 그중에는 금제 유물 20개 종류 78점, 은제 유물 17개 종류, 보석 유물 6개 종류 26점, 청동 못 304점이 있다. 금과 은으로 만든 중요 유물들은 후슈 차이담 박물관과 몽골국립박물관 및 칭기스칸 박물관에 전시되어 있다. 유물 중에는 입에 보석이 걸린 끈을 문 채 양쪽 날개를 펼치고 꼬리를 치켜든 자세의 봉황이 전면에 배치된 황금 왕관(도면 225), 금제 봉수형 병과 은제 사슴(도면 226), 금제 돌궐식 대장식구(도면 227) 등도 있다.

퇴장유적 유물은 빌게칸 사당을 735년에 건립한 이후, 745년에 위구르, 바스밀, 카를룩의 침략으로 돌궐이 멸망 당할 때 사당에 사용한 귀중품을 적으로부터 숨기기 위해 매장한 것으로 추정되었다.

남동쪽의 담장 잔해에서 흑색 물감(먹?)으로 기마 인물을 그린 기와가 발견되었는데 그중 한 명은 파르티안 샷, 즉 기마반사(騎馬反射) 자세를 취하고 있다(도면 228). 주구에서는 위구르에 특징적인 동심(同心) 능형(菱形)[5] 무늬의 토기도 출토되었다.

빌게칸 비석은 현재 후슈 차이담 박물관에 이전 전시되어 있으며, 원래 자리에는 복제품이 세워져 있다. 비석의 크기는 퀼 테긴의 것보다 조금 더 크다. 비문의 보존 상태가 나쁜 편이며, 비문의 내용은 서로 같은 것이 많다. 이수에는 퀼 테긴 비석과 마찬가지로 산양 모양의 탐가가 새겨져 있다(도면 229). 빌게칸 비석은 735년 9월 20일에 건립되었다.

---

5. 원이 중첩된 것을 동심원이라고 한다. 마름모가 중첩된 것은 동심 능형, 네모가 중첩된 것은 동심 사각형이라고 부를 수 있을 것이다.

도면 225. 빌게칸 제사유적 퇴장유적 출토 황금 왕관(후슈 차이담 박물관, 사진 정석배)

도면 226. 빌게칸 제사유적 퇴장유적 출토 금제 봉수형 병과 은제 사슴(후슈 차이담 박물관, 사진 정석배)

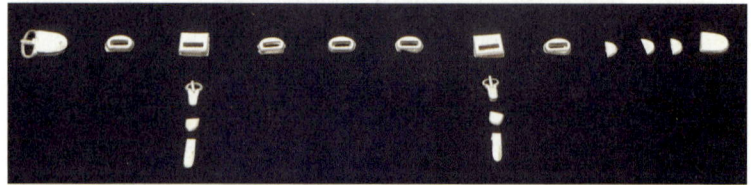

도면 227. 빌게칸 제사유적 퇴장유적 출토 돌궐식 대장식구(후슈 차이담 박물관, 사진 정석배)

도면 228. 빌게칸 제사유적 출토 기와(바야르, 2004)

도면 229. 빌게칸 비석(후슈 차이담 박물관, 사진 정석배)

1. 돌궐제국(突厥帝國)

(4) 후슈 차이담-3(Хөшөө Цайдам-3; Khöshöö Tsaidam-3)과 후슈 차이담-4 제사유적 및 돌 상자

후슈(호쇼) 차이담-3 제사유적은 후슈 차이담-2 제사유적(퀼 테긴 제사유적)에서 북쪽으로 800m 거리에, 후슈 차이담-4 제사유적은 후슈 차이담-3 제사유적에서 북쪽으로 400m 거리에 각각 위치한다. 후슈 차이담-3과 후슈 차이담-4의 돌 상자는 1933년에 D.D.부끼니치가 발굴하였다. 두 유적 모두 장축이 동서 방향인 긴 네모꼴의 담장과 주구로 둘러싸여 있고, 내부에는 석인상과 돌 상자가 발견되었으며, 동쪽에는 발발 열이 있다(도면 230)(보이또프, 1996). 필자는 이 두 유적을 답사하지는 못하였으나, 이 두 제사유적에서 발견된 돌 상자는 후슈 차이담 박물관에 전시된 것을 실견하였다(도면 231).

후슈 차이담-4 제사유적 돌 상자는 한쪽 면에 봉황이 서로 마주 보는 자세로 새겨져 있다(도면 232). 서 있는 자세의 두 봉황은 좌우 날개를 펼치고, 꼬리는 치켜세웠으며, 입에는 무언가 열매 혹은 보석을 물고 있다. 전체적으로 봉황의 자세와 입에 문 열매 혹은 보석은 빌게

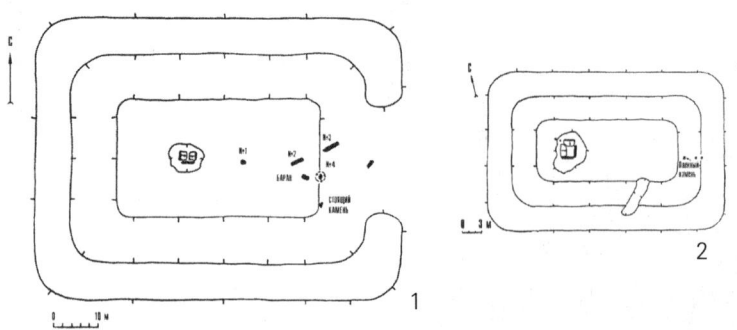

도면 230. 후슈 차이담-3 제사유적(1)과 후슈 차이담-4 제사유적(2) 평단면도(보이또프, 1996)

도면 231. 후슈 차이담-3 제사유적 돌 상자(왼쪽)와 후슈 차이담-4 제사유적 돌 상자(오른쪽)(후슈 차이담 박물관, 사진 정석배)

도면 232. 후슈 차이담-4 제사유적 돌 상자의 봉황 문양(사진 정석배)

1. 돌궐제국(突厥帝國)

칸 제사유적에서 출토된 황금 왕관의 정면에 표현된 봉황을 연상시킨다. 이 봉황은 또한 퀼 테긴 두상에 표현된 왕관과도 맥이 닿는다. 이 돌 상자의 다른 한쪽 면은 식물 계통 모티브의 문양으로 장식되었다.

후슈 차이담-3 제사유적 돌 상자는 한쪽 면은 둥글게 원을 이루는 고리 형태의 문양으로, 다른 한쪽 면은 꽃을 연상시키는 식물 계통 모티브의 문양으로 각각 장식되어 있다(도면 233).

도면 233. 후슈 차이담-3 제사유적 돌 상자의 문양(사진 정석배)

(5) 톤유쿠크 제사유적(Тоньюкукын тахилын онгон; Tonyukuk)과 비석

올란바타르 수흐바타르 동상에서 남동쪽 약 48.6㎞, 칭기스칸 국제공항 동쪽 약 48㎞ 거리에 위치한다. 서쪽 후슈 차이담의 빌게칸 제사유적과는 약 349㎞ 떨어져 있다.

이 일대에는 차강 오보-1, 차강 오보-2, 차강 오보-3이라는 3개소의 돌궐 제사유적이 분포하고 있는데 톤유쿠크 제사유적은 차강 오보-1 제사유적에 해당한다. 차강 오보-3 제사유적은 톤유쿠크 제사유적에서 북동쪽으로 약 3㎞ 떨어진 곳에 있다(보이또프, 1996).

톤유쿠크는 『구당서』 「돌궐전」에 따르면 빌게칸(=소살=비가가한)이 성을 축조하려 하자 "돌궐의 인구는 적어서 당나라의 백분의 일에도 대적할 수 없고, 그런 까닭에 늘 대항할 수 있는 것은 바로 풀과 물을 쫓아다녀 사는 곳이 일정하지 않으며 사냥을 업으로 삼고 또한 모두가 무예를 익히는 것에 있습니다. 강하면 병사들을 진군시켜 노략질하면 되고 약하면 산림에 숨고 엎드려 당나라 병사들이 비록 많더라도 어찌할 수가 없을 것입니다. 만약 성을 쌓고 거주한다면 옛 풍속을 바꾸는 것으로 하루아침에 이점을 잃게 되어 반드시 장차 당나라에 병합되고 말 것입니다"하고 반대를 한 인물이다(동북아역사재단 편, 2011a).

톤유쿠크 제사유적은 장축이 대체로 동서 방향인 평면 긴 네모꼴의 담장 흔적과 주구(周溝)에 의해 구분된다(도면 234~235). 바깥의 담장 흔적은 평면도에 제시된 축적을 통해 볼 때 대략 길이 47m, 폭 33m이다. 주구 안에는 동쪽에서 서쪽으로 2개의 비석, 사당, 2개의 돌 상자(石箱)가 차례로 배치되었다.

제사유적은 빌게칸의 재위(716~734년) 기간인 720~725년 사이에 조성되었으며, 입구에서 볼 때 왼쪽의 남비석(南碑石)은 높이가 236cm, 오른쪽의 북비석(北碑石)은 높이가 211cm이다(도면 236~237). 비석에는 돌궐 제2제국(682~745)의 부흥에 큰 역할을 한 빌게 톤유쿠크(暾欲

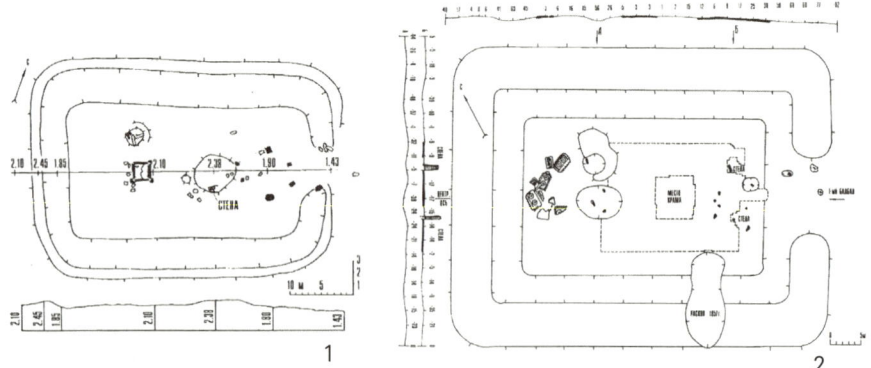

도면 234. 톤유쿠크 제사유적 평·단면도: 1 - 1909년 작성, 2 - 이후 작성(보이또프, 1996)

도면 235. 톤유쿠크 제사유적 모습(동남쪽 모서리에서)(사진 정석배)

도면 236. 톤유쿠크 제사유적 모습(동쪽에서)(사진 정석배)

도면 237. 톤유쿠크 제사유적 비석: 1 – 왼쪽 남비석, 2 – 오른쪽 북비석(사진 정석배)

谷 돈욕곡)와 관련된 내용이 돌궐 룬 문자로 새겨져 있다(Talat Tekin 저 / 이용성 역, 2008; 국립경주문화재연구소 외, 2008). 비문은 톤유쿠크 자신이 직접 작성하였고, 내용은 주로 당나라, 예니세이 키르기스, 돌기시, 거란 등과의 전쟁 이야기이다. 톤유쿠크 비석에는 귀부와 이수가 없는데 그것은 그가 카간 혹은 그 형제가 아니었기 때문이었다.

사당에 대해서는 보고 내용을 확인하지 못하였고, 또 유적에 그 흔적이 잘 드러나 있지 않아 따로 소개할 수가 없다.

가장 안쪽의 돌 상자는 1909년에 작성된 도면에는 원래 위치에 있었던 것으로 보이나, 이후 작성된 도면에는 돌 상자에 사용된 판석들이 이동되었음을 보여주고 있다(도면 234). 돌 상자는 크기가 2.25×1.25m와 1.7×1.7m이다(보이또프, 1996; 박아림 외, 2018). 2기의 돌 상자 중에서 오른쪽의 것은 아직 네 모서리에 기초 기둥이 남아있다. 기초 기둥은 안쪽에는 ㄱ자 모양으로 홈을 내어 돌 상자에 쓴 판석을 세울 때 도움이 되게 하였고, 외면은 식물 모티브 문양으로 장식하였다(도면 238). 돌 상자에 사용한 판석들은 더 안쪽에 흩어져 있는데, 표면을 꽃, 반(半) 팔메트 등 식물 계통 모티브의 문양으로 장식하였다(도면 239).

톤유쿠크 제사유적에서는 비석 바로 앞에서부터 발발이 시작된다(도면 240). 비석 앞쪽으로 1.3㎞ 거리에 걸쳐 289개 이상의 발발이 확인되었다고 한다(보이또프, 1996).

톤유쿠크 제사유적은 2022년 답사 시에는 원래의 모습을 유지하고 있었으나, 2023년 답사 시에는 박물관을 짓는다고 비석을 모두 다른 곳에 이전한 상태였다. 유적 둘레로 넓고 깊게 터파기 공사를 하고 있었고, 건축 자재 운반으로 인해 발발이 많이 쓰러진 상태였다.

도면 238. 톤유쿠크 제사유적 왼쪽 돌 상자 기초 기둥 모습(사진 정석배)

도면 239. 톤유쿠크 제사유적 돌 상자 판석 모습(사진 정석배)

유적 조사도 하지 않고 공사를 진행하는 것으로 파악되었는데 안타까운 모습이었다.

도면 240. 톤유쿠크 제사유적 앞 발발 모습(서쪽에서)(사진 정석배)

(6) 쉬베트 올(Шивээт уул; Shiveet uul) 석축 건축물

후슈 차이담 박물관에서 동남쪽으로 약 5.2km 떨어진 산 위 등성이에 위치한다(도면 241). 남쪽의 하르허룸(하르허링) 에르덴조 사원 북서쪽 모서리와 약 35.7km 떨어져 있다. 쉬베트(시베트) 올 석축

도면 241. 쉬베트 올 석축 건축물 원경(정상 왼쪽)(사진 정석배)

건축물(Шивээт уулын чулуун байгууламж) 혹은 쉬베트(시베트) 톨고이(Шивээт Толгой; Shiveet Tolgoi) 제사유적으로 불린다.

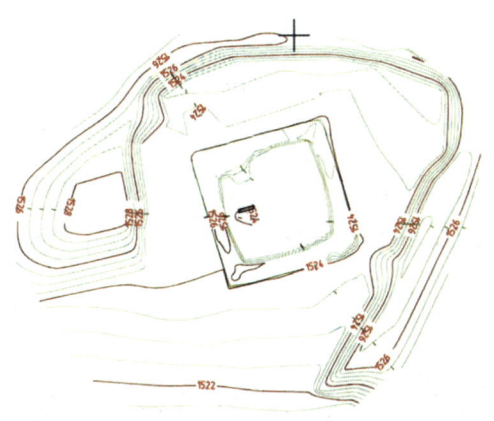

2중 석축 구조물이다(도면 242)(바트새흥, 2008; 사마쉐프 외, 2016). 외벽과 내벽 구조물은 모두 모서리가 방위 방향으로 배치되었으나 상호 약간 틀어졌다. 외벽 구조물은 평면이 반(半)타원형이며, 구글어스로 볼 때 크기가 약 80×85m이다. 남쪽 벽체에 바깥으로 돌출한 각대가 조성되어 있다. 면석은 모두 무너져 내려 확인할 수 없었다. 내벽 구조물은 평면이 방형이며, 크기가 36×36m, 벽체 두께는 약 4m이다(도면 243). 내벽은 벽체의 면석이 많이 남아있다. 남

도면 242. 쉬베트 올 석축 건축물 평면도(사마쉐프 외, 2016)

도면 243. 쉬베트 올 석축 건축물 모습(사진 정석배)

도면 244. 쉬베트 올 석축 건축물 내벽 남벽 모습(사진 정석배)

벽의 경우 벽체를 겹성을 쌓듯이 두 겹으로 쌓은 것이 확인되었으며, 암반을 노출시켜 편평하게 정지한 다음에 그 위로 얇은 판석을 차례로 쌓아 올렸다(도면 244). 판석으로 쌓은 벽체의 높이는 1~1.8m이다.

도면 245. 쉬베트 올 석축 건축물 출토 석인상(바트새흥, 2008)

내벽 구조물 안에서 다량의 불탄 흔적이 발견되었고, 또 화강암으로 만든 머리가 따로 떨어진 결가부좌 상태의 석인상이 하나 출토되었다(도면 245). 석인상의 높이는 160㎝이다. 이 석인상의 머리는 현재 칭기스칸 박물관에 전시되어 있고(도면 246), 아래 몸체는 소재를 알 수 없다고 한다. 이 유적은 돌궐 시기의 고분으로 추정된 적도 있다.

이 유적의 남서쪽 약 200m 거리에 있는 정상 바위에는 암각화가 있다. 암각화에는 탐가 모양 기호와 산양이 표현되어 있다(도면 247).

도면 246. 쉬베트 올 석축 건축물 출토 석인상 두상 모습(칭기스칸 박물관, 사진 정석배)

도면 247. 쉬베트 올 석축 건축물 주변 암각화(사진 정석배)

(7) 타이하르 촐로(Тайхар Чулуу; Taikhar Chuluu)

아르항가이 아이막 이흐타미르 솜의 호이드 타미르강 우안 들판에 위치한다. 촐로(чулуу)의 뜻이 돌 혹은 바위라는 사실이 말해주듯이, 이곳 들판 가운데에 높이 18m의 거대한 바위 하나가 우뚝서 있다(도면 248). 이곳 표지석에는 이 암석과 관련된 전설이 소개되어 있다.

옛날 어느 날 거대한 뱀이 구멍에서 나와 그곳의 사람과 동물들을 잡아먹기 시작하였다. 이에 그곳 사람들은 부흐빌렉트(Бөхбилэгт; Bohbilegt)라고 불리는 장사(壯士)에게 도움을 요청하였다. 부흐빌렉트는 그 거대한 뱀과 싸워 그 뱀을 구멍 속으로 밀어 넣고, 뱀의 머리 위로 큰 바위를 놓아 그 구멍을 막았다. 하지만 뱀이 구멍에서 나오려고 하였고, 이에 부흐빌렉트가 바위 위에 자신의 활과 화살을 올려놓아 무게를 더하였다. 그러자 뱀은 더 이상 움직이지 못하였다. 사람들은 바위를 위에서 보면 활과 화살이 보인다고 생각한다.

타이하르 촐로 암석에는 6~17세기에 속하는 150여 개의 명문이 발

도면 248. 타이하르 촐로 모습: 1 – 낮에(사진 정석배), 2 – 밤에(사진 강나루)

견되어 학술적으로도 중요하다. 명문 중에는 6~8세기 돌궐의 룬 문자와 14~17세기의 몽골어가 다수를 차지하고, 그 외 소그드어, 위구르어, 티베트어, 만주어, 몽골어, 한자 등의 명문도 있다(에렉젠, 2021).

필자는, 상기한 바와 같이, 돌궐이 하늘의 신에게 제사를 지낸 타인수가 타미르강이라는 의견과 관련하여, 타인수가 정말로 타미르강이라면 이곳이 바로 돌궐이 하늘의 신에게 제사를 지내기 가장 적합한 장소라고 생각한다.

2. 위구르(回鶻 회골)와 예니세이 키르기스(黠戛斯 힐알사)

돌궐 다음에는 위구르가 몽골초원을 차지하였다. 위구르는 『구당서』「회흘전」과 『신당서』「회골전」 등에는 회흘(回紇), 회흘(迴紇), 회골(回鶻)이라고 표기되어 있다(동북아역사재단 편, 2011a; 동북아역사재단 편, 2011b).

위구르는 북위 때에는 높은 수레를 타고 다닌다고 하여 부른 튀르크계 유목 부족의 총칭인 고차(高車)의 한 일원이었으며, 돌궐에 신속되어 있다가 7세기 초(대업 연간: 604~618년)에 서돌궐이 철륵(鐵勒) 부락 등을 공격하자 다른 부족들과 함께 반란을 일으켰고, 그때부터 회흘이라고 칭하였다. 이후 위구르는 설연타(薛延陀)와 함께 돌궐에 대적하였으며, 630년에 돌궐이 멸망한 다음에는 설연타를 병합하기도 하였다. 647년 무렵에는 위구르가 당나라로부터 한해도독(瀚海都督)에 임명된 호록사리발(胡祿俟利發: 퀼뤽 일테베르) 토미도(吐迷度)가 스스로 카간(可汗)이라고 칭할 정도로 강대해졌다. 이때 위구르는 돌궐의 당 기미지배 시기(630~682) 동돌궐 지배층이 대부분 식방,

즉 오르도스지역으로 이동한 틈을 이용하여 잠시 유목 세계의 중심지인 외튀켄(항가이산맥)을 차지하기까지 하였다. 하지만 돌궐이 682년에 부흥하고 687년에 다시 막북(고비사막 북쪽)을 차지하자 이곳에서 쫓겨나 당나라에 귀순하였고, 727년에는 다시 돌궐에 투항하였다.

이후 골력배라(骨力裵羅)가 권력을 장악한 다음에는 742년에 카를룩(갈라록, 葛邏祿, Karluks)과 함께 철륵의 한 부족인 바스밀(발실밀, 拔悉蜜, Basmïl)을 도와 돌궐을 격파하고, 얼마 후 바스밀도 공략한 다음에 스스로 쿠틀룩 빌게 퀼 카간(골돌록비가궐가한 骨咄祿毗伽闕可汗: 재위 742~747년)이 되었고, 오르두 발릭(=하르 발가스=하라 발가스=카라발가순)을 수도로 정하였다. 745년에는 마침내 돌궐을 멸망시켰고, 당으로부터 회인가한(懷仁可汗)에 책봉되었는데, 바로 위구르 한국의 제1대 카간이다. 이때 위구르 영역은 동쪽은 실위(室韋), 서쪽은 금산(金山), 남쪽은 고비(大漠)에 이르렀다. 다시 말해서 지금의 몽골초원을 모두 차지하였다.

골력배라의 아들이 위구르의 제2대 엘레트미쉬 빌게칸(Eletmish Bilge-kagan) 혹은 카를륵 카간(갈륵가한 葛勒可汗, 영무가한 英武可汗: 재위 747~759)이 된 모옌 초르(마연철 磨延啜)이다. 모옌 쵸르는 국경 가까이에 오늘날 위구르 정계비로 알려진 3개의 비석을 세웠다. 치크를 정벌한 750년경에 테스강 상류 산지에 "테스 비문"을, 751년경 토쿠즈 타타르를 격파하고 외튀켄에 돌아와 이둑바쉬에 두 번째 비석을, 753년에 카를룩과 바스밀을 격파한 다음 하영했던 테르힝 차강 노르(호수) 근처에 "테르흐 비문"을 각각 세웠다(끌랴쉬또르느이, 2012; 정재훈, 2005).

이 사실은 "시네-우스 비문"의 다음 내용을 통해 확인된다: "호랑이 해(750)에 나는 치크 원정을 떠났다. 두 번째 달 열 넷째 날에 켐강 가에서 나는 그들을 멸망시켰다. 그해에 나는 외튀켄 서쪽 경사면 테스강 상류의 카사르-코르단에 아정을 세우라고 명령하였다. 나는 그곳에 성을 쌓으라고 명령하였고, 그곳에서 여름을 보내었다. 그곳에 나는 (내 영역의) 경계를 설정하였다. 바로 그곳에 나는 나의 (문장) 기호와 문자를 새기라고 명령하였다." 다만 지금 그 존재가 알려진 테스 비문과 타리아트 비문은 모두 모옌 죠르의 아들 뵈귀 카간이 세운 것으로 확인되었다.

테스 비문은 흡스굴 아이막 차강 올 솜 테스강 좌안 너건 톨고이 둔덕 주변에서 발견되었다. 테스(Тэс; Tes)강은 투바의 테스-헴(Тэс-хем)강, 몽골의 테신-골(Тэсийн-гол) 강에 각각 상응한다. 이 비석에는 "그(뵈귀카간)는 테스강 가의 카사르-쿠루그를 방문하였고, 그곳에 성을 쌓았고, 아정을 세웠으며, 그곳에서 여름을 보내었다"는 내용이 있다.

테르흐 비문은 테르힝 차강 노르(호수) 부근 테르흐강 유역에서 발견되었다. 처음 유적의 명칭을 비석이 발견된 타리아트 솜을 참고하여 타리아트로 하였으나, 몽골에 타리아트 솜이 수 개소 있어, 테르흐 비석(비문)으로 명칭 변경을 하였다. 테르흐 비문의 주요 내용 중 하나는 다음과 같다: "나, 하늘이 낳은 엘레트미쉬 빌게칸은 하늘이 낳은 (아내) 엘 빌게-카툰과 함께 카간과 카툰의 칭호를 받아들이고, 외튀켄(Ötüken) 서쪽 가장자리, 테스강 상류에 나의 아장을 세우고 〈성을 쌓을 것을〉 명령하였다. 그곳에서 호랑이해(750)와 뱀해(753)에 두 번 여름을 보내었다. … 카르가강과 부르구강에 그 땅에서 나는 나의 (그) 강을 따라 유목하였다. 나의 여름 유목지에서 외튀켄산의 북쪽 경사면 서쪽 가장자리를 따라 그리고 테스강 상류에서 동쪽으로 이곳에서 나는 유목을 한

다". 테르흐 비문은 현재 몽골국립박물관에 전시되어 있다(도면 249).

모옌 쵸르는 753년에 위구르 전통의 회복과 돌궐을 대체한 새로운 유목국가의 성립을 대내외에 선언하였다. 755년에 당에서 시작된 안사의 난은 위구르에 큰 기회였다(정

도면 249. 테르흐 비문 모습(몽골국립박물관, 사진 정석배)

재훈, 2005). 안록산이 장안을 점령하자 당에서는 현종을 대신해 즉위한 숙종이 위구르에 도움을 요청하였고, 위구르의 군대는 장안을 회복하고 낙양에 입성하였으며, 막대한 전리품과 세폐(歲幣, 해마다 지불하기로 한 물품)를 획득하였다. 758년에 카를륵 카간(=모옌 쵸르)은 당조로부터 영무위원 빌게칸(英武威遠毘伽可汗) 책봉을 받고, 화번공주(花蕃公主)로 숙종의 친딸 영국공주를 카툰(황후)으로 맞아들였다. 결혼 과정 중인 756년에는 위구르에 들어온 소그드인들과 중국인들을 위해 바이 발릭을 축조하였다.

위구르는 당과 견무마역(絹馬貿易)을 통해 엄청난 이익을 얻기도 하였다. 758년에 말 1필을 비단 40필의 가치로 책정하였는데, 772년에 수레 천여 대에 실은 비단이 유출되기도 하였다. 이때 소그드 상

인들이 위구르를 대신하여 견마무역을 수행하였다. 제3대 뵈귀 카간(텡그리 카간, 登里可汗 등리가한, 재위 759~780년)은 안사의 난에 친정하여 큰 공을 세웠으며, 또 마니교를 수용하였다. 하지만 이후 당과 위구르의 갈등이 심화되었고, 787년에는 위구르가 안사의 난 이후 누렸던 모든 권익을 포기하는 화친이 이루어졌다. 당은 이때 토번의 방해로 끊어져 고립되어 있던 북정(北廷)과 안서(安西)까지 이어지는 교통로를 확보하였는데, 바로 위구르의 수도 오르두 발릭(하르 발가스)을 지나는 회골로(回鶻路)이다. 이후 820년대 초에 제11대 숭덕카간이 위구르를 돌궐제국에 버금가는 유목제국으로 발전시키기도 하였으나, 840년에 멸망하였다.

위구르의 핵심 집단은 야글라카르(藥羅葛 약라갈) 씨족이었다. 연맹집단은 구성회흘(九姓回紇)이었다가, 카를룩(=갈라록)과 바스밀을 복속시킨 다음에는 11부가 조직되었고, 복속한 튀르크계 토쿠즈 오구스(九姓鐵勒)와 비튀르크계 토쿠즈 타타르 등 유목민을 중심으로 종속집단을 조직하였다.

위구르의 멸망 과정은 역사에 상당히 교훈을 준다. 839년에 재상 굴라물(掘羅勿)이 반란을 일으켜 카간(彰信可汗 창신가한)을 공격하였고, 이때 카간은 자살하였다. 국인들이 새로이 카간을 세웠는데, 이 해에 기근이 들어 선염병이 돌고, 또 눈이 많이 내려 양과 말이 많이 죽었다. 이후 840년에 위구르의 장군 구록막하(句錄莫賀)가 키르기스(힐알사 黠戞斯)에 구원을 청하였는데, 키르기스는 10만의 기병으로 회골성(回鶻城, 오르두 발릭)을 공격하여 새 카간과 굴라물을 죽이는 데에 그치지 않고, 위구르 자체를 멸망시켜 버렸다.

위구르는 멸망 후에 부족들이 사방으로 흩어졌는데 대부분은 서쪽

갈라록, 토번(吐蕃), 안서(安西) 등으로 갔지만, 동쪽 실위로 피신을 간 사람도 적지가 않았다. 나중에 힐알사는 실위를 공격하여 위구르인을 모두 잡아 고비 북쪽으로 돌아갔다고는 히지만, 아마도 실위의 동쪽인 아무르 유역의 말갈 관련 고고학 문화와 발해 문화에 위구르의 요소가 보이는 것으로 보아, 위구르인 중 일부는 실위보다 더 동쪽으로도 이주하였을 것이다(정석배, 2019).

서쪽 토번 지역으로 간 위구르인들은 하서(河西) 위구르라는, 안서 지역으로 간 위구르인들은 천산(天山) 위구르라는 왕국을 건설하였다. 그중 천산 위구르 혹은 서(西)위구르는 13세기 초 칭기스칸의 몽골제국에 복속될 때까지 약 3세기 동안이나 존속하였다(김호동, 2016).

몽골초원에는 위구르의 수도였던 하르 발가스(오르두 발릭)와 위구르의 고위층 무덤들로 생각되는 고분 유적들, 성터 등이 남아있다. 몽골의 서북쪽에 위치하는 투바지역에서도 위구르의 성과 고분이 다수 조사되었다. 위구르 시기에도 석인상을 만들었는데, 돌궐의 석인상과는 구분되는 세부 특징을 가진다.

키르기스는 학계에서 일반적으로 예니세이 키르기스라고 부르며, 『신당서』「회골전: 힐알사」에는 힐알사(黠戞斯)로 기록되어 있다(동북아역사재단 편, 2011c). 예니세이 키르기스라는 명칭이 말해주듯이, 키르기스는 예니세이강 중상류지역, 다시 말해서 남시베리아 하카시아-미누신스크 분지를 중심으로 발달한 나라이다. 견곤(堅昆)의 후손이며, 붉은 머리카락, 하얀 피부, 푸른 눈동자를 가졌는데, 검은 머리털과 검은 눈동자를 가진 사람은 이릉(李陵)의 후예라고 하였다. 그 군장은 아열(阿熱)이라고 불렀다.

아열의 아장과 회골의 아장은 낙타로 40일 거리였다. 처음에는 설연타에 속하였다가, 한때 위구르에 복속되었다. 위구르가 내분으로 인해 약해지자 아열은 스스로 카간을 칭하였고, 마침내 840년에는 직접 군대를 이끌고 위구르를 멸망시켰다. 하지만 예니세이 키르기스는 몽골초원을 직접 지배하지 않아 몽골에는 예니세이 키르기스의 유적이 거의 없다. 예니세이 키르기스 유적은 하카시아-미누신스크 분지에서 다수 조사되었다.

위구르의 유적은 2022년에 오르혼강 유역의 하르 발가스(회골성), 홍딩 허얼러이 고분군, 우부르 합찰 고분군, 히르게수링 암 고분군, 셀렝게강 유역의 바이 발릭 성을 답사하였다. 2023년에는 하르 발가스와 홍딩 허얼러이 고분군을 다시 답사하였다. 예니세이 키르기스 유적은 2014년에 시베리아 하카시아-미누신스크 분지에 있는 까뽄스끼 차아타스 고분군을 답사한 적이 있다. 위구르의 유물은 몽골국립박물관에서 볼 수 있다.

(1) 하르 발가스(Хар Балгас; Kharbalgas)

아르항가이 아이막의 오르혼강 중상류지역 좌안(서안) 평원에 위치한다. 유적의 서쪽에는 오르혼강의 좌안 지류인 아르 후지르트강이 흐른다. 하르 발가스 궁성의 고대(高臺)는 올란바타르 수흐바타르 동상에서 서쪽으로 약 324.4㎞ 떨어져 있고, 남동쪽의 하르허룸(하르허링) 에르덴조 사원 북서쪽 모서리와는 28.86㎞ 거리이다. 하르 발가스 유적 전체는 규모가 남북 약 8~9㎞ 동서 약 4~5㎞일 것으로 생각된다.

1891년에 V.라들로프가 유적의 중심부 평면도를 작성하였고, 1949년에 S.V.끼셀료프가 이 유적의 궁성 일부를 발굴하였다. 2009년부터는 몽골과 독일 공동조사단이 발굴조사를 시작하였다(끼셀료프, 1957; Burkart Dohne, 2010).

하르 발가스는 745년에 위구르 제1대 쿠틀룩-빌게(骨力裵羅 골력배라) 카간(재위 742~747년)이 세운 위구르(回紇 회흘) 한국의 수도 회골성(回鶻城)이다. 『신당서』「회골전」에 의하면 골력배라가 아장(衙帳)을 오덕건산(烏德鞬山)과 곤하(昆河) 사이로 옮겼다고 하였는데 "오덕건"은 고대 튀르크어의 "외튀켄"을 음역한 것으로 지금의 항가이산맥 일대이며, 곤하는 오르혼강을 말한다. 하르 발가스의 남쪽과 서쪽에 항가이산맥이 있고, 동쪽에 오르혼강이 있으니 문헌 기록의 내용과 상응한다.

하르 발가스는 위구르의 수도 오르두 발릭이며, "검은 도시" 혹은 "검은 성(黑城)"를 뜻한다. 하라 발가스 혹은 카라발가순으로도 부른다. 840년경 예니세이 키르기스(힐알사)의 공격으로 폐허가 되었으며, 유적 곳곳에서 화재의 흔적이 발견되었다. 유네스코의 오르혼 계곡 세계문화유산(Orkhon Valley World Heritage Site)의 하나이다.

하르 발가스에는 궁성 외에도 성벽으로 둘러싸인 공간이 다수 확인되었으나, 도성 전체를 둘러싸는 외곽성벽은 처음부터 없었다. 동쪽, 북쪽, 서쪽은 오르혼강과 아르 후지르트강을 자연 해자로 삼았을 것이고, 남쪽은 항가이산맥의 겹겹이 중첩하는 지맥들이 도성을 보호하였을 것이다. 도성의 가운데를 따라 북동-남서 방향으로 대로가 위치하고, 이 대로의 북동쪽 끝부분에 궁성이, 궁성의 남쪽에 작은 방형성이, 그 서쪽에 주거와 수공업 구역으로 추정된 약 1×1km 크기의 다른 성이 각각 위치한다(도면 250).

궁성은 장축이 대략 동서 방향(정확하게는 동동남-서서북 방향)이며, 평면은 긴 네모꼴이고, 크기는 360×406m이다. 다만 서벽 바깥에 돌출된 부분이 있어 이것을 포함한 평면은 凸(철)자 모양이다(도면 251). 성문은 동벽 가운데에 하나 있다. 서벽 남쪽 부분에도 단절부가 하나 있는데 이곳에도 성문이 있었을 가능성이 있다.

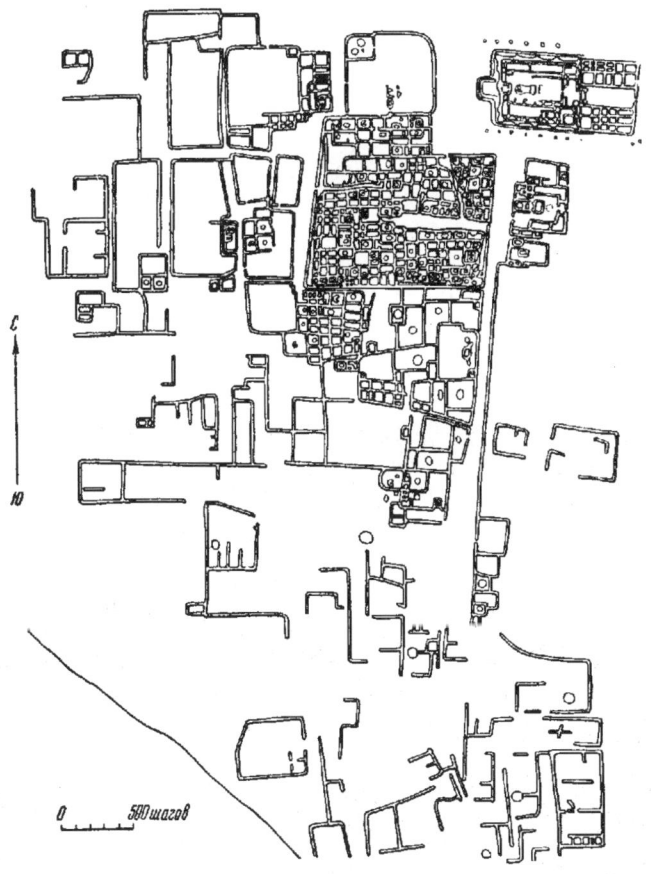

도면 250. 하르 발가스 유적 현황도(끼셀료프, 1957)

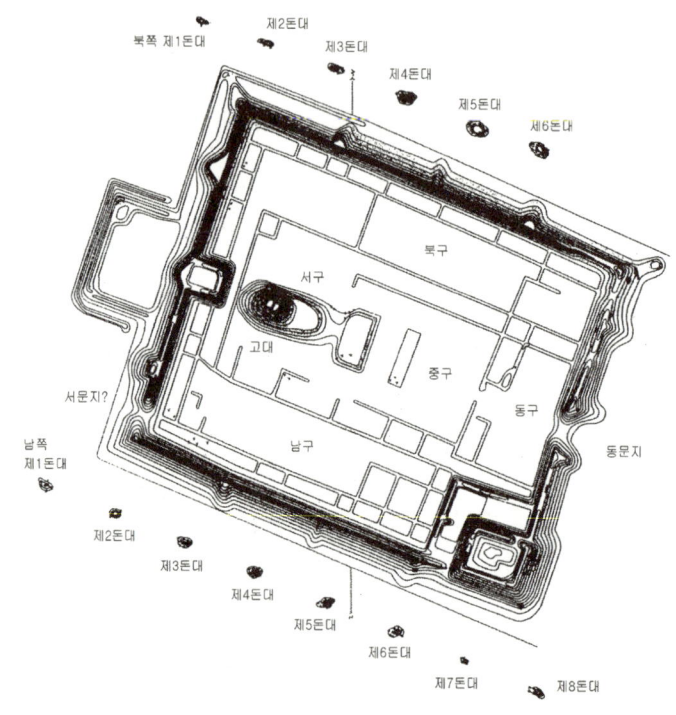

도면 251. 하르 발가스 궁성 현황도(라들로프, 1893, 필자 재편집)

도면 252. 하르 발가스 궁성 서벽 안쪽 모습(사진 정석배)

성벽은 시루떡 모양의 판축으로 조성하였고, 높이는 약 8~10m이다(도면 252). 성벽에는 치가 설치되었으며, 북벽의 좌우에, 다시 말해서 북동쪽과 북서쪽 모서리에는 바깥으로 돌출하는 각대가 있다. 성벽 바깥에는 해자를 둘렀으며, 그 바깥 북쪽과 남쪽에는 일정 간격으로 스투파 자리로 추정되는 돈대가 배치되어 있다(도면 251; 253). 남벽 바깥에는 모두 8개의 돈대가 있는데, 그중 일부에는 판축 시 횡장목과 종장목을 사용한 흔적이 구멍 형태로 잘 관찰된다(도면 254).

도면 253. 하르 발가스 궁성 남벽과 그 바깥의 해자 및 돈대(사진 정석배)

도면 254. 하르 발가스 궁성 남벽 바깥의 돈대(사진 정석배)

궁성의 내부는 가운데 중구(中區)와 북쪽의 북구(北區), 남쪽의 남구(南區), 그리고 동쪽의 동구(東區)가 담장에 의해 구분된다(도면 255). 궁성 내의 남구와 동구가 만나는 부분에는 높은 성벽과 높은 단에 의해 구분되는 별도의 구역이 있는데 추정 궁전구역이다(도면 256).

도면 255. 하르 발가스 궁성 내부 모습(동벽에서)(사진 정석배)

도면 256. 하르 발가스 궁성 추정 궁전구역(사진 정석배)

이곳은 높이가 12m이며, 2017년에 몽골과 독일이 공동으로 6각형 석축 우물과 대형 건물터를 발굴하였다(에르데네바트 외, 2018). 대형 건물터는 연화문으로 장식된 원형 주좌(柱座)가 있는 방형 초석들로 이루어져 있었다. 2023년 답사 시 그중 초

도면 257. 하르 발가스 궁성 추정 궁전지 초석(사진 정석배)

석 하나가 조금 노출된 것을 확인하였다(도면 257).

중구의 서쪽에는 판축으로 튼튼하게 쌓아 올린 스투파 자리로 추정되는 높이 14m의 고대(高臺)가 있다(도면 258). 이 고대와 서벽 사이

도면 258. 하르 발가스 궁성 고대(사진 정석배)

에도 성벽으로 둘러싸인 사각형의 별도 공간이 있다(도면 259). 고대 앞에는 2개의 대형 기단이 있다(도면 260). 전체적으로 이 고대를 기준으로 서쪽의 별도 사각형 공간과 서벽 바깥의 돌출된 사각형 공간, 동쪽의 기단 및 동문지가 하나의 중심축을 이루고 있다.

2010년에 몽골과 독일 공동조사단이 궁성 내의 고대 앞 한 기단에서 연꽃으로 장식되고 원형 주좌(柱座)가 있는 9개의 방형 초석을 조사하였다(Burkart Dohne, 2010). 이곳에서는 당나라 시기 연화문 수막새 1점과 다량의 기와 쪼가리 등이 출토되었다. 그런데 9개의 초석은 8칸 건물을 암시하는 것으로서 일반적인 홀수 칸 건물과는 구분된다. 따라서 발굴 보고자는 이 건물이 마니교와 관련되었을 수도 있다고 판단하였다.

궁성의 동쪽에는 궁성 남벽 및 북벽과 약 300m 길이로 이어진 낮은 성벽으로 둘러싸인 공간이 있는데(도면 261), S.V.끼셀료프는 정원(庭園)으로 파악한 바 있다(끼셀료프, 1957).

도면 259. 하르 발가스 궁성 고대에서 본 서벽 내측 및 외측 사각형 구조물(사진 정석배)

도면 260. 하르 발가스 궁성 고대에서 본 건물 기단과 궁성 내부 및 동벽(사진 정석배)

도면 261. 하르 발가스 궁성 동쪽의 정원(사진 정석배)

도면 262. 하르 발가스 궁성 남쪽의 소성 발견 점토 참고누판(Burkart Dohne, 2010)

궁성 남쪽의 방형 소성(약 275×255m)에서는 한자, 소그드어, 위구르어로 된 구성회골가한비문이 발견되었다. 2010년에 이곳에서의 발굴에서 전돌로 마감을 한 토축 기단의 건축물이 확인되었고, 또 점토로 만든 참고누판(도면 262) 등의 유물이 출토되었다. 이 참고누판은 연해주에서 발굴된 발해 끄라스끼노성 출토 참고누판과 시기가 비슷하여 이 당시 발해와 위구르 사이에 상호 교류가 있었음을 보여 준다(정석배, 2017). 고누는 우리의 전통 놀이 중 하나로서 고구려 때부터 그 존재가 확인된다. 필자는 고구려 토기와 관련하여 수업을 준비하면서 청원 남성골산성 출토 고구려 토기 사진을 보다가 그중 한곳에 고누판이 새겨져 있는 것을 발견하고 놀란 적이 있다. 이 사실에 대해서는 이미 지적한 적이 있다(정석배, 2021, 385쪽). 구성골가한비문은 위구르의 국교가 된 마니교에 관한 내용이다. 발굴된 건축물은 중국의 전통이 아니라 근동의 전통과 가까운 것으로 평가되었다.

하르 발가스 궁성에 대해 종교 시설인 사원(寺院)이었다는 주장도 있는데 앞으로 연구가 필요하다.

(2) 바이 발릭(Байбалык; Bai-Balig) 성(城)

볼강 아이막 호탁 운두르 솜 읍에서 서쪽으로 약 9.5㎞ 거리의 셀렝게강 북안 들판에 위치한다. 1982년과 1986년에 Yu.S.후댜꼬프가, 1997~98년에 일본 조사단이 각각 이 유적에서 조사하였다(森安孝夫·オチル, 1999). 이곳에는 3개의 성이 삼각형 구도를 이루고 있다(도면 263).

동북쪽에 위치하는 성이 일반적으로 바이 발릭으로 알려진 성이며, 비 불락(Bi-Bulag) 성(1호 성)으로 부르기도 한다. 동남쪽의 성은 보르 톨고이(Bor-Tolgoi) 성(2호 성), 서쪽의 성은 아르슬란 우드(Arslan Üüd) 성(3호 성)이다. 1호 성과 2호 성은 730m, 1호 성과 3호 성은 1,300m 각각 떨어져 있다. 3개 성은 평면이 모두 방형이다. 비

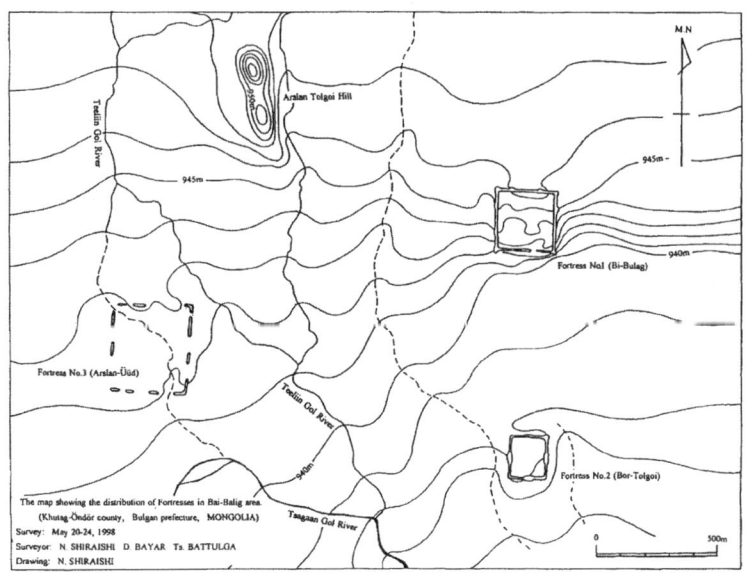

도면 263. 바이 발릭 1호, 2호, 3호 성 배치도(森安孝夫·オチル, 1999)

볼락성 북서쪽 약 950m 거리에는 아르슬란 톨고이(Arslan-Tolgoi)라고 불리는 나지막한 언덕이 하나 있다.

바이 발릭(비 볼락성)은 성벽 둘레 길이 약 970m이다(도면 264). 성벽은 북벽과 동벽 일부가 7m 높이까지 남아있으나, 나머지 부분은 모두 무너진 상태이다. 전형적인 판축성벽이며, 판축에 사용된 목재 흔적이 구멍 형태로 잘 확인된다(도면 265~267). 네 모서리에는 각대가 있는데 북동쪽과 북서쪽 모서리 각대가 바깥으로 크게 돌출하였다. 성벽 중간중간에 위로 돌출한 부분이 있어 망대가 있었음을 알 수 있다. 북벽에는 바깥으로 돌출하는 치도 있다. 성벽 바깥으로 해자는

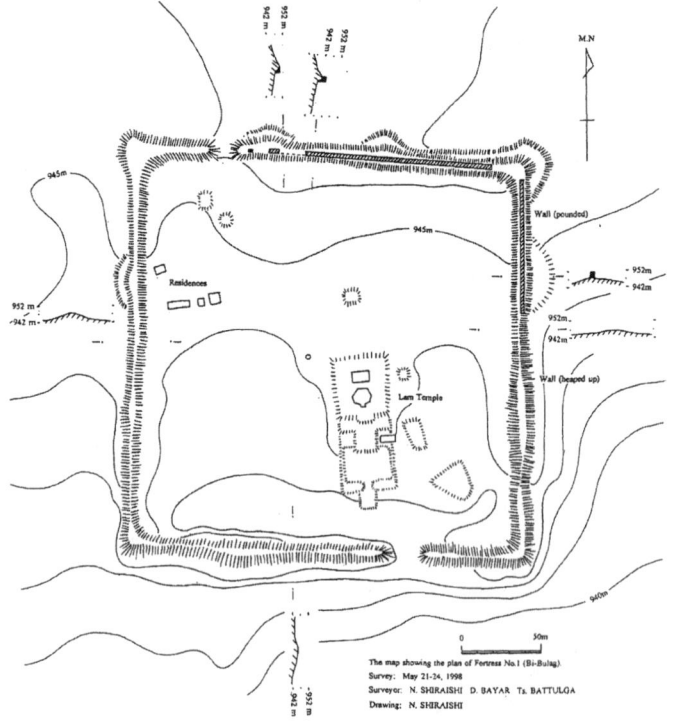

도면 264. 바이 발릭 1호 비 볼락성 현황도(森安孝夫·オチル, 1999)

도면 265. 바이 발릭 1호 비 볼락성 전경(북동쪽에서)(사진 정석배)

도면 266. 바이 발릭 1호 비 볼락성 북벽 모습(사진 정석배)

도면 267. 바이 발릭 1호 비 볼락성 동벽 북쪽 부분 모습(사진 정석배)

보이지 않았다. 성문터는 남벽 동쪽 한 곳에 단절부 형태로 남아있다. 남문지 가까이 성벽 위에 아래는 방형이고 위는 원형인 구멍을 가운데에 낸 둥근 초석이 2개 놓여 있나(도면 268). 동벽과 서벽에는 성문이 없었으며, 북벽에는 서쪽 부분에 단절부가 한 곳 있지만, 남문터와 달리 단절부 바닥이 성 내외의 지면보다 상당히 높아 원래 성문이 있었던 자리인지, 아니면 후대에 사람과 가축이 다니는 길이 되면서 낮아진 것인지 분명하지 못하다.

도면 268. 바이 발릭 1호 비 볼락성 남문지와 성벽 위 초석 모습(사진 정석배)

도면 269. 바이 발릭 1호 비 볼락성 서벽에서 본 건물 기단과 동벽 및 남벽(사진 정석배)

성 내에는 다수의 건축물 기단이 남아있다(도면 269). 그중 성 내의 남동쪽에 장축이 대체로 남북 방향인 대형 장방형 기단에 성의 중심 건물이 있었던 것으로 생각된다. 이곳에는 2개의 장주초

도면 270. 바이 발릭 1호 비 볼락성 건물 기단 내의 장주초석(사진 정석배)

석(長柱礎石)을 포함하여 몇 개의 초석이 노출되어 있으며(도면 270), 그 외 다량의 전돌과 기와가 확인된다.

보르 톨고이성은 성벽 둘레 길이가 약 600m, 성벽의 잔존 높이는 1.3~2.8m이며, 비 볼락 성에서도 잘 보인다(도면 271). 아르슬란 어드 성은 성벽 둘레 길이가 약 1,300m, 성벽 잔존 높이는 0.4~0.9m이다.

이곳에 세 성이 유기적인 관계를 보이기 때문에 모두 같은 시기에

도면 271. 바이 발릭 2호 보르 톨고이성 원경(비 볼락성 남벽에서)(사진 정석배)

2. 위구르(回鶻 회골)와 예니세이 키르기스(黠戛斯 힐알사)

축조되었을 것으로, 또 세 성이 모두 바이 발릭 성으로 불리었을 수도 있다고 추정되었다. 1호 비 볼락성의 판축성벽은 위구르 도성인 하르 발가스와 유사한 면도 있지만, 거란의 성과도 유사한 면이 있어 위구르 때에 초축하고 요 시기에 증축하였을 가능성도 있는 것으로 판단되고 있다. 만약에 이 성이 요나라 때에 증축된 것이라면, 이 성은 가장 북서쪽의 거란성이 될 것이다.

비 볼락성에서는 거란 토기, 청대 화폐, 현무암 돌사자, 보르-톨고이 성에서는 위구르 토기, 기와, 전돌, 아슬란-우드성에서는 위구르 토기, 거란 토기, 송대 자기, 기와 등이 발견되었다고 한다. 현무암으로 만든 돌사자 두 마리는 현재 올란바타르에 있는 몽골국립박물관에 전시되어 있다(도면 272).

바이 발릭성은 몽골제국(원) 시기에도 계속 사용되었는데 『원문류(元文類)』 옥공(玉工) 조에 쿠빌라이칸이 카라코롬, 바이 발릭 등의 보석세공 장인 3,000여 호를 대도로 이동시키라고 명령한 사실이 확인된다고 한다.

1909년에 람스테드트가 셀렝게강 유역의 시네-우수 호수 가에서

도면 272. 바이 발릭 1호 비 볼락성 발견 돌 사자(몽골국립박물관, 사진 정석배)

위구르 모옌 초르(Moyen-Chor, 磨延啜, 재위 747~759년) 카간의 비석을 발견하였는데 "그다음에 나는 소그드인들과 타브가치인들에게 셀렝게 강변에 바이 발릭성을 쌓게 명령하였다"는 내용이 있다. 여기에서 타브가치인은 중국인을 말하는 것이다. 『신당서』「지리지」에 회골아장(回鶻衙帳)에서 북쪽으로 6~7백리 떨어진 곳에 선아하(仙娥河)가 있고, 선아하의 북안에 부귀성(富貴城)이 있다(回鶻衙帳… 北六七百里至仙娥 河河北岸有富貴城)고 하였다. 일반적으로 선아하는 셀렝게강으로 판단하는데 하르발가스에서 북쪽 셀렝게강까지는 직선거리로 약 214㎞가 되어 모순되지 않는다. 또 바이 발릭성은 셀렝게강의 북안에 위치하기 때문에 선아하 북안의 부귀성은 바이 발릭성으로 판단할 수 있다.

모옌 초르, 즉 마연철(磨延啜)은 위구르의 제2대 엘레트미쉬 빌게 칸(Eletmish Bilge-kagan) 혹은 카를륵 카간(갈륵가한 葛勒可汗, 영무가한 英武可汗: 재위 747~759)이었다.

바이 발릭성은 발해 담비길의 주요 노선 중 하나에 위치하는데, 아마도 위구르 시기에는 회골 아장이 있던 하르 발가스에서 북쪽으로 이곳까지, 다시 이곳에서 서쪽으로 셀렝게강 북안을 따라 교통로가 형성되어 있었을 것이다(정석배, 2019).

(3) 홍딩 허얼러이(Хундын хоолой; Khundiin khooloi) 유적 위구르 두르불징

두르불징(Дөрвөлжин)은 "네모", "사각형"이라는 뜻이다. 발굴 전에 민간에서 네모꼴 외곽의 생김새를 보고 "두르불징"이라고 불렀다고 한다. 발굴 후에 위구르 시대 유적이라는 사실이 밝혀지자 앞에 "위구르"를 붙여 "위구르 두르불징(Уйгурын Дөрвөлжин)"이라고 부르게 된 것이다. 직역하면 "위구르 사각형"이 될 것이다. 위구르 두르불징은 대부분 고분이지만, 고분이 아닌 것도 있다. 중국에서는 이것을 사방형유지(四方形遺址) 혹은 사방형묘원(四方形墓園)이라고 번역하며, 영어로는 "square sites"로 번역하여 사용된다. 한국어로는 "위구르 방형 혹은 사각형 구조물"로 부르면 좋겠다는 생각이다.

위구르 사각형 구조물은 오르혼강 유역에 약 40기가 분포하며, 그 외에 볼강 아이막에서 1기가 더 발견되었다. 볼강 아이막에 있는 위구르 사각형 구조물은 시네 우스 혹은 모옌 쵸르 비문 유적이다. 오르혼강 유역의 위구르 사각형 구조물은 겉으로 보기에 흙으로 만든 네모꼴의 담장(土墻), 그 바깥을 두르고 있는 넓은 주구(周溝), 가운데의 볼록하게 솟아있는 봉분(封墳) 혹은 구단(丘壇)으로 이루어져 있다. 담장은 높이가 평균 0.5~1m이고, 담장과 주구의 동쪽에는 단절부(斷絶部) 형태의 출입구가 있다(오치르 외, 2010).

오르혼강 유역의 위구르 두르불징은 모두 위구르 회골성(回鶻城)인 하르 발가스 남쪽 들판 끝 가까이 있는 산 사이에 위치한다. 이곳에 모두 5개소의 두르불징 유적이 보고되어 있다. 각 그룹의 명칭은 홍딩 허얼러이(Хундын хоолой; Khundiin khooloi), 우부르 합찰(Өвөр хавцал; Uvur Khavtsal), 히르게수링 암(Хиргэсүүрийн ам), 홀힝 암(Хулхийн ам; Khulhiin am), 도가나 우주리(Дугана Үзүүрий)이다.

위구르 사각형 구조물 유적에는 다른 시대의 문화층도 있다. 예를 들어, 홀힝 암 고분군의 사각형 구조물에서는 흉노의 무덤과 몽골제국 시대의 무덤이 함께 발견되었다. 위구르 시대에 무덤을 조성하면서 흉노 무덤을 훼손하였고, 위구르 시대 사각형 구조물 안에 몽골제국 시대에 무덤을 만든 것이 확인되었다. 흉노의 무덤이 훼손될 때 피장자와 부장품은 약탈하지 않고 그대로 남겨 두었다(오치르 외, 2010).

홍딩 허얼러이 유적은 하르 발가스 궁성의 고대(高臺)에서 남남동쪽으로 약 15㎞ 떨어진 산 사이의 계곡부와 산 경사면에 위치한다(도면 273~274). 동쪽 계곡 입구 너머로 오르혼강 들판이 보인다. 서쪽

도면 273. 홍딩 허얼러이 유적 전경(앞쪽에 6호와 5호)(북쪽에서)(사진 정석배)

도면 274. 홍딩 허얼러이 유적 4호(앞쪽)와 3호(뒷쪽) 두르불징(북쪽에서)(사진 정석배)

과 북쪽에 7기의 위구르 시대 사각형 구조물이 분포하며, 남동쪽에는 몽골제국 시대 고분군이 있다. 2007년에 3호, 2008년에 5호와 6호가 발굴되었다.

유적의 북쪽에 위치하는 5호와 6호는 서로 인접해 있다. 6호는 담장의 길이가 20m이다. 5호는 담장의 크기가 34×51m이며, 입구는 남동쪽에 있고, 봉분은 점토와 석축으로 쌓았다. 묘실에서 벽화가 발견되었다(도면 275~276). 5호 석축 봉분 주변에 다른 6개의 구조물이 분포한다(오치르 외, 2010). 홍딩 허얼러이 3호 사각형 구조물에서

도면 275. 홍딩 허얼러이 5호 두르불징(오치르 외, 2010)

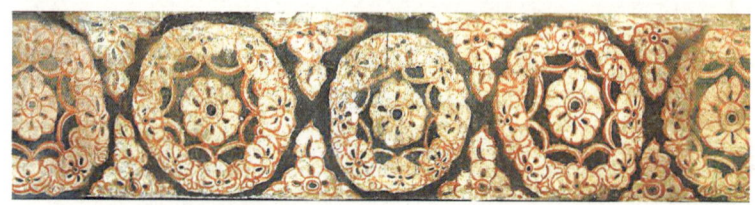

도면 276. 홍딩 허얼러이 5호 두르불징 묘실 벽화(오치르 외, 2010)

는 주구와 담장으로 둘러싸인 안쪽에서 직경 15m, 높이 1.8m의 다짐하여 조성한 평면 원형의 토축 구단(丘壇)만 확인되었고, 묘실은 발견되지 않았다(도면 277)(오치르 외, 2010).

도면 277. 훙딩 허얼러이 3호 두르불징 내의 구단(오치르 외, 2010)

(4) 우부르 합찰(Өвөр хавцал; Uvur Khavtsal) 유적 위구르 두르불징

하르 발가스 궁성 고대에서 남쪽으로 약 13.2km 거리에 위치한다. 남동쪽의 훙딩 허얼러이 유적과 약 2km 떨어져 있다. 동쪽이 트인 산 사이의 계곡부와 산등성이에 9기의 사각형 구조물이 동쪽으로 반원을 그리며 분포한다(도면 278). 2006년에 3호 사각형 구조물이 발굴되었다(오치르 외, 2010).

도면 278. 우부르 합찰 유적 모습(북쪽에서)(사진 정석배)

우부르 합찰 3호 사각형 구조물은 담장 크기가 동서 31m, 남북 34m, 높이 0.4m이며, 동쪽에 폭 3m의 단절부가 있다(도면 279~280). 바깥의 주구는 깊지 않다. 흙을 다져 쌓은 봉분은 높이

도면 279. 우부르 합찰 3호 고분 모습(사진 정석배)

도면 280. 우부르 합찰 3호 고분 발굴 모습(오치르 외, 2010)

1.5m, 폭 12m이며, 전돌 쪼가리, 회색과 담황색의 기와 쪼가리 등이 발견되었고, 주변으로 회반죽 층도 확인되었다. 벽돌, 기와, 토기 외에 양식화된 용 장식도 발견되었다. 봉분 아래에서는 길이 5m, 폭 1m의 계단식 묘도와 전돌로 만든 궁륭식 묘실 및 입구가 조사되었고, 묘실 안에서는 인골과 토기편, 건축재 등이 발견되었다(오치르 외, 2010).

규모가 가장 큰 5호 고분은 구글어스로 볼 때 담장의 크기가 약 65×67m이다(도면 281).

도면 281. 우부르 합찰 5호 고분 모습(사진 정석배)

(5) 히르게수링 암(Хиргэсүүрийн ам; Khirgesüüriin am) 유적 위구르 두르불징

하르 발가스 궁성 고대에서 남서쪽으로 약 14㎞ 떨어져 있다. 동쪽의 우부르 합찰 유적과는 약 6.5㎞ 거리이다. 낮은 산 사이 계곡부에 7기의 두르불징(사각형 구조물)이 분포한다. 유적 북쪽 산을 하나 넘으면 위구르의 도성인 하르 발가스가 있는 들판이 보인다(도면 282~283).

2011년에 6호 두르불징을 발굴하였고, 도굴된 5호 두르불징을 정리 조사하였다. 그 외에도 몽골제국 시기에 속하는 소형의 1호와 2호 돌무지무덤 2기를 발굴하였다.

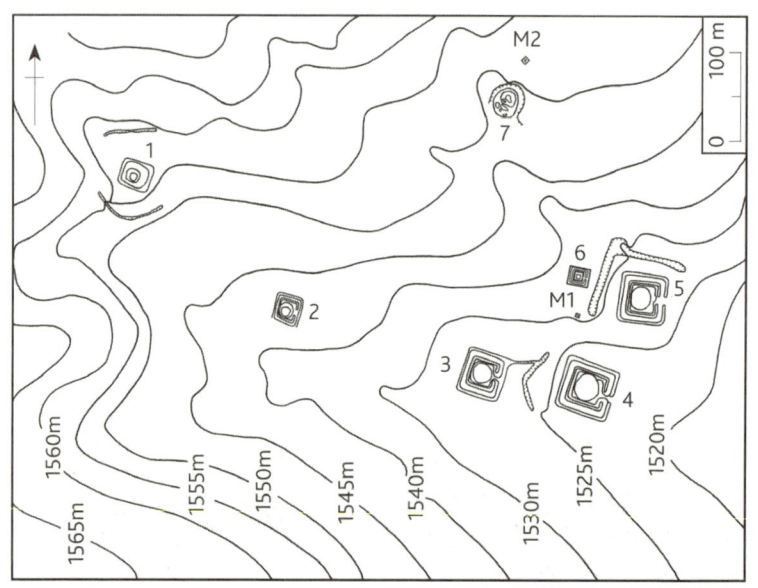

도면 282. 히르게수링 암 유적 유구 배치도(山西大學歷史文化學院 외, 2016, 필자 재편집)

도면 283. 히르게수링 암 유적 모습(남쪽에서)(사진 정석배)

도면 284. 히르게수링 암 유적 4호(앞쪽), 5호(뒤쪽), 6호(왼쪽) 두르불징 모습(남쪽에서) (사진 정석배)

히르게수링 암 5호 사각형 구조물은 담장 크기 46×46m이며, 가운데에 폭 5m의 단절부가 있다(도면 284). 주구는 2중이다. 안쪽 주구는 65×65m, 너비 2.5m, 깊이 0.7m이며, 바깥 주구는 서쪽과 북쪽에서만 확인되었는데 서쪽은 길이 86m, 북쪽은 길이 72m이다. 가운데에는 원형 봉분은 직경 10m, 높이 1.5m이며, 판석과 전돌 등이 확인되었다. 봉분 내에 지면에서 축조한 묘실이 있다. 도굴된 평면 원형의 묘실은 직경 3.6m, 잔존 높이 1.25m이다. 묘문은 묘실의 동쪽에 위치한다(山西大學歷史文化學院 외, 2016).

6호 사각형 구조물은 크기가 작은 소형이다(도면 285~286). 흙을 다져 만든 담장은 크기가 변의 길이 12~12.5m, 기저 너비 0.85~1m, 잔존 높이 0.1~0.4m이다. 둘레의 주구는 크기가 22.5×20.5m이다. 동쪽 가운데에 너비 약 2m의 단절부가 있다. 담장 단절부에 4개

의 기둥구멍이 네 모꼴로 배치되어 있다. 담장 안에는 방형의 구단(丘壇)이 있는데 변의 길이 5.1~5.2m, 높이 0.59~0.89m이다. 구단은 돌깐 층과 흙다짐 층을 교

도면 285. 히르게수링 암 유적 6호 두르불징 발굴 모습(山西大學 歷史文化學院 외, 2016)

대로 하여 쌓았고, 외면은 모두 전돌을 쌓아 마감하였다. 구단 가운데에서 3.3×3.2m, 깊이 1.5m의 구덩이가 있었지만, 다량의 깨진 전돌과 돌이 발견되었을 뿐 무덤은 아니었다(山西大學歷史文化學院 외, 2016).

히르게수링 암 유적에 4호 사각형 구조물은 가운데 돌로 쌓은 봉분의 규모가 다른 것들에 비해 상당히 높다(도면 284). 담장의 규모는 5호와 비슷한 것으로 생각된다.

위구르 두르불징(사각형 구조물)은 3종류로 구분된다. 첫 번째는 가운데 봉분 아래에 묘광이 있는 것이다. 홀힝 암 1호, 홍딩 허얼러이 5호, 우부르 합찰 3호(도면 280)가 이 유형에 속한다. 묘도와 묘실이 있다. 두 번째는 지상의 봉분 안에 무덤이 있는 것으로 묘도와 묘실이 없다. 우부르 합찰 5호, 히르게수링 암 5호가 이에 해당한다. 세 번째는 무덤이 없는 것이다. 홍딩 허얼러이 3호(도면 277), 히르게수링 암 6호(도면 286), 도가나 우주리 11호가 이 유형에 속한다(山西大學歷史文化學院 외, 2016).

도면 286. 히르게수링 암 유적 6호 두르불징 모습(사진 정석배)

 지금까지 발굴된 위구르 사각형 구조물에서는 유물은 기와와 전돌 등 건축재를 제외하면 매우 빈약한데 도굴이 원인이었을 수도 있지만, 부장품을 조금만 넣는 박장(薄葬)의 풍습도 배제할 수 없을 것이다.

 위구르 사각형 구조물은 고분의 경우 도성이었던 하르 발가스 가까이 있고 또 큰 규모로 보아 위구르 왕족과 귀족의 무덤이 분명할 것이다. A.오치르 등은 벽화분인 홍딩 허얼러이 5호 두르불징 석축 봉분 위에 탑이 있었을 수도 있다고 생각하였으나, 주변에서 발견된 석재의 수량이나 동쪽에 시설된 경사로로 볼 때 탑으로 보기는 힘들다고 생각된다.

V. 거란 요나라 시기

몽골 초원에는 위구르 유적 다음으로 거란(契丹)이 세운 요나라(遼: 916~1125)의 유적들이 확인된다.『북사』「거란국전」(동북아역사재단 편, 2009f)에 따르면, 거란은 고막해(庫莫奚) 혹은 해(奚)의 동쪽 시라무렌강 유역에서 유목 생활을 하던 민족이었다. 동쪽으로는 고구려와 이웃하였다. 전연의 모용황(慕容皝, 재위 337~348년)에게 패하고, 또 북위 등국(登國) 3년(388년)에는 북위의 공격으로 부락이 흩어지기도 하였으나, 이후 점차 강성하게 되었고, 437년에 북위에 사신을 파견하면서 북위와 우호적인 관계를 맺기도 하였다.

거란의 역사에서 5세기 후반부터 6세기 중엽까지는 고팔부(古八部) 연맹단계에 해당한다(이계지 지음 / 나영남·조복현 옮김, 2014). 고팔부는 이웃의 침략에 공동으로 대항하였으나, 돌궐 목간가한(木杆可汗: 재위 ~572년)의 침략으로 와해 되었는데, 당시 거란인 1만 가(家)가 고구려에 의탁하기도 하였다. 수나라 말 당나라 초에는 새로이 8부로 이루어진 대하씨(大賀氏) 연맹이 형성되어 "사냥은 따로 하고, 전쟁은 함께 하였으며", 730년까지 약 100년간 존속하면서 때로는 당과 우호적이었고, 또 때로는 당과 적대적인 관계를 유지하였는데, 당은 거란을 이용하여 돌궐을 견제하였다. 696년에는 거란 송막도독 이진충이 손만영과 함께 당나라에 반란을 일으켜 스스로 무상가한(無上可汗)이라 칭한 적도 있었다. 잘 알려져 있듯이 이진충의 반란은 대조영의 발해 건국에 많은 영향을 끼쳤다. 730년부터 거란은 요련씨(遙輦氏) 부락 연맹 단계로 이행하였다. 요련씨 연맹의 수령은 가한이라 불리었으며, 약 170년 동안에 9명의 가한이 있었다.

요나라의 건국은 요련씨 부락 연맹에서 시작되었다고 말할 수 있다. 그것은 연맹의 군사 수장을 겸임하는 질랄부(迭剌部)의 수령 이리근(夷離董)을 야율씨(耶律氏)의 구성원이 도맡아 하였고, 나중에 야율아보기(耶律阿保機)가 이리근 겸 연맹의 군사 수령이 되고, 또 907년에는 요련씨를 대신하여 연맹의 수령이 되었기 때문이다. 야율아보기는 주변의 여러 부족을 정복하였고, 916년에는 스스로 황제가 되어 국호를 거란이라 하였다. 이후 947년에는 요 태종이 국호를 요(遼)로 바꾸었다.

요는 정복 전쟁을 활발하게 벌였다. 923년에는 야율덕광이 토욕혼, 당항, 조복, 회골 등을 재차 정벌하였고, 또 서쪽의 모든 유목 부족을 항복시켰다. 당시 거란의 영역이 서쪽은 알타이산까지, 북쪽은 지금의 헤를렌강(臚朐河 여구하)까지 확장되었다고 한다. 926년에는 발해까지 멸망시켰고, 이후 남쪽으로 방향을 돌려 후진을 멸망시키고, 이어 후주와 그 뒤를 이은 송나라와 대적하였으나, 송과는 전연의 맹약 이후 대체로 평화로운 관계를 유지하였다. 하지만 요는 여진족 완안부(完顏部) 아골타(阿骨打)가 건국한 금나라(金: 1115~1234년)에 의해 1125년에 멸망되었다.

요에는 발해와 마찬가지로 상경(上京), 중경(中京), 남경(南京), 서경(西京), 동경(東京)이라는 5경이 있었다(정석배, 2015). 요 상경 임황부(臨潢府)는 지금의 내몽골 파림좌기(巴林左旗) 임동진(林東鎭)에, 중경 대정부(大定府)는 지금의 내몽골 영성현(寧城縣)에, 남경 석진부(析津府)는 지금의 북경 광안문 밖 선무구(宣武區) 일대에, 서경 대동부(大同府)는 지금의 대동시(大同市)에, 동경 요양부(遼陽府)는 지금의 요녕성 요양시(遼陽市) 일대에 각각 위치하였다.

몽골에는 요나라 시기 거란의 관방 유적이 다수 분포한다. 현재 대략 30개소의 요나라 성터와 거란 장성이 알려져 있는데 톨강 유역에 가장 많은 수가 분포하고(도면 287), 헤를렌강 유역과 오논강 유역에서도 확인된다. 거란 장성은 헨티산맥과 몽골 동쪽 대흥안령 북쪽 지역 사이에 길이 745.8㎞에 걸쳐 늘어져 있으며, 약 50개소의 보루를 수반한다. 그 외에 헤를렌강 유역의 바르스 호트 성 곁에는 요탑(遼塔)도 있다(끄라딘 N.N. 외., 2018; 정석배, 2023).

도면 287. 몽골 톨강 유역의 요나라 시기 거란 성(城) 분포도(정석배, 2023)

몽골에 있는 요대(遼代) 거란의 유적은 2022년에 톨강 유역의 친톨고이 발가스 성과 하르보흐(하르부힌) 발가스 성을 답사하였고, 2023년에는 이 두 성에 더하여 톨강 유역의 엠겐팅 헤렘 성과 오논강 유역의 우글룩칭 헤렘 성을 추가로 답사하였다. 동쪽의 우글룩칭 헤렘 성과 서쪽의 하르보흐 발가스 성은 약 471.5㎞ 떨어져 있다. 2022년에는 우기 호수 남변의 하탄 우기 캠프 부근에서 거란의 토기를 본 적이 있다. 2016년에는 내몽고 파림좌기 임동진에 위치하는 요 상경성(상경 임황부유적), 조릉과 조주성, 요주고성을, 또 영성현의 중경 대정부성을 답사하였다.

(1) 친톨고이 발가스(Чинтолгой балгас; Chintolgoi balgas) 성(城)

친톨고이 발가스 성은 발해 유민들이 남긴 구들 주거지와 유물로 인해 발해 연구자들 사이에는 잘 알려진 유적이다. 몽골 수도 올란바타르 수흐바타르 광장에서 서쪽으로 약 200㎞ 떨어져 있으며 톨강과 하르보흐강 사이의 들판에 위치한다. 성 남동쪽 바깥에는 토기 가마터가 있고, 서쪽에는 다른 건축군이 있으며, 북서쪽 산 위에는 봉화대가 있다(도면 288). 이 성은 1930년대에 D.D.부끼니치가 발굴을 시작하였고, 이후 S.V.끼셀료프, Kh.페를레 등이 조사하였으며, 2004~2008년에는 몽골과 러시아가 공동으로 발굴을 하였다(끄라딘 책임편찬, 2011).

성은 평면모양이 긴 네모꼴이며, 장축은 거의 남북방향이다(도면 289). 성벽 길이는 동벽과 서벽은 각각 1,256m, 남벽과 북벽은 각각 655m, 전체 둘레 길이는 3,822m이다. 이중성벽과 그 사이의 해자로 둘러싸여 있으며, 성의 기운에 부분에 동시 빙향으로 싱벽이 하나 더 있어 남성(南城)과 북성(北城)이 구분된다. 기본 성벽의 높이는 3~5m, 너비는 아랫부분 최대 35m, 윗부분 2~4m이다. 판축(板築)토성이다. 성벽에는 각대와 치가 좌우 대칭을 이루게 축조되어 있으며, 성문에는 모두 옹성이 시설되었다(도면 290~291). 성 내부 곳곳에 건물 기단의 흔적으로 보이는 둔덕이 산재하며(도면 292), 연못이

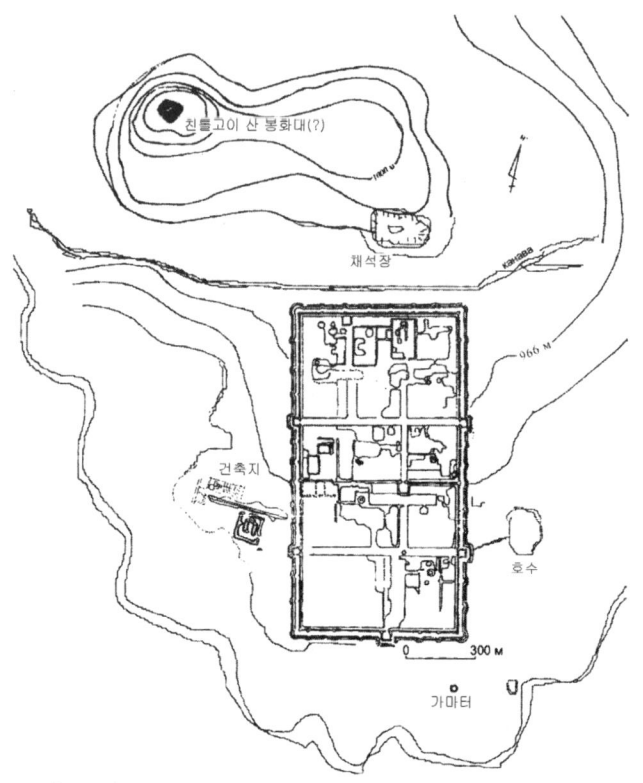

도면 288. 친톨고이 발가스 성과 주변 현황도(끄라딘 책임편찬, 2011, 필자 재편집)

있었던 곳으로 보이는 오목한 곳도 있다. 친톨고이 산의 추정 봉화대는 성의 어디에서 보아도 잘 보인다(도면 292). 추정 봉화대는 돌을 쌓아 만들었는데 원래는 평면이 방형이었을 것으로 보이며, 크기는 무너진 기저부가 대략 50×50m, 높이는 12m이다.

북성의 남동쪽 모서리 부분에서 거북이 모양 비석 받침돌, 다시 말해서 귀부(龜趺)가 2개 발견되었는데, 현재 이웃하는 하르보흐 발가스 성 박물관의 뜰에 보관되어 있다(도면 293). 구들 주거지는 북성의 남중구 북동쪽 모서리 안쪽의 둔덕에 설정한 제2구역과 제3구역에서

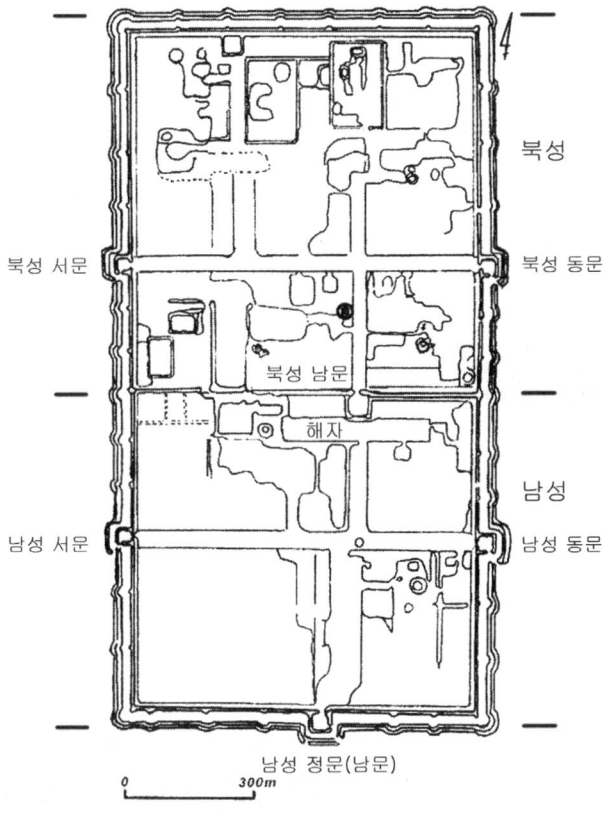

도면 289. 친톨고이 발가스 성 현황도(끄라딘 외, 2018, 필자 재편집)

확인되었다(도면 294). 이곳에서 요나라 시기의 다수 유물과 함께 광택(光澤) 무늬로 장식된 띠 모양 손잡이(帶狀把手), 뿔로 만든 주사위, 뼈 칫솔 등도 함께 발견되었다(도면 295). 띠 모양 손잡이에는 거란에 특징적인 눈금 무늬도 있는데 발해와 거란 문화의 융합에 대해 말해준다. 주사위는 쌍륙(雙六)이라는 놀이에 사용된 것으로 추정되는데, 연해주의 발해 아브리꼬스 취락지에서도 출토된 것이 있다. 뼈 칫솔은 아마도 발해 유민들이 사용하였을 것이다. 이 유적에서 발굴된 구

도면 290. 친톨고이 발가스 성 남성 남벽 2중 성벽과 치 및 남문지 옹성 모습(동쪽에서)(사진 정석배)

도면 291. 친톨고이 발가스 성 북성 동문지 옹성 모습(북쪽에서)(사진 정석배)

들 주거지에 대해서는 국내에 소개된 적이 있다(정석배, 2020). 구들 주거지와 발해에 특징적인 유물들 덕분에 이곳에 발해 유민들이 거주하였다는 사실이 밝혀졌다. 이곳에서 발견된 발해 유민의 흔적과 관련하여 『요사(遼史)』 권37 「지리지(地理志)」 1의 변방성(邊防城) 진주(鎭

도면 292. 친톨고이 발가스 성 남성 내 건물 기단과 북성 남벽 및 친톨고이 산 봉화대(사진 정석배)

도면 293. 친톨고이 발가스 성 발견 귀부(하르보흐 발가스 박물관, 사진 정석배)

州) 건안군(建安軍) 조의 다음 기록이 주목된다: "절도사를 두었다. 본래는 옛 가돈성이었다. 통화 22년(1004년)에 황태비가 상주하여 설치되었다. 여러 부족에게 기병 2만을 선발하여 둔군에 충당하고, 오직 실위와 우궐 등의 나라만 막게 하고, 다른 곳의 정벌에 병력을 빼내 이동시킬 수 없게 하였다. 발해, 여진, 한인의 배류지가(配流之家) 7백여 호를 진주, 방주, 유주 세 주에 나누어 거주하게 하였다. 동남으로 상경까

도면 294. 친톨고이 발가스 성 3호와 4호 구들 주거지(끄라딘 책임편찬, 2011)

도면 295. 친톨고이 발가스 성 출토 토기 띠 모양 손잡이(1), 주사위(2, 3), 뼈 칫솔(5)(끄라딘 N.N. 책임편찬, 2011) 및 발해 아브리꼬스 주거유적 출토 주사위(4)(吉林省文物考古硏究所, 2013)(토기 손잡이 유색 사진은 Yu.G.니끼띤 제공)

지 3천여 리이다(鎭州 建安軍. 節度 本古可敦城 統和二十二年皇太妃奏 置 選諸部族二萬餘騎充屯軍 專捍禦室韋羽厥等國 凡有征討 不得抽移 渤

海女直漢人配流之家七百餘戶　分居鎭防維三州　東南至上京三千餘里"(김 위현 외, 2012, 번역은 일부 수정함). 친톨고이 발가스 성은 내몽골 파람좌기에 있는 요 상경 임황부에서 북서쪽으로 약 1,250㎞ 떨어져 있어 약 3천 리 거리에 해당한다. 다시 말해서 발해 유민의 일부가 이곳까지 강제 이주되었던 것이다.

이와 관련하여 친톨고이 성은 요 진주성(鎭州城)으로 판단되고 있는데 발해와 거란의 유물이 함께 발견된 것으로 보아 타당한 추론이라고 생각된다. 이 기록의 방주성(防州城)은 친톨고이 성 서쪽 약 26㎞ 거리의 하르보흐 발가스 성, 유주성(維州城)은 친톨고이 성 동북쪽 약 22.5㎞ 거리의 올랑 헤렘 성에 각각 상응하는 것으로 추정되고 있다. 한편, 위구르(회흘)의 가돈성(可敦城)과 관련하여 친톨고이 성이 아니라 헤르멘-덴지 성이라는 의견도 있는데, 평면 구조가 다른 중세 성들과는 크게 차이가 나는 헤르멘-덴지 성에서는 다량의 위구르 유물이 출토되었다(끄라딘 책임편찬, 2011; 끄라딘 외., 2018). 헤르멘-덴지 성은 친톨고이 성에서 동북쪽으로 약 33㎞ 떨어져 있으며 톨강의 북변에 위치한다.

(2) 하르보흐 발가스(Хар бух балгас / Khar Bukh Balgas) 성(城)

하르보호잉 혹은 하르부힌 발가스(Харбухын балгас; Kharbukhyn balgas) 성으로 불리기도 한다. 톨강의 좌안 지류인 하르보흐강 우안에 위치한다. 성의 서벽과 이 강은 약 600m 떨어져 있다. 친톨고이 발가스 성에서 서쪽으로 약 26㎞ 거리이다. 이곳은 하르보흐강이 서쪽과 북쪽을 감싸고 있는 모양새여서 서쪽 혹은 서북쪽으로부터의 적을 방어하기 위한 성이었음을 알 수 있다. 요 방주성(防州城)으로 알려져 있다.

성은 평면모양이 네모꼴(방형)이며, 네 변이 거의 방위 방향을 향한다(도면 296). 성벽의 길이는 북벽 660m, 남벽 670m, 서벽 690m, 동벽 760m, 전체 둘레길이 2,780m이다. 네 성벽의 가운데에 각

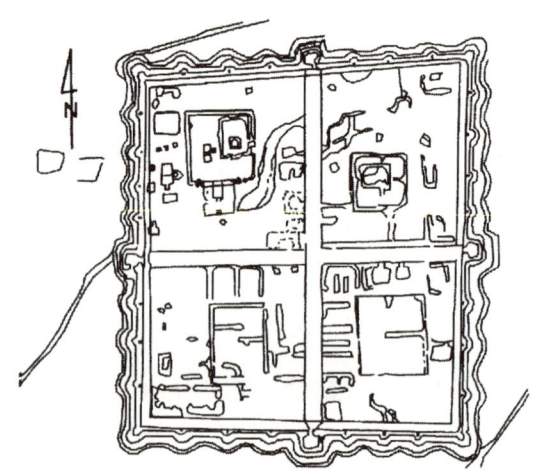

도면 296. 하르보흐 발가스 성 평면도(끄라딘 외, 2018)

도면 297. 하르보흐 발가스 성 남벽(왼쪽)과 옹성(오른쪽)(사진 정석배)

각 성문터가 있고, 그 사이가 각각 대로로 연결되어 성 내부는 4개의 구역으로 구획되어 있다. 판축성벽이며 성문 바깥에는 모두 옹성이 있다(도면 297). 성벽에는 모두 26개의 치가 일정 간격으로 설치되었고, 또 네 모서리에는 각대가 있다(도면 298)(끄라딘 책임편찬, 2011; 끄라딘 외., 2018).

성 내 북서쪽 부분에는 17세기의 석축 건물과 탑 흔적이 다수 분포한다(도면 299). 건물들은 크고 작은 석축 담장으로 둘러싸여 있는데, 그중 규모가 가장 큰 중심 석축 구조물은 크기가 68×66m이다. 이 중심 석축 구조물에는 남벽과 동벽에 출입구가 있으며, 석축 담장의 두께는 1.2~1.5m이고, 담장 내에 다수의 건물 흔적이 남아있다. 석탑은 성 내 북서쪽의 것은 모두 흔적만 남아있지만, 성 바깥 북문 옹성 위에 축조된 것은 전체 모습이 아직 남아있다(도면 300). 이 17세기 건축물 유적은 불교 사원이었으며, 티베트 양식으로 축조되었다고 한다. 이 사원을 할하 몽골의 촉트 타이지(Цогт тайж; Tsogt

도면 298. 하르보흐 발가스 성 북벽과 치(사진 정석배)

도면 299. 하르보흐 발가스 성 내부와 17세기 건축물 잔존 모습(남벽 서쪽에서)(사진 정석배)

도면 300. 하르보흐 발가스 성 북벽 옹성 위의 석탑(사진 정석배)

Taij, 1581~1637년)가 세운 티베트 홍모(紅帽) 불교 사원으로 보는 의견이 있다.

이 유적에서는 1940년대 후반에 러시아의 S.V.끼셀료프(1957)가 조사한 적이 있으며, 1970년에는 몽골의 고고학자 Kh.페를레와 러시아의 고고-역사학자 E.V.샤브꾸노프가 성 북벽 옹성 문지 위에 세워진 탑에서 "18조 스텝 법전"을 발견한 적이 있다. 이 법전은 자작나무 껍질로 만든 책 속에 있었으며, 16세기 말~17세기 1/3분기에 속한다(나실로프, 1986). 이 유적에서의 발굴조사는 1980년대와 그 이후에 실시되었다고 하는데, 자료(오치르 외, 2005)를 확인하지 못하였다.

(3) 엠겐팅 헤렘(Эмгэнтийн хэрэм; Emgentiin kherem) 성(城)

볼강 아이막 다신칠레 솜 탈린-올랑 산 북쪽의 하르보흐강 좌안에 위치한다. 올란바타르 수흐바타르 동상에서 북쪽으로 미약하게 치우친 서쪽으로 약 210㎞ 떨어져 있다. 남서쪽의 하르보흐 발가스 성과는 약 27㎞ 거리이다. 평지성이며, 평면모양은 마름모꼴에 가깝고, 성벽이 대략 방위 방향으로 배치되었다(도면 301~302).

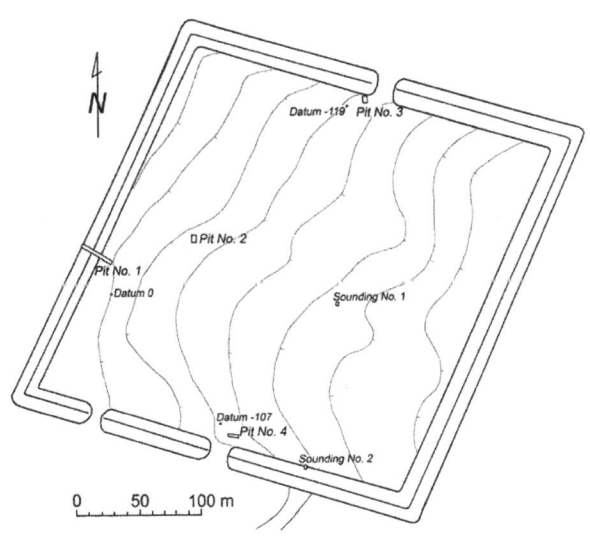

도면 301. 엠겐팅 헤렘성 평면도(Nikolai N. Kradin 외, 2014)

도면 302. 엠겐팅 헤렘성 남벽에서 본 성 내부와 서벽(왼쪽) 및 북벽(오른쪽)(사진 정석배)

이 성에 대해서는 2004년에 S.V.다닐로프가 보고한 적이 있다(다닐로프, 2004). 이후 2009년과 2013년에 몽골과 러시아가 공동으로 성벽 1개소를 포함하여 4개 지점을 발굴하였다(Nikolai N. Kradin 외, 2014). 성벽의 길이는 동벽 312m, 서벽 305m, 남벽 316m, 북벽 315m이며, 전체 둘레길이 1,248m이다. 성벽의 잔존 높이는 동벽 0.5~0.7m, 서벽과 북벽 1~1.5m이며, 성벽의 폭은 위 3~4m, 아래 15m까지이다. 네 모서리에는 각대가 있다(도면 303). 성문지는 남벽과 북벽의 가운데에 1개소씩 있다(도면 304). 남벽의 서쪽 부분에도 단절부가 1개소 더 있으나 문지 여부가 분명하지 못하다.

성벽의 축조 방법은 2009년에 남서쪽 모서리에서 북쪽으로 121m 떨어진 서벽의 남쪽 부분 단면 조사를 통해 파악되었다. 성벽은 아랫부분과 안쪽은 모두 판축으로 축조하였고, 위 양쪽 가장자리에 다시 석축을 한 형태였다(도면 305~306). 성 내의 가운데 서쪽 부분에 설정된 제2지구에서는 구들의 잔재로 생각되는 석축 구조물이 발견되었다.

도면 303. 엠겐팅 헤렘성 서남쪽 모서리 각대(서벽에서)(사진 정석배)

도면 304. 엠겐팅 헤렘성 북벽과 북문지 모습(동쪽에서)(사진 정석배)

성 내 발굴에서 토기편, 토제품, 철제품, 다량의 동물 뼈 등이 출토되었다. 토기는 거란에 특징적인 눈금무늬로 장식된 토기가 가장 많았고, 발해에 특징적인 대상파수도 발견되었다. 위구르에 특징적인 능형 무늬로 장식된 토기도 발견되었으나 요대 거란에서 사용한 것으로 판단되었다.

도면 305. 엠겐팅 헤렘성 북벽 석축 모습(성벽 바깥에서)(사진 정석배)

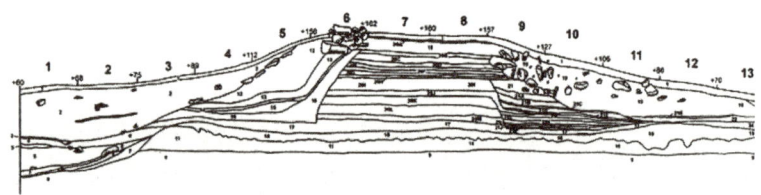

도면 306. 엠겐팅 헤렘성 서벽 단면도(Nikolai N. Kradin 외, 2014)

(4) 우글룩칭 헤렘(Өглөгчийн хэрэм; Uglugchiin Kherem) 성(城)

헨티 아이막 바트시레트 솜의 다이칭산(山) 남쪽 경사면에 위치한다. 이 산성은 칭기스 헤렘(Chinggis Kherem) 성으로도 불린다. 성벽은 자연지세를 이용하여 쌓았다(도면 307~308). 동벽과 서벽은 가운데 하나의 넓은 계곡부를 사이에 두고 좌우로 뻗어 있는 산줄기 등성이를 따라 쌓았고, 북벽은 산 정상부와 부분적으로 서쪽 산줄기를 따라 조성하였다. 북벽과 서벽의 사이에는 가파른 암벽이 형성되어 있어 따로 성벽을 쌓지 않았다. 남벽은 넓은 계곡부가 매우 완만하게 평지를 이루는 곳에 거의 일직선을 이루게 쌓았다. 양시은(2016)의 고구려 산성 분류를 따른다면 하곡평지형 포곡식산성에 가깝다고 하겠다. 성벽의 둘레 길이는 보고된 것을 찾지 못하였는데 구글어스를 통해 보면 약 2.74㎞이다.

이 산성에 대해서는 극히 소략한 내용만 보고되었다(다닐로프, 2004; 끄라딘 외, 2011; 끄라딘 책임 편찬, 2018). 성벽은 외면은 큰 돌과 판석을 이용하여, 내면은 작은 돌을 이용하여 쌓았다(도면 309~310). 평지와 이어지는 남벽을 가장 튼튼하게 쌓았는데 성벽의 높이는 외측은 2.5~3.5m, 내측은 0.5~0.8m이다. 성의 내부 남쪽 부분은 둔각을 이루게 쌓은 1줄의 낮은 성벽에 의해 양분되어 있다. 문지로 추정되는

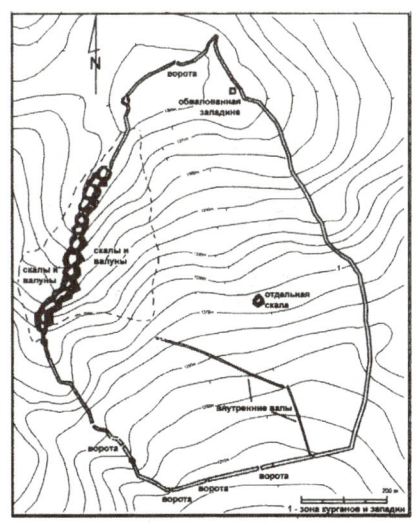

도면 307. 우글룩칭 헤렘 성 평면도(끄라딘 책임편찬, 2018)

도면 308. 우글룩칭 헤렘 성 전경(남쪽에서)(사진 정석배)

도면 309. 우글룩칭 헤렘 성 남벽(성벽 위 서쪽에서)(사진 정석배)

도면 310. 우글룩칭 헤렘 성 남벽(남쪽 바깥에서)(사진 정석배)

단절부는 이 산성의 평면도에 표시된 것을 보면 남벽에 2개소, 남벽과 서벽이 만나는 모서리 가까이에 1개소, 서벽 남쪽 부분에 1개소, 산 정상부의 북벽에 1개소가 있다(도면 311). 성 내의 정상부에 구덩이가 하나 있는 것을 제외하고는 성 내에서 겉으로 드러나는 건축물

도면 311. 우글룩칭 헤렘 성 남벽 정문(북쪽 안에서)(사진 정석배)

의 흔적이 발견되지 않았다. 성 내에서 거란 토기와 문양이 아무르 지역의 9~12세기 뽀끄로브까 문화 토기에 시문된 것과 닮은 토기편들이 수습되었다.

그런데 이 산성의 남쪽 부분에서는 2002~2003년에 몽골과 미국이 공동으로 부르호토이 문화에 속하는 3기의 무덤을, 2013~2014년에 몽골과학원 역사연구소 오논 학술조사단이 2기의 무덤과 다수의 주거지를 각각 발굴하였다(울지 바야르, 2017). 발굴된 주거지 중에는 구들이 시설된 것도 있어 주목된다(도면 312).

이 산성의 축조 시기에 대해서는 이견이 있다. N.N.끄라딘 등은 성 내에서 발견된 거란 토기 등에 근거하여 거란이 축조한 것으로 판단하였다(끄라딘 외, 2011).

하지만 성 내부의 발굴조사에 참여한 S.울지바야르는 거란 이전 시기인 부로호토이 문화 사람들이 축조하였다고 생각한다(울지 바야르,

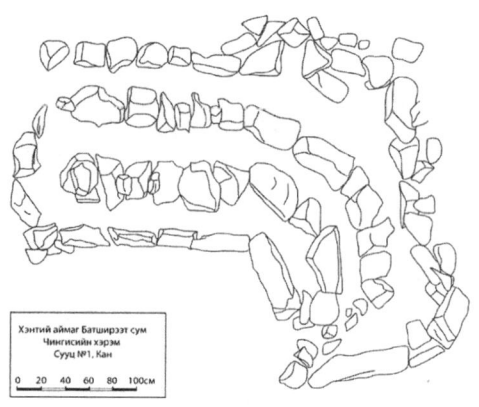

도면 312. 우글룩칭 헤렘 성 발굴 구들 평면도(울지 바야르, 2017)

2017). 그 근거는 성 내에서 발굴된 3기의 고분이 모두 부르호또이 문화에 속하고, 또한 2013년에 조사된 주거지 6기의 방사성탄소연대가 7~9세기 사이로, 2014년에 성벽과 관련된 부분에서 채취한 시료의 방사성탄소연대도 모두 9세기 이전이라는 점이다. 울지바야르도 이 산성에서 거란 시기에 사람들이 거주하였다는 사실에 대해서는 부정하지 않았는데 "성 내의 남서쪽 부분에서 발견된 구들이 시설된 반수혈 주거지와 거란 토기는… 이 유적에서 거란 시기에 주민들의 임시 거주에 대해 증명할 것이다"라고 하면서 10~11세기 초에 속하는 방사성탄소연대도 예시하였다. 울지바야르는 부르호뚜이 문화가 룬 문자의 오투스(삼십) 타타르, 중국 문헌자료의 나중에 달단(韃靼)으로 불린 실위에 해당하는 것으로 판단하였고, 또 부르칸 칼둔 산의 "조상의 땅"이 바로 우글룩칭 헤렘 산성이라고 생각한다.

VI. 몽골제국 시대

1. 부족 할거 시대(몽골제국 여명기)

몽골에는 위구르의 멸망 이후부터 시작하여 오랫동안 여러 부족이 할거하였던 시대였던 것으로 생각되는데, 거란이 점령한 지역을 제외한 나머지는 거란 요나라 시기에도 마찬가지였을 것이다. 요나라가 금나라에 의해 1125년에 멸망한 이후는 몽골에 통일된 정치세력이 없어 여러 부족이 함께 쟁투를 벌인 시기로서 부족 할거 시대로 불리기도 하며, 또 어떻게 보면 칭기스칸 몽골제국의 여명기로 볼 수도 있을 것이다.

요나라(916~1125년) 멸망 후 12세기 중반에 몽골고원의 유목민들은 부족 혹은 나라를 뜻하는 울루스로 나뉘어 있었다. 대표적인 울루스로 나이만, 케레이트, 타타르, 메르키트, 오이라트, (카마그) 몽골 등이 있었다. 나이만은 서쪽 알타이지역, 케레이트는 몽골고원의 중앙 지역, 타타르는 동쪽 지역, 메르키트는 가운데 북쪽 셀렝게강 하류 지역, 오이라트는 나이만의 북쪽 이르티시강 상류 지역을 각각 거점으로 하였다. 카마그 몽골 울루스는 동북쪽 헨티산맥 지역에 거주하였으며, 오논강, 헤를렌강, 톨강이라는 3개의 강이 발원하는 부르칸 칼둔 산 일대가 근거지였다. 12세기 중엽에 몽골 초원에서 쿠툴라 카간이 구심점 역할을 한 적도 있지만 1161년에 금나라와 타타르에 의해 곧 와해되고 말았다(김호동, 2016).

카마그 몽골 울루스의 조상은 튀르크의 한 부족과의 전쟁에서 패한 후 에르구네 쿤이라고 불린 초지와 물이 풍부한 산속으로 피신을 한 사람들의 후손이었다. 8세기 중엽 무렵에 인구와 가축이 증가하고 또 돌궐이 멸망하자 그들은 그곳을 나와 부르칸 칼둔 산 지역의 고르반 골(헤를렌강, 오논강, 톨강)(고르반 골은 3개 강이라는 뜻) 상류 지역으로 이동하여 거주하기 시작하였다. 에르구네 쿤에서 큰 강을 건너 부르칸 칼둔으로 이동한 주인공 중에는 부르테 치노(잿빛 이리)와 고아 마랄(흰빛 사슴)이라는 부부가 있었는데, 칭기스칸의 황금 가문은 바로 이들에게서 기원하였다(강톨가 외 지음 / 김장구·이평래 옮김, 2009; 김호동, 2016). 이후 200여 년 동안에 몽골 부족이 모여들었고 새로운 씨족과 부족들이 형성되었으며, 10세기 후반 무렵에는 알란 고아 카툰에게서 태어난 후손들이 고르반 골(강) 유역의 몽골 부족을 통합하여 통치하였다.

    칭기스칸은 현재 몽골의 공식적인 의견에 의하면 1162년 5월 31일에 탄생하였다. 칭기스칸의 어릴 때 이름은 테무진이다. 테무진의 아버지는 이수게이(=예수게이) 바아타르인데 메르키트 수령의 젊은 아내 후엘룬을 납치해서 결혼하였다. 『몽골비사』에 따르면 후엘룬은 델룬 벌덕(Дэлүүн Болдог)이라는 곳에서 테무진을 출산하였는데, 몽골의 연구자들은 델룬 벌덕이 지금의 헨티 아이막 다달 솜의 오논강과 발진강이 합수하는 곳에 있는 3개 호수 일대라고 추정한다. 이곳은 칭기스칸 기마동상에서 동동북쪽으로 약 334㎞ 떨어진 오논강 서쪽 지역이다. 다만 델룬 벌덕이 몽골 국경 북쪽 약 8㎞ 거리의 오논강 유역이라 생각하는 러시아 연구자도 있다.

    나중에 이수게이는 어린 테무진을 콩기라트 수령의 어린 딸과 약혼을 시켰다. 그런데 테무진이 아직 어린이였던 1167년에 초원에서 식사하는 이수게이를 타타르인들이 독살하였다. 이때 이수게이를 따르던 자들이 모두 떠나갔고, 또 테무진 가족을 약탈하였는데, 테무진 가족은 살기 위해 부르칸 칼둔에 있는 오논강 상류 지역으로 피신하여 사냥과 고기잡이로 연명하였다.

테무진 가족은 동생 카사르의 활 솜씨 덕분에 다시 재산을 일구고, 테무진은 나중에 콩기라트의 수령 데이 세첸을 찾아가 어린 시절 결혼 약속을 한 부르테와 결혼하였고, 또 오논강 상류에서 헤를렌강 상류로 이사를 하였다. 이후 테무진은 톨강으로 가서 케레이트의 통치자 토오릴의 신하 겸 동맹자가 되어 활동하였는데, 토오릴은 이수게이의 안다(의형제)여서 테무진을 환대하였다. 얼마 후에 메르키트 수령의 기습으로 아내 부르테를 빼앗겼으나, 토오릴과 자무카 등의 도움으로 아내를 구출하였다(르네 그루쎄 지음 / 김호동·유원수·정재훈 옮김, 1998).

테무진은 토오릴, 자무카, 보오르추 등의 도움을 받아 몽골 울루스의 분열을 통합하였으며, 1189년에는 쿠릴타이에서 몽골 울루스의 칸으로 추대되고, 또 '칭기스칸'이라는 칭호를 얻었다(강톨가 외 지음 / 김장구·이평래 옮김, 2009). 자무카는 테무진과 안다(의형제)를 맺은 사이였지만, 곧 칸의 자리를 놓고 경쟁하게 된다. 칭기스칸은 1202년에 케레이트의 토오릴 왕칸과 함께 메르키드와 타타르 부족을 정복히였고, 1203년에는 토오릴과의 관계가 파단 난 다음에 케레이트를 복속시켜 동몽골을 모두 평정하였다. 이듬해인 1204년에는 서몽골의 나이만 타양과 카라코룸에서 전투하여 승리함으로써 마침내 몽골 초원 전체를 통일하였다.

몽골제국 여명기의 유적은 아바르가 발가스를 답사하였다. 그 외 사용 시기에 대해 논쟁이 있는 하르 투네도 답사하였다.

(1) 아바르가 발가스(Аваргын балгас; Avargyn Balgas) 성(城)

헨티 아이막의 헤를렌강 중상류 좌안(북안) 지류인 아바르가강 서쪽 들판에 위치한다(도면 313~316). 올란바타르 수흐바타르 동상에서 남동쪽으로 약 192㎞ 떨어져 있다. 유적 표지판에는 대(大) 아오로그 궁장(Их Аүрүг Орд; Ikh Aurug Ord)로 명기되어 있다. 유적과 강

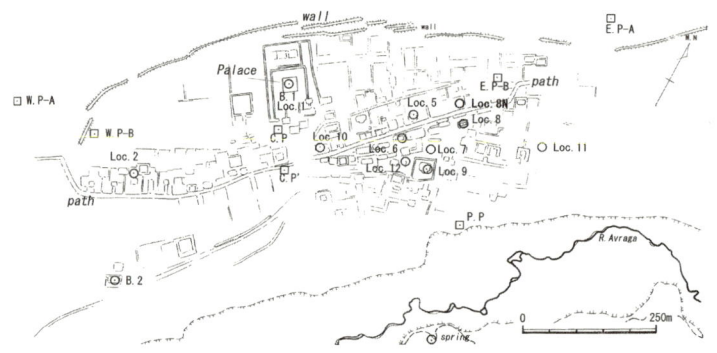

도면 313. 아바르가 발가스 현황도(사사다·이쉬체렌, 2012)

도면 314. 아바르가 발가스 유적과 표지석 모습(사진 정석배)

도면 315. 아바르가 발가스 유적 모습(사진 정석배)

도면 316. 아바르가 발가스 궁전-궁장 복원 모형(아바르가 발가스 박물관, 사진 정석배)

의 명칭이 몽골어 표기는 "아바르가 성"이란 뜻의 아바르깅 발가스(Аваргын балгас)와 "아바르가 강"이란 뜻의 아바르깅 걸(Аваргын гол)인데, 영어 표기는 아브라가 발가스(Avraga Balgas)와 아브라가강(R. Avraga)이다.

몽골제국의 전신인 카마그 몽골 울루스의 수도 "대궁장 아바르가" 혹은 "대궁장 아브라가" 유적이다. 유적의 크기는 동서 약 1,200m, 남북 약 500m이며, 면적은 약 60헥타르이다(사사다·이쉬체렌, 2012). 주요 도로는 동서 방향으로 나 있고, 수많은 건축물 흔적과 궁전터가 확인되었다. 10개 이상의 크고 작은 성벽이 있다. 2006년부터 유네스코의 보호를 받고 있다. Kh.페를레가 1950년대에 이 유적을 칭기스칸의 궁전으로 비정하였고, 1961~1976년에 조사를 하였다. 1992년에 몽골과 일본의 삼강(三江) 프로젝트 공동조사단이 유적의 몇몇 지점에 대해 지구물리탐사를 실시하였다. 2001년에는 몽·일 공동조사단 "신세기"가 이 유적에서 발굴조사를 하여 이곳에 궁전, 곡물저장소, 대장간, 창고, 다른 유구 등이 있음을 밝혔다.

칭기스칸에게 4개의 계절 궁장(宮帳)이 있었다고 한다. 처음 궁장들은 계절과 방목지에 따라 옮겨졌지만, 나중에는 정착하여 장소가 일정하였다. 그중 가장 존중된 것이 헤를렌강 유역의 바로 이 "아바르가 오르두(궁장)"였고, 길이 17m에 높이 9m의 궁전은 보르테 카툰(Бортэ Хатун)의 관리하에 있었다.

이 유적에 대해서는 12세기에 처음 세워졌고, 또 몽골제국 시기인 13세기에 사용되었다는 의견이 있다. 카마그 몽골은 몽골 5부족(카마그 몽골, 타타르, 케레이트, 나이만, 메르키트)의 하나였다.

(2) 하르 투네(Хар Түнэ; Khar Tüne) 성(城)

올란바타르 자치구에 위치하며, 올란바타르 수흐바타르 동상에서 서남쪽으로 약 25.5㎞ 떨어져 있다. 1966년에 Kh.페를레가 이 유적을 발견하였고, 1979년 조사를 토대로 성벽을 거란 요나라 시기와 관련된 투레게니 골 발가스(Түргэний голын балгас) 유적으로 파악하였다. 2005~2006년에 D.나왕의 지도하에 소규모 발굴조사를 하였다. 2021년에 몽골 과학아카데미 고고학연구소에서 발굴하였고, 이때 다수의 유구를 노출시켰다(G.에렉젠 제공 PPT, 인터넷 자료2).

유적은 톨강 좌안(동안) 평원에 위치하며, 동쪽, 남쪽, 북쪽이 성벽으로 둘러싸여 있다(도면 317). 서쪽에는 도로가 이 성을 비스듬히 가로지르고 있으며, 성벽의 양상이 분명하지 못하다. 전체가 남아있는 동벽은 길이 약 285m, 남벽은 잔존 길이 약 245m, 북벽은 잔존 길이 약 148m이다. 성벽에서 치나 각대 등이 보이지 않으며, 옹성 문지도 확인되지 않는다.

도면 317. 하르 투네 성 동벽(북쪽에서)(사진 정석배)

이 토축 평지성 안에는 크고 작은 건물 기단이 있고, 가운데에는 높은 둔덕 형태의 대형 건물 기단이 있다(도면 318). 처음 이 대형 건물 기단을 발굴한 다음에 이 유적을 몽골 5부족의 하나인 케레이트 왕칸의 궁전 유적으로 추정하였는데, 언론 보도 자료 등에 모두 케레이트 왕칸의 궁전 유적으로 소개되어 있다. 유적에 세운 표지판에도 같은 내용이 적혀 있다. 그런데 몽골 과학아카데미 고고학연구소에서 발굴한 다음에 케레이트 왕칸과는 전혀 관계가 없는 요나라 시기의 유적이라는 주장이 제기되었다.

이 유적에서의 발굴조사 내용이 공개된다면 이 유적이 케레이트 왕칸의 유적인지 혹은 요나라의 평지성인지 논의가 가능할 것이다.

참고로 『몽골비사 Монголын нууц товчоо』에 케레이트 왕칸이 테무진과 함께 가초오르타의 울리아스타이로 사냥을 갔다가 다음날 톨강의 하르 투네 오르두(궁정)로 돌아갔다는 기록이 있다고 한다.

도면 318. 하르 투네 성 내 대형 건물 기단(북동쪽에서)(사진 정석배)

2. 몽골제국 시대

칭기스칸은 1204년에 몽골 초원 전체를 통일하고 그다음인 1206년 봄에 오논강 상류에서 자신이 복속시킨 부족들을 쿠릴타이에 소집하였고, 여기에서 모든 몽골과 튀르크 부족들에 의해 지고의 칸인 대칸으로 추대되었다. 이 쿠릴타이에서 샤먼 쿠쿠추가 영원한 푸른 하늘이 칭기스칸을 모든 자의 칸으로 임명했다고 선언하였고, 이후 칭기스칸의 후손들은 모두 지상에서 텡그리(=하늘)의 대리자임을 자처하였다. 그리하여 그들의 명령은 텡그리의 명령이고, 그들에 대한 반역은 텡그리에 대한 반역으로 간주되었다(르네 그루쎄 지음 / 김호동·유원수·정재훈 옮김, 1998). 바로 대몽골국 예케 몽골 울루스(=이흐 몽골 울루스)가 건국되는 순간이었다.

칭기스칸은 사망할 때까지 대부분 대외 원정을 수행하였다. 1207년에 키르기스(힐알사)를 시작으로 하여 차례로 탕구트(서하 西夏), 금(金), 호레즘 등을 공략하였다. 칭기스칸은 반란을 한 탕구트를 정복하는 동안인 1227년 8월 25일에 사망하였으며(강톨가 외 지음 / 김장구·이평래 옮김, 2009), 성산 부르칸 칼둔 일대에 안장되었다.

칭기스칸 사후 1229년 봄에 대칸 선출을 위한 쿠릴타이가 헤를렌 상가에서 개최되어 셋째 아들 우구데이(재위 1229~1241년)가 후계자로 선출되었다. 우구데이(=오고타이)는 1220년경 칭기스칸이 수도로 정한 적이 있는 카라코룸(하르허룸)에 거처를 정하고, 1235년에 카라코룸을 성벽으로 둘러싸인 진정한 제국의 수도로 완성하였다. 하지만 제5대 쿠빌라이칸(世祖, 재위 1260~1294년)은 1263년에 자신의 근거지인 개평부(開平府)를 상도(上都)로 삼아 카라코룸에서 상도로 천도하였다. 상도는 다음 해인 1264년에 금의 수도였던 중도(中都)(북경에 위치)를 배도(陪都)로 삼으면서 양경제(兩京制)의 중심축이 되었다. 하지만 국호를 대원(大元)으로 바꾼 1271년 이듬해인 1272년에 중도를 대도(大都)로 삼으면서 상도의 역할이 바뀌게 되었다.

몽골제국 혹은 대몽골국, 즉 이흐 몽골 울루스(중세 몽골어로는 예케 몽골 울루스)는 크게 4개의 울루스로 이루어져 있었다. 이것은 칭기스칸이 네 아들에게 땅을 나누어준 것과 깊은 관련이 있다. 큰아들인 주치에게는 가장 멀리 떨어진 땅을, 다시 말해서 이르티시강에서 서쪽으로 몽골 말발굽이 닿는 데까지의 땅을 주었는데 바로 주치 울루스이다. 주치의 아들 바투(1227~1256년)가 1242년에 킵차크한국(1242~1357년)을 세웠으니, 바로 알탄(황금) 오르두 칸국(金帳汗國)이다. 킵차크한국의 땅은 서쪽으로 흑해 북안을 지나 다뉴브강까지 미쳤고, 러시아를 속령으로 삼았다. 둘째 아들 차가타이에게는 알타이 산지 일대를 주었는데, 나중에 그 영역이 서쪽으로는 사마르칸트와 부하라까지, 남쪽으로는 타림분지를 넘어섰다. 차가타이 울루스, 즉 차가타이한국의 중심지는 일리강 지역에, 다시 말해서 제티수-세미레치예 지역에 있었다. 셋째 아들 우구데이에게는 발하쉬호(湖) 동쪽과 그 동북쪽의 땅을 주었다. 다만 우구데이는 칭기스칸을 이어 몽골제국의 다음 대칸이 되었기에 우구데이 울루스는 사실 그에게 큰 의미를 가지지 못하였다. 넷째 아들 톨루이에게는 제국의 중심 화로(집안)인 몽골 땅을 주었다. 이곳은 대몽골제국의 대칸 직속령인 카안 울루스이다. 대몽골제국의 다른 한 울루스는 훌레구 울루스이다. 훌레구 울루스는 1251년에 대칸 뭉케가 아우 훌레구에게 이란 총독직을 수여하면서 시작되었으며, 일한국 혹은 페르시아 칸국이라고도 불린다. 이와 관련하여 주목되는 것은 대원(大元)의 통치 범위가 주로 대칸의 직속령인 카안 울루스에 제한되었다는 사실이다.

유라시아대륙을 대부분 지배하였던 몽골제국은 홍건적의 난으로 인해 1368년에 멸망하였으며 명나라를 건국한 주원장에 의해 대도가 함락된 다음에는 몽골고원으로 물러나 잠시 북원(北元)으로 존속하였으나, 북원도 1388년에 멸망하였다.

몽골제국의 마지막 황제는 토곤테무르(妥懽帖睦爾)였다. 그는 몽골제국 제15대 대칸이면서 원의 마지막 제11대 혜종(惠宗: 재위 1333~1368년, 사망 1370년)이었고, 명에 의해 몽골고원으로 쫓겨난 다음에는 북원의 초대 황제가 되었다. 고려의 공녀 출신 기황후(奇皇后)가 바로 토곤테무르의 황후이며, 그 아들이 바로 북원의 제2대 황제인 소종(昭宗: 재위 1370~1378)이다. 토곤테무르는 몽골고원으로 물러나서 헤를렌강 북쪽의 바르스 호트-1 성을 임시 수도로 삼았다는 의견이 있다. 다만 토곤테무르는 임시 수도를 완성하지 못하고 카라코롬으로 천도하였다. 바르스 호트-1 성 곁의 바르스 호트-3 성에 토곤테무르의 궁전이 있었다는 의견도 있다(끄라딘 책임편집, 2018).

우리에게 원나라로 알려진 카안 울루스의 몽골제국과 고려의 관계는 처음에는 우호적이었다. 1219년에는 몽골군이 고려와 함께 거란을 공격하여 강동성을 함락시키고 여·몽형제맹약을 체결하였다. 하지만 이후 몽골의 과도한 공납 요구와 1225년 몽골 사신 제구예의 피살로 인해 양국의 관계는 급속하게 나빠졌으며, 1231년부터 1259년까지 5차에 걸쳐 몽골의 침략이 이어졌다. 고려에서는 다행스럽게 사신으로 파견된 나중에 고려 제24대 원종(元宗: 재위 1260~1274)에 등극한 태자 왕전(王倎)이 쿠빌라이를 만나 그가 대칸이 되는데 도움이 되어, 탕구트(서하)나 호레즘 등과는 달리 몽골의 잔혹한 응징을 피할 수 있었고, 또 우호적인 관계를 맺을 수 있었다(김호동, 2016).

몽골에는 몽골제국 시기의 유적으로 카라코룸 도성(都城), 아바르가 발가스 성(城), 타왕 톨고이(Tavan Tolgoi) 고분군, 알탄 오보(Altan Ovoo) 고분군, 강긴 차강(Gangyn Tsagan) 고분군, 그 외 다수의 고분군 등과 함께 다수의 석인상이 알려져 있다. 그중 타왕 톨고이 고분군에서 발굴된 몇몇 무덤은 칭기스칸의 황금 혈통(Chingis Khan's Golden Lineage)과 관련된 것으로 추정되고 있다(Tumen D. 외, 2006).

이 시기의 유적은 2022년과 2023년에 카라코룸 도성을 답사하였다. 앞에서 소개한 아바르가 발가스는 몽골제국 여명기뿐만 아니라 몽골제국 시대에도 속할 것이다. 몽골제국 시기의 유물은 하르허롬 박물관, 몽골국립박물관, 칭기스칸 박물관에서 실견할 수 있다.

(1) 하르허롬(Хархорум; Karakorum) / 카라코롬

몽골 수도 올란바타르 수흐바타르 동상에서 남서쪽으로 약 315㎞ 떨어진 오르혼강 우안(동안) 평원에 위치한다. 성 남쪽에 바로 인접하여 에르덴조 사원이 있다. 카라코룸은 몽골어로 하르허롬, 한자 음으로 합나화림(哈喇和林) 혹은 화림(和林)이라고 부른다.

카라코룸 도성은 『원사 元史』 등의 문헌자료와 19세기 말에 발견된 흥원각비(興元閣碑)에 따르면 원 태조(칭기스칸) 15년인 1220년에 창건되었고, 도성 내의 만안궁(萬安宮)과 다른 각종 건축물은 원 세조 우구데이(=오고타이)가 금을 멸망시킨 다음 해인 1235년에 축조하였다. 1948~1949년에 S.V.끼셀료프가, 1995~1996년에 몽골과 일본이 공동으로, 2004~2008년에 몽골과 독일이 공동으로 각각 발굴조사를 하였다(끼셀료프, 1957; 白石典之, 1999; 薩仁毕力格, 2007).

카라코룸 도성은 외성과 궁성으로 이루어진 이중성이다(도면 319). 외성과 궁성 모두 토축 성벽이 둘러싸고 있다. 외성은 평면모양이 6각 사다리꼴에 가깝다. 동벽, 서벽, 북벽은 성벽의 윤곽이 비교적 뚜렷하나, 남벽은 경계가 분명하지 못하다. 외성의 규모는 남북 1,500m,

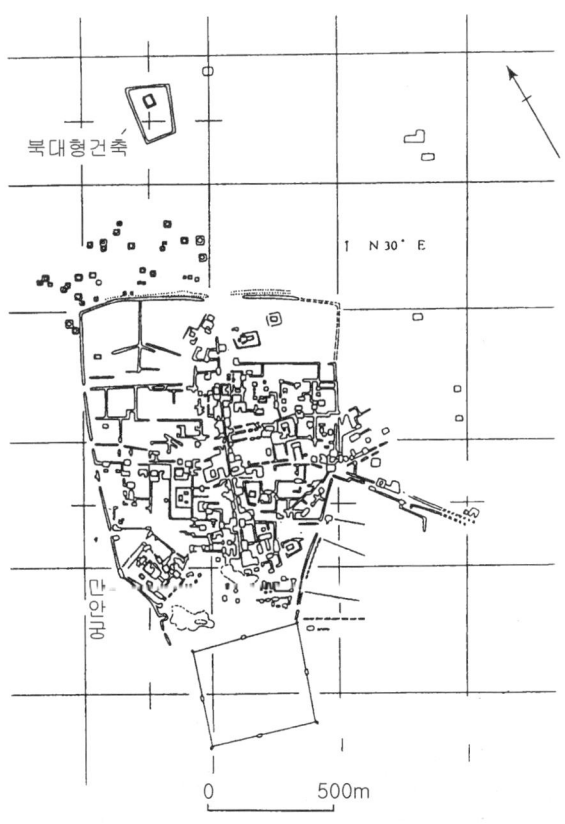

도면 319. 카라코룸 도성과 주변 현황도(白石典之, 1999)

동서 긴 부분 1,120m, 동서 짧은 부분 580m이다. 성벽의 잔존 높이는 0.5~2m이다(도면 320). 성 내부는 남북 방향과 동서 방향으로 크게 '十'자 모양을 이루며 대로가 형성되어 있어 각기 동서남북의 성문과 연결되었을 것으로 추정된다. 성 내부에는 또한 다수의 건축물 흔적이 확인된다(도면 321).

궁성은 외성 내 남서쪽 모서리 부분에 위치한다(도면 322). 평

도면 320. 카라코롬 도성 북벽(서쪽에서)(사진 정석배)

도면 321. 카라코롬 도성 남동쪽 건축물 흔적 모습(동벽에서)(사진 정석배)

면모양은 방형이며 네 모서리가 방위 방향이다. 궁성의 규모는 길이 255m, 너비 220~255m이다. 궁성 내에는 모두 5개의 건물 기단이 남아있다. 중앙에 규모가 가장 큰 만안궁(萬安宮) 궁전터 기단이 위치하는데 높이가 약 2m이다(도면 323). 이 중앙 기단 건물은 1948~1949년에 S.V.끼셀료프가 발굴하였다. 기단 위에서 64개의

도면 322. 카라코롬 도성 내 궁성 복원 모형(하르허룸 박물관, 사진 정석배)

도면 323. 카라코롬 도성 궁성 내 만안궁 정비한 모습(남서쪽에서)(사진 정석배)

건물 초석이 확인되었고, 그 아래에서 더 앞선 시기의 불교 유물 포함 문화층이 발견되었다. 때문에 S.V.끼셀료프는 1235년에 축조한 만안궁 건물 아래에 칭기스칸 시기에 축조한 불교 사찰이 있었다고 결론을 내렸다. 하지만 이후 1995~1996년도의 몽·일 발굴조사단은 그 기단 아래에서 불교 사찰 문화층을 확인하지 못하였다고 보고하였다. 만안궁터가 사실은 흥원각 불탑 자리였다는, 초석 배치가 만당주식으로서 경주 황룡사 목탑지와 유사하다는 의견도 있다. 하르허롬 박물관에는 팔작지붕의 3층 만안궁 복원 조감도가 걸려 있다(도면 324). 만안궁 앞에는 엄청난 크기의 비석 받침 귀부가 하나 있다(도면 325).

카라코롬에서 발견된 유물은 하르허롬 박물관과 몽골국립박물관 및 칭기스칸 박물관에서 볼 수 있다.

도면 324. 카라코롬 도성 궁성 내 만안궁 복원 조감도(하르허롬 박물관, 사진 정석배)

도면 325. 카라코롬 도성 궁성 내 만안궁 앞 귀부(사진 정석배)

3. 몽골 삼국시대

　대몽골국 멸망 이후 몽골은 처음에는 동몽골과 서몽골로, 다시 동몽골이 북쪽과 남쪽의 할하 몽골과 내몽골로 분열되어 3개의 독립국, 다시 말해서 할하 몽골, 내몽골, 서몽골(오이라트)이 14세기부터 17세기까지 공존하였다(강톨가 외 지음 / 김장구·이평래 옮김, 2009). 이 시기에도 몽골과 명나라 사이의 전쟁은 끊이지 않았다. 예를 들어, 1409년에는 명의 영락제(永樂帝)가 새로이 몽골의 칸으로 추대된 보얀시리 칸을 10만의 대군으로 공격하였고, 또 1449년에는 오이라트 몽골의 에센 타이시가 명을 공격하여 명의 황제를 포로로 잡는 토목보(土木堡)의 변이 일어나기도 하였다. 분열된 몽골의 통일을 위해 많은 인물이 노력하였는데, 그중 투멘 자삭트 칸(1558~1593년)이 특히 주목받고 있다. 그는 동서 몽골의 중앙행정기관을 만들었고, 여러 정치 지도자들의 지지를 얻었다.

하지만 1616년에 만주에서 일어난 후금(後金)의 누르하치(努爾哈赤)와 그를 이은 2대 아바하이 칸(태종 숭덕제 太宗 崇德帝, 홍타이지 皇太極: 재위 1626~1636년)은 명나라뿐만 아니라 몽골도 공격하였다. 내몽골은 1636년에, 할하 몽골은 1691년에, 오이라트 몽골은 1755년에 각각 청에 복속되었다.

몽골 삼국시대의 유적은 2022년과 2023년에 두 번 에르덴조 사원과 자야 게게니 후레 사원을 방문하였다. 자야 게게니 후레 사원은 몽골 삼국시대와 청 지배기에 걸쳐 축조되었기에 두 시기에 모두 속한다고 말할 수 있다.

(1) 에르덴조 사원(Эрдэнэ-Зуу хийд; Erdene Zuu Monastery)

우부르항가이 아이막의 하르허룸에 위치한다. 북쪽에 바로 인접하여 몽골제국 카라코룸 도성이 있다. 올란바타르 수흐바타르 동상에서 서쪽으로 약 316㎞ 떨어져 있다. 유네스코 세계문화유산인 "오르혼 계곡 문화경관 세계유산(Orkhon Valley Cultural Landscape World Heritage Site)"에 포함되어 있다. 할하 몽골의 첫 번째 불교 사원이었으며, 티베트 불교 겔룩파, 즉 황모파(黃帽派)에 속한다.

할하 몽골의 통치자이자 몽골의 제1대 잡잔담바 호탁트(젭준담바 후툭투)(Жавзандамба хутагт; Javzandamba Khutagt / Jebtsundamba Khutuktu)인 자나바자르(Zanabazar)의 할아버지 압타이 사인 칸(아브타이 생 칸)(Abtai Sain Khan)이 1585년에 에르덴조 사원의 축조를 명령하였다(인터넷 자료3~4). 그가 이 명령을 내린 것은 제3대 달라이 라마를 만나고 또 티베트 불교를 몽골의 국교로 공표한 다음이었다.

사원을 축조하면서 카라코롬 도성의 건축물에 있던 석재들을 뜯어내 사용하여 당시 카라코롬이 심하게 훼손되었다. 사원에는 모두 108개의 사리탑을 세우고자 하였는데, 오늘날 사원의 벽 위에 일정 간격으로 세워진 사리탑을 볼 수 있다(도면 326). 사원은 크기가 담장을 기준으로 동서 약 470m, 남북 약 420m로서 규모가 엄청나다.

 1688년에 준가리아와 할하 몽골의 전쟁으로 인해 많이 파괴되었고, 전성기인 1872년에는 62개의 불교 건물과 최대 1,000명의 승려가 있었다. 1939년에 공산주의 지도자 초이발산(Khorloogiin Choibalsan)이 이 사원의 파괴를 명령하여 대부분 건물이 파괴되었으나 3개의 건물과 담장은 살아남았다. 역사의 아이러니라고나 할까 1944년에 소련의 스탈린이 공산국가에도 종교가 있음을 외부 세계에 보여주기 위한 전시용으로 이 사원의 보존을 요청하였다고 한다. 1947년에 이 사원은 박물관이 되었고, 1990년에 몽골에서 공산주의가 몰락하면서 이 사원은 다시 라마 불교 사원의 역할을 하게 되었다.

도면 326. 에르덴조 사원 원경(북서쪽에서)(사진 정석배)

에르덴조 사원은 남문과 북문 사이의 중축 선을 기준으로 하여 동구(東區)와 서구(西區)가 구분되는데, 주로 서구에 사찰 건물이 잔존 혹은 복원된 상태이다(도면 327)(대한민국 국립중앙박물관 외, 2004). 서구의 남쪽에는 중앙사원과 달라이 라마전(殿)이 남아있다(도면 328). 중앙사원에는 기단 위에 남전(南殿), 중전(中殿), 북전(北殿)이 남북 방향으로 나란히 배치되어 있고, 그 앞쪽 월대 기단 아래에 쌍탑이 있으며, 그 좌우의 남쪽에는 참바전(殿), 북쪽에는 아유시전(殿)이 각각 위치한다. 중앙 불전, 즉 중전은 1586년에 축조한 에르덴조 사원 최초의 불전으로서 2층 건물이며, 안에 이곳에서 가장 많은 불상과 불화가 봉안되어 있다(도면 329). 가운데에 30세의 석가모니불, 오른쪽에 약사여래, 왼쪽에 아미타여래가 모셔져 있다. 남전은 압타이 사인한의 아

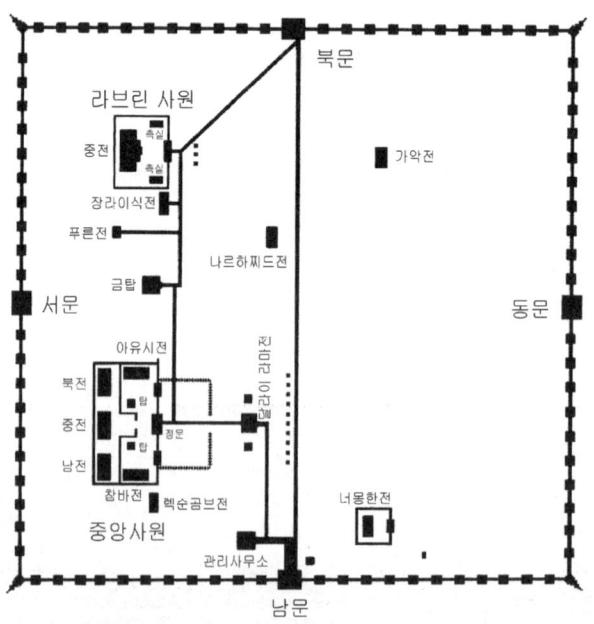

도면 327. 에르덴조 사원 건물 배치도(국립중앙박물관 외, 2004, 필자 재수정)

들 부인 손타이호(Suntaikhu) 등에 의해 축조되었으며, 중앙에 80세 석가모니불이 모셔져 있다. 북전은 1998년에 복원되었다. 월대 기단 아래의 참바전은 1674년에, 아유시전은 1771년에 각각 축조되었다. 티베트 양식 쌍탑은 1999년에 복원된 것이며, 높이는 약 7m이다.

도면 328. 에르덴조 사원 중앙사원(왼쪽)과 달라이 라마전(오른쪽)(남동쪽에서)(사진 정석배)

도면 329. 에르덴조 사원 중앙사원 중전(동쪽에서)(사진 정석배)

사원 내의 서구 북쪽에는 라브린 사원의 건물들이 있다. 중앙사원과 라브린 사원 사이의 가운데에는 금탑이 위치하며(도면 330), 금탑과 라브린 사원 사이에는 푸른전(殿)과 장라이식전(殿)이 배치되어 있다. 남문 안 동쪽 가까이에는 너몽한전(殿) 건물이 있다. 금탑은 1749년에 축조한 것이며, 높이는 약 13m이고, 둘레에 8개의 작은 소탑이 둘러싸고 있다. 금탑의 남쪽에 있는 높이 약 4.5m의 작은 탑은 납질(Namjil)탑이다.

달라이 라마전 앞쪽에는 이 사원에서 수습된 다양한 석물(石物)을 모아 놓았다. 사원 내 동구에는 북쪽의 가악전과 남쪽의 너몽한전을 제외하면 모두 사찰 건물의 터만 남아있다(도면 331). 동구의 서쪽 가운데에는 사원에서 사용한 큰 크기의 청동 솥과 철 향로(香爐)을 놓아두었다.

도면 330. 에르덴조 사원 금탑(남동쪽에서)(사진 정석배)

도면 331. 에르덴조 사원 동구와 동벽 모습(남서쪽에서)(사진 정석배)

(2) 자야 게게니 후레(Заяын Гэгээний ХҮрее; Zaya Gegeenii Khüree) 사원

아르항가이 아이막 체체를렉시(市)의 북쪽 볼강산(山) 남쪽에 위치한다. 울란바타르 수흐바타르 동상에서 서쪽으로 약 413㎞ 떨어져 있다. 사원의 남쪽 앞에는 바이스트 골(강)이 흐른다.

자야 게게니 후레 사원은 상(上) 사원과 하(下) 사원이 있다(국립문화재연구소 외, 2018). 하 사원은 상 사원의 남쪽 약 5㎞ 거리에 있다고 한다. 이 사원의 상 사원 건립 연대에 대해서는 1616년, 1631년, 1654년 등 몇 가지 설이 있는데, 일반적으로 1631년 건립설이 받아들여지고 있다. 그것은 1935년에 쓴 『자야 게게니 후레 사원의 역사』에 최초의 불전인 악와(Agva) 불전이 1631년에 세워진 것으로 기록되어 있기 때문이다. 이 악와 불전 혹은 법당은 1631년에 단잔 라마

(Данзан лам)인 베테스잡(Betesjav)이 건립하였다.

하지만 이 사원이 본격적인 면모를 갖춘 것은 자야 반디다 롭상페렝레이(Zaya bandida luvsanperenlei: 1642~1715)에 의해서였다. 그는 티베트에서 유학하면서 불교의 다섯 가지 학문에 통달해 명성을 얻고 달라이라마 5세로부터 '깨달음을 얻은 현자'라는 뜻의 '자야 반디다'라는 칭호를 얻었으며, 1679년에 마하 반디다(Maha pandita), 즉 대(大) 반디다가 되었다. 마하 반디다가 된 자야 게겐 1세, 다시 말해서 자야 반디다 롭상페렝레이가 1679년에 돌아오자 대라마 단잔 라왕이 그를 볼강산 남쪽의 자기 사원에 모셔 법회를 열게 하고 그 사원을 바쳤다. 자야 게겐 1세는 이곳에 일종의 불교대학이자 수행 사찰인 궁릭(Gunrig), 악와(Agva), 초이르(Choir), 장라이식(Janraisig), 한찬(Khantsan) 등 5개의 다창(дацан, datsan)을 설립하였고, 사원을 승려 200명이 상주하면서 정기적인 법회를 여는 사원으로 발전시켜 청나라 황제로부터 'Gandangejailin'이라는 사원 명칭을 하사받기도 하였다.

자야 게겐 1세가 이곳에 터를 잡게 된 계기를 말해주는 설화도 있다. 몽골 불교의 지도자인 복드(Bogd) 1세 운두르 게겐 자나바자르(Undur gegeen zanabazar)의 수제자였던 자야 반디다 롭상페렝레이와 사인 왕(Sain wang)이 사원의 터를 물색하러 다니던 중 이곳에 묶었는데 다음 날 아침 자야의 잔에 꽃이 피어있는 것을 보고 여기에 사원을 건립하기로 하였다고 한다.

자야 게게니 후레 사원이 있는 곳은 항가이산맥의 경치가 뛰어난 장소인데, 1906년에 이 사원을 방문한 달라이라마(Dalai lama) 13세는 "이곳을 살펴보면 자야 반디다 롭상페렝레이의 뛰어난 지혜를 알 수 있다. 근처 지방 어디에도 없는 이러한 기적적인 곳을 자야 게겐 롭상페렝레이가 찾아내 사원을 건립하였으며, 지금까지 아름다운 모습을 가진 그대로 남아있다"라고 극찬하였다.

자야 게게니 후레 사원은 1937년 공산주의자들에 의해 탄압을 받기 전까지 번창하였는데, 1918년에 3,000여 명의 라마승이 있었고, 1937년에 자야 게게니 후레 상 사원에 22개의 다창 및 법당건물, 12개의 불당, 24개의 종무소, 라마승 1,500여 명이, 하 사원에는 다창 2개, 종무소 6곳, 라마승 238명이 있었다. 전성기 대법회를 열 때는 4,000명 이상의 라마승이 모였다. 1937~1938년 탄압 시에 사원이 파괴되었고, 승려들은 숙청당하였으며, 1939년에 불상들이 땅에 묻혔다.

필자는 자야 게게니 후레 사원 중 아르항가이 아이막 박물관으로 사용되고 있는 라브랑(Lavran)궁을 답사하였다. 라브린궁은 1696년에 자야 반디다 후툭투 롭상페렝레이, 즉 자야 게겐 1세가 건립하였다.

라브랑궁은 정면 안쪽의 라브랑(혹은 구뎅), 라브랑 앞마당 좌우의 셈총, 현 박물관 정문 역할을 하는 훌림 숨 법당 및 이 건물들을 둘러싸고 있는 담장, 그리고 담장 바깥 남쪽의 참 광장 및 그 좌우의 목책 울로 구성되어 있었다(도면 332). 좌우 셈총 사이의 마당에는 자야 반디다의 겨울용 게르와 손님 접대용 큰 게르가 있었다고 하나 지금은 없다. 목책 울은 청나라 황제의 칙령으로 건립된 사원에만 시설하였다고 한다.

라브랑은 라마 혹은 스승을 의미하는 '라'와 저택을 의미하는 '브랑'이 합쳐진 티베트어로서 고승들의 휴식처를 말한다. 구뎅은 몸·

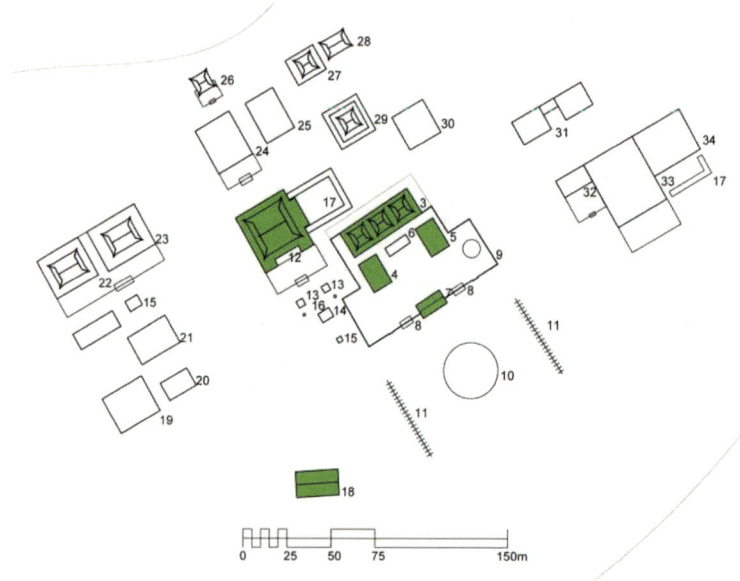

도면 332. 자야 게게니 후레 사원 현황도 세부(국립문화재연구소 외, 2018)

신체를 의미하는 '구'와 숭배의 대상을 뜻하는 '뎅'이 합쳐진 티베트어이다. 구뎅은 활불(호탁트 혹은 후툭트)이 사망하면 방부처리하고 말리어 숭배 대상으로 삼아 숭배한 법당이다. 이 건물은 자야 반디다 롭상페렝레이가 1696년에 지어 자신의 라브랑으로 삼았으며, 상층에는 서재도 있었다. 그가 사망한 다음에는 이곳에 그의 시신을 불탑처럼 만들어 숭배하였고, 나중에는 자야 게겐 3세와 자야 게겐 4세의 시신을 안치한 불탑도 세워 1904년까지 숭배하였다. 이 건물은 동서 45.4m, 남북 15.4m, 높이 6.5m의 평면 장방형 건물이다. 1층 평지붕 위에 3동의 팔작지붕 건물이 축조되어 있다(도면 333). 문은 3개이며, 정면에 16개의 기둥을 세워 퇴칸을 조성해 놓았다. 1988~1989년에 복원하였고, 2012~2013년에 추가 복원 작업이 이루어졌다. 지금은 박물관 건물로 사용하고 있다.

도면 333. 자야 게게니 후레 사원 구뎅 혹은 라브랑 대궁전(사진 정석배)

　셈충(Semchun)은 궁전 혹은 집을 의미하는 '셈'과 작다를 의미하는 '충'이 합쳐진 티베트어로서 소(小)궁전을 뜻한다. 자야 게겐 4세가 1802년에 좌우의 셈충을 건립하였는데 자야 게겐 1세인 롭상페렝레이가 거주했던 라브랑을 대궁전이라 불렀기 때문에 소궁전이라고 불렀다. 좌측과 우측 셈충은 규모가 좌우 고주(高柱) 기준 16.2×10.0m로 같으며, 벽돌로 만든 2층 건물이고, 정면 1층과 2층에 각각 6개의 나무 기둥이 있다(도면 334). 1977년에 복원 작업을 시작하였고, 단청 작업까지 포함하여 2016년에 복원공사가 마무리되었다. 좌우의 셈충도 박물관 건물로 사용하고 있다.

　훌린 숨 법당은 라브랑 궁 가장 앞쪽에 위치하며 맨 먼저 '발을 디디는 법당'이라는 의미를 가진다(도면 335). 훌린 숨 법당으로 불리기도 한다. 규모는 동서 15.4m, 남북 8.2m이며, 평면 장방형이다. 단층 목조 건물이며, 지붕에는 기와를 사용하였다. 용마루 양쪽 끝에는 용두를 배치하였고, 용마루 가운데에는 금빛의 법륜과 그 좌우로

도면 334. 자야 게게니 후레 사원 셈총: 1 - 좌 셈총, 2 - 우 셈총(사진 정석배)

도면 335. 자야 게게니 후레 사원 훌림 숨 법당(사진 정석배)

사슴 형상을 배치하였다. 기단 위 정면에 기둥 6개로 퇴칸을 만들었고, 정문은 하나이다. 정문 곁에는 한 쌍의 사자상을 좌우로 배치하였다. 1983~1985년에 복원 작업이 이루어졌다. 2022년과 2023년 답사 시 박물관 정문 겸 매표소로 사용하고 있었다.

박물관 마당 가운데에는 돌궐 제1제국 시기의 보고트 비문(Bugut inscription)이 전시되어 있고, 또 라브랑과 우측 셈총 사이에는 이흐타미르솜의 바양 차가니 훈디 유적에서 옮겨온 청동기시대 사슴돌이 하나 전시되어 있다(국립문화재연구소, 2020a).

Ⅶ. 청(淸) 지배기

　내몽골은 1636년에 후금의 제2대 아바하이 칸(태종 崇德帝, 홍타이지 皇太極: 재위 1626~1636년)을 몽골의 대칸으로 인정하면서 후금에서 이름을 바꾼 청(淸: 1636~1912년)에 복속되었다. 이후 청은 1691년에 할하 몽골을, 1755년에 오이라트 몽골(준가르 칸국)을 각각 복속시킴으로써 몽골은 모두 청, 다시 말해서 만주의 지배하에 들어갔다. 하지만 이후 몽골은 청의 지배에서 벗어나고자 무장 투쟁을 벌이기도 하였다. 17세기~20세기 초 만주 지배하에서도 문학, 예술, 종교 관련 건축물 등에서 발전이 있었다(강톨가 외 지음 / 김장구·이평래 옮김, 2009).
　19세기 말~20세기 초 열강의 식민지정책으로 청이 심대한 타격을 받자, 청에 의해 외부와 차단된 상태였던 몽골은 열강의 새로운 세력 확장 대상이 되었다. 예를 들어, 1907년과 1910년에 제정 러시아와 일본이 협정을 맺어 외몽골은 제정 러시아가, 내몽골은 일본이 각각 자신의 세력범위로 한다는 데 합의하였고, 서구 열강은 자신들의 이해관계에 의해 이를 승인하기까지 하였다.
　이 시기에 각지에서 몽골의 독립운동이 적극적으로 전개되었다. 예를 들어, 1895년에는 몽골 라마교 수장인 제8대 잡잔담바(젭준담바) 호탁트(Жавзандамба хутагт; Javzandamba Khutagt)가 독립을 위해 러시아에 대표단을 파견하였고, 1900년에는 군인들이 봉기하였으며, 1906년과 1910년에는 일반 국민과 승려들이 궐기하였다.
　청 지배기 할하 몽골의 유적은 2012년에는 만주쉬르 사원, 처이진

(초이진) 라마 사원 박물관, 복트칸 궁전박물관을, 2022년과 2023년에 간단 사원과 아리야발 사원 및 다시 복드 칸 궁전박물관을 답사하였다. 그 외에 2022년과 2023년에 요나라 시기 거란이 남긴 하르보흐 발가스 성 안에 있는 17세기 사원터와 석탑을 보았다.

(1) 만주쉬르 사원(Манзуширын хийд; Manzushir / Manjusri Monastery)

올란바타르 남쪽 복드한 산의 남쪽 기슭에 위치한다(도면 336~337). 1733년에 복드 게겐 2세의 스승인 돈호르 호탁트(1695~1750) 스님에 의해 지혜의 보살인 문수보살(文殊菩薩)을 모시는 사찰로 창건되었다. 사원의 명칭인 만주쉬르는 문수보살을 이르는 산스크리트어 만주스리(Mañjuśrī)에서 유래한다. 다만 만주쉬르는 일상 명칭이었고, 이 사원의 정식 명칭은 Dashichoinhorlin(Дашчойнхорлин)이었다(인터넷 자료 5).

도면 336. 만주쉬르 사원 전경(남쪽에서)(사진 정석배)

도면 337. 만주쉬르 사원 전경(북쪽에서)(사진 정석배)

18세기 말 무렵에는 사원이 20개의 사찰과 300여 명의 승려가 거주하는 큰 사원으로 발전하였고, 20세기 초에는 본당에 해당하는 척친 도강(цогчен-дуган), 창이드 도강(цаннид-дуган), 약사여래불 다창, 미륵불전, 탄드라전 등을 포함하여 21개의 사찰 건물과 부속건물들이 있었고, 300~500명의 승려가 거주하였다. 또 돌계단이 사원에서 참선 동굴까지 이어져 있었다. 만주쉬르 사원은 이 불교 건축물들과 아름다운 자연경관 덕분에 중국의 문수보살을 모시는 오대산(五台山)과 비교하여 북오대(北五台)(몽골어: 아르 오태 Ар Утай)라는 별칭까지 얻었다.

이 사원의 마지막 주지승이었던 돈호르-호탁트 6세 삼바돈도깅 체렌도르지(1872~1937)는 복드 게겐 8세의 측근이자 한 때 몽골의 총리까지 역임하였으나 1937년에 다른 23명의 승려와 함께 체포되어 반혁명 활동을 하였다는 죄목으로 총살당하였고, 나머지 승려들도 탄압을 받았다. 사원은 1937~1938년에 완전히 파괴되었으며, 불상과 보물은 모두 몰수되고, 불교 서적은 국립도서관으로 옮겨졌다.

이 사원에 17개소의 사찰 건물 폐허가 남아있다. 1971년에는 사원 뒤의 암벽에 새겨진 불상이 국가의 보호를 받게 되었다. 1989~1991년에는 남아있던 사진 자료를 참고하여 주지 스님 돈호르-호탁트의 여름 거처인 세룽 라브린(Сэрүүн Лаврин)을 복원하였다. 이 건물은 현재 박물관으로 사용되고 있다. 1992년에 승려들은 모두 복권되었다. 2009년에는 호탁트 계승이 복구되어 복드 게겐 9세가 체벤도르지라는 이름을 가진 소년을 돈호르 호탁트이자 사원의 주지승으로 하는 즉위식을 거행하였다. 1998년에 태어난 이 소년은 총살당한 돈호르 호탁트 6세가 환생한 것으로 승려들에 의해 인정받았다.

필자는 2012년에 이 사원을 방문한 적이 있다. 박물관으로 사용하는 복원한 사찰 건물 외에 정자, 석인상들, 맷돌, 각종 석물, 1,000명분의 음식을 만들 수 있다는 큰 청동 솥단지, 암자와 암자 내 암벽에 새기거나 그린 불상 등을 볼 수 있었다.

(2) 간단테그치늘렌 사원(Гандантэгчэнлин хийд; Gandantegchinlen Monastery)

울란바타르 시내에 위치하며, 수흐바타르 동상에서 서북쪽으로 약 1.7㎞ 떨어져 있다. 줄여서 간단 사원(Гандан хийд)이라고도 부른다.

사원의 명칭은 티베트 불교 겔룩파의 창시자인 Je Tsongkha-pa(宗喀巴)가 세운 티베트 간덴 사원(Ganden Monastery)에서 유래한다. "간단테그치늘렌"은 티베트어로 "완전한 기쁨(complete rejoicing)"을 뜻한다(반치꼬바 외, 2022; 인터넷 자료6).

1809년에 제4대 복드 게겐의 지시에 따라 궁가초일린 다찬(Gungaachoilin Datsan) 혹은 샤르 수메 다찬을 건립한 것이 이 사원의 시작이다. 간단 사원에서 사찰 건립이 본격화된 것은 제5대 복드 게겐 잡잔담바 호탁트부터이다. 제5대 복드 게겐은 1836년에 자신의 저택을 이곳으로 옮겼고, 1834년에 간단테그치늘렌 사원의 건립을 시작하여 1838년에 석축 건물로 완공하였으며, 1837년에는 모든 사찰과 승방 건물을 노란색으로 바꿨다. 1839년에 척친 도강(Tsogchin dugan)을 건립하였고, 1840년에는 오치르다리전(殿)(Ochirdari (Vajradhara) Temple) 을 건립하여 1683년에 자나바자르가 만든 금불상 및 은불상을 안치하였다.

  1840년에는 바지라드하라전(殿)(Vajradhara Temple)이, 1869년에는 조전(殿)(Zuu Temple), 1912년에는 이드가초인진린 다찬(Idgaachoinzinlin Datsan)이 축조되었다. 1904년에 제3대 달라이라마가 이 사원을 방문하였다.

  1913년에는 이드가초이진린 다찬의 서쪽에 아발로키테스바라전(殿)(Avalokitesvara temple) 혹은 미그지드 장라이식(Migjid Janraisig)전(殿) 혹은 메그제드 장라이섹(Megzed Janraiseg)전(殿)이 완공되었는데, 이 템플과 관련해서는 제8대 잡잔담바(젭준담바) 호탁트의 건강와 장수를 기원하기 위해 건립하였다는 의견도 있고, 또는 제8대 잡잔담바 호탁트가 1911년에 청나라로부터의 독립을 축하하기 위해 이 사찰의 건립을 지시하였다는 의견도 있다. 이 사찰 건물은 몽골에서 가장 높은 사찰 건물이다(도면 338). 안에 관세음보살 금동 입불상을 안치하였다. 이 불상은 실내에 안치된 입불상 중에서는 세계 최대인 것으로 평가받고 있다.

도면 338. 간단테그치늘렌 사원 내 아발로키테스바라 사찰(Avalokitesvara temple)(사진 정석배)

　원래의 금동 입불상은 높이가 25.6m였으며, 제작에 황금 45kg, 은 56kg, 보석 400개가 사용되었다. 하지만 이 입불상은 1937년에 소련 군대에 의해 해체되어 모스크바로 보내졌고, 그곳에서 녹여져 지금은 남아있지 않다. 현재 안치된 금동 입불상은 몽골 국민의 기부로 1996년 10월에 도면과 그림을 참고하여 다시 재현한 것인데, 높이가 26.5m이며, 무게가 90톤이고, 구리가 20톤, 은이 25㎞, 황금이 8.6㎞, 보석이 2,100개 이상 사용되었다.
　1925년에는 제8대 잡잔담바 호탁트, 다시 말해서 몽골의 마지막 황제 복드 칸의 유해를 모신 사찰 건물이 세워졌는데, 지금은 사원 도서관으로 사용되고 있다.
　간단 사원은 1924년에 6천여 명의 사람이 활동하는 거대한 사원이었으나, 공산주의자들에 의해 1920년대 말부터 탄압받기 시작하였고, 1937년에 사원이 파괴되고 폐사되었다. 당시 살아남은 건물들은 투브 아이막의 관청으로 사용되기도 하였고, 1940년에는 소련 군대에 넘겨져 마구간, 탄약 창고, 사격 훈련장 등으로 사용되었다. 1944년 1월에는 몽골의 공산주의 지도자 초이발산이 스탈린의 권고에 따라 이 사원의 다찬 활동을 허용하였는데, 이 사원에서 1947년에 57명의 승려가 활동하였다. 그 결과 간단 사원은 1944년부터 1990년 공산주의 몰락 이전까지 몽골에서 공식적인 유일한 불교 사원으로 남게 되었다.

제5대, 제7대, 제8대 잡잔담바 호탁트의 유해가 간단 사원에 있으며, 현재 이 사원에는 척친 도강, 3개의 철학 다찬(다쉬초인펠, 궁가초일린, 이드가초인진린), 탄트라(바담 요가) 학부, 주드 다찬, 맘바 다찬, 두인호르 다찬(Duinkhor Datsan)(도면 339), 회화 연구소, 자나바자르 불교대학, 불교 학교, 학술연구소가 있으며, 약 1천 명의 승

도면 339. 간단테그치늘렌 사원 내 두인호르 다찬(Duinkhor Datsan)(사진 정석배)

려와 수련수도자가 있다. 간단 사원에는 현재 7만여 점의 몽골어, 티베트어, 산스크리트어 불교 문건과 목판 등이 보존되어 있는데. 그중에는 금, 은, 터키석, 청금석, 산호, 진주, 자개, 구리, 강철의 "9종류 보물"로 만든 문건들도 있다.

(3) 아리야발 사원(Арьяабалын хийд; Aryabal temple / Aryabal meditation temple)

고르히 테렐지(Горхи Тэрэлж) 국립공원(Gorkhi-Terelj National Park)에 위치한다(도면 340~341). 고르히 테렐지 국립공원 내의 거북바위에서 북쪽으로 약 3㎞ 떨어져 있다. 올란바타르 수흐바타르 동상에서 동쪽으로 약 38.1㎞ 거리이다. 관련 학술 자료를 구하지 못해 인터넷 자료를 참고하여 간략하게 소개한다(인터넷 자료 7).

도면 340. 아리야발 사원 전경(사진 정석배)

도면 341. 아리야발 사원 모습(사진 정석배)

19세기 초인 1810년대에 건립되었으나, 1937~1939년에 공산주의자들에 의해 파괴되었다. 올란바타르 라미랑 사원(Lamiran Temple) 승려들이 이 사원의 복원을 추진하여 2007년에 복원되었다. 사찰은 코끼리 머리 형태를 가지며, 티베트 스타일로 만들어졌고, 화려한 문양과 새김으로 장식되었다. 몽골에 있는 3곳의 유명한 명상(참선) 장소 중 하나이다.

아리야발은 인류의 모든 기도를 들어주고 또 인류를 고통에서 해방시키는 불교 신이다. 사찰로 향하는 계단은 108개로서 코끼리의 몸통을 상징한다. 사찰로 가는 길 양쪽에는 불교 가르침을 적은 144개의 영어 및 몽골어 표지판이 있다. 만주쉬르 사원(Manzushir monastery)의 불승이 명상을 위해 이 사원으로 가기도 하였다. 아리야발 사원은 불교 칼라차크라(Kalachakra) 섹터에 속한다.

(4) 복드 칸 궁전박물관(Богд хааны ордон музей; Bogd Khan Palace Museum)

울란바타르 시내에 위치하며, 수흐바타르 동상에서 남남서쪽으로 약 2.45㎞ 떨어져 있다. 몽골의 마지막 황제인 복드 칸(Богд Хаан, 1869~1924년)이 사용한 겨울궁전과 사원(寺院)이 함께 있는데, 실내는 모두 박물관 전시실로 사용되고 있다. 1893년에 축조를 시작하여 1903년에 완공하였고, 1926년부터 박물관으로 사용하기 시작하였다. 겨울궁전은 1905년에 몽골국 수도에 있던 러시아 대사관에서 만들었다(인터넷 자료 8).

복드 칸은 몽골 라마교 수장인 제8대 잡잔담바 호탁트(젭준담바 후툭투)(Жавзандамба хутагт; Javzandamba Khutagt / Jebtsundamba Khutuktu)였다. 복드 칸 궁전박물관의 모습은 겨울궁전에 전시된 20세기 초에 남긴 그림과 이 박물관 기념품 상점에 전시된 모형을 통해 알 수 있다(도면 342~343). 20세기 초의 그림을 보면 사원이 가운데 중구(中區), 동쪽과 서쪽의 동구(東區) 및 서구(西區)로 구분되며, 동구와 서구에서 여러 채의 부속건물이 있었음을 알 수 있다. 남쪽 바깥에는 중구와 동일선상에 따라 남구(南區)가 있다.

지금의 모습은 전체 평면모양이 남북이 긴 회(回)자 모양이며, 이중의 담장을 가졌다. 바깥쪽의 담장(외벽)은 궁전-박물관 전체의 경계를, 안쪽의 담장(내벽)은 사원의 경계를 나타낸다. 사찰 건물은 중구에만 있는데, 남쪽에서 북쪽으로 마하란츠전(殿)(Махранзын сүм), 나이단전(殿)(Найдан сүм; Naidan temple), 라브랑전(殿)(Лавиран сүм; Labrang temple)이 차례로 배치되어 있고, 그 주변에는 부속건물들이 있다.

도면 342. 복드 칸 궁전박물관 현황도(복드 칸 궁전박물관, 사진 정석배)

도면 343. 복드 칸 궁전박물관 모형(복드 칸 궁전박물관, 사진 정석배)

사원의 정문 역할을 하는 마하란츠전(殿)에는 "광혜사(廣慧寺)" 현판이 있었다. 정면에서 볼 때 2층 건물이며, 녹색 기와를 사용하였다(도면 344). 출입구 좌우에 갑옷을 입은 사천왕상이 있다.

나이단전(殿)은 정면에서 볼 때 2층 건물이며, 위층 지붕 용마루 가운데에는 하얀색의 법륜이 세워져 있고, 그 좌우에는 두 마리의 하얀색 사슴이, 또 용마루 양쪽 끝부분에는 용이 각각 법륜을 보호하고 있다(도면 345). 나이단 전은 좌우에 담장과 쪽문이 있어 사원 중구의 내부를 다시 북부(北部)와 남부(南部)로 나누고 있다. 실내에 다수의 불상과 불교 기물이 전시되어 있다.

북구의 중심 건물은 라브랑전(殿)이다. 정면에서 볼 때 3층 건물인데 아래에서 위로 탑 모양으로 줄어드는 것이 특징적이다(도면 346). 실내에 몽골의 제1대 잡잔담바였던 자나바자르(Занабазар, 1635~1723년)가 만든 불상이 다수 전시되어 있다.

도면 344. 복드 칸 궁전박물관 사원 정문 마하란츠전(사진 정석배)

도면 345. 복드 칸 궁전박물관 사원 나이단전(사진 정석배)

도면 346. 복드 칸 궁전박물관 라브랑전(사진 정석배)

    박물관 정문은 마하란츠전 남쪽 바로 가까이 평안의 문(平安의 門)이다. 이 문은 녹색 기와를 사용한 지붕이 무척이나 화려하고 복잡하다(도면 347). 정문의 중문 문짝에는 철퇴를 든 호법신이, 측문 문짝에는 칼을 든 호법신이 각각 그려져 있었다.

    평안문 남쪽의 남구(南區)에는 좌우에 하나씩의 당간(幢竿)이, 그 남쪽에 좌우와 가운데에 하나씩 모두 3개의 일주문이(도면 348), 또

도면 347. 복드 칸 궁전박물관 정문 평안문(사진 정석배)

도면 348. 복드 칸 궁전박물관 정문 평안문(가운데)과 당간 및 일주문(사진 정석배)

그 남쪽에는 영벽(影壁) 혹은 벽탑(壁塔)이 있다(도면 349). 영벽(影壁), 중앙 일주문, 평안문, 마하란츠전(殿), 나이단전(殿), 라브랑전(殿)이 모두 남북중심축 선상에 배치되어 있다.

동구 남쪽에는 복드 칸 겨울궁전(ӨВЛИЙН ОРДОН; Winter palace)이 있다(도면 350). 겨울궁전의 입구 안쪽에 주그데르라는 예술가가 20세기 초에 그린 올란바타르 도시 그림이 걸려 있다. 그다음부터는 당시 궁전에서 사용하였던 혹은 외국에서 선물로 받은 각종 물품과 새, 파충류, 맹수류 동물 박제품, 게르, 수레, 휘장 등 칸과 그 가족이 소유하였던 화려한 유물이 전시되어 있다.

도면 349. 복드 칸 궁전박물관 영벽(사진 정석배)

도면 350. 복드 칸 궁전박물관 겨울궁전(사진 정석배)

(5) 처이진 라마 사원(Чойжин ламын сүм; Choijin Lama Temple)

울란바타르 시내의 수흐바타르 동상에서 남쪽으로 약 370m 떨어져 있다. 처이진(초이진) 라마 사원은 주로 수호신을 내리게 하거나 수호신을 위한 제사, 종교무용인 참 등 륭법(隆法) 수호신과 관련된 의식을 거행하였다(National Research Institute of Cultural Heritage 외, 2019). 이것은 나중에 이 사원의 주지승이 된 처이진 라마, 즉 롭상하이답(Лувсанхайдав; Luvsankhaidav, 1872~1918)이 수호신을 내리게 하는 능력을 익혔기 때문이었다. 롭상하이답은 1899~1901년 무렵 작은 사찰에서 수호신을 위해 법회를 열고 크고 작은 법당 등을 세워 처이진 수호신을 위한 불상을 안치하고 관련 물품을 보관하였지만, 1903년 음력 12월에 불이 나 타버리고 말았다. 이에 1904년에 현 위치에 사원을 다시 건립하기 시작하였는데 지관들이 이곳이 얼음이 가장 많이 생기는 맹렬한 곳이라 수호신을 내리게 하는 특별한 의식에 가장 적합하다고 보았기 때문이었다. 사원 공사는 1908년에 완공되었다.

롭상하이답은 사원 건립과 함께 구지르 함바의 직책을 맡은 것으로 여겨진다. 1912년에는 자기의 형이자 제8대 잡잔담바 호탁트이면서 황제인 복드 게겐이 롭상하이답에게 구덴바 라마 인장을 수여하고 그의 화신을 대대로 계승할 것을 명령하였다. 1914년에는 호탁트의 인장과 칭호를 받아 호탁트가 되었다. 1915년에는 나이춘 수호신이 사용하는 인장 등을 받았고, 미래에 환생하여 나이춘 수호신을 내리게 하는 능력과 사원을 소유할 것을 명령받았다. 세간에서는 롭상하이답이 놀라운 예언 능력과 초능력을 가진 것으로 인식하였다.

롭상하이답은 1918년 음력 2월 16일에 사망한 후 시신을 방부처리하여 처이진 라마 사원의 구뎅 불전에 모셨으나 1934년에 화재로 인해 소실되었다. 그는 사망 후 티베트에서 환생한 것으로 여겨졌다. 제자들이 그의 후생을 모시기를 원하였으나 새로 설립된 인민정부는 처이진 라마의 후생을 모시는 일을 중지시켰다.

처이진 라마 사원의 건물들은 1937~1938년에 승려들에 대한 대대적인 탄압과 수많은 사원이 파괴당할 때 복드 칸 녹색 궁전 및 겨울 궁전과 함께 살아남았다. 1930년에 이미 이 사원을 국립박물관으로 사용하려는 계획이 있었고, 1941~1942년에는 국립박물관으로 사용하기 시작하였으며, 1961년에는 국가 1등급 기념물 목록에 포함되어 국가의 보호를 받게 되었다. 1990년에는 처이진 라마 사원 박물관과 복드 칸 궁전 박물관을 통합하여 종교역사박물관을 설립하였다. 처이진 라마 사원의 건물들은 1961년부터 부분적으로 보수 정비를 하였으나, 1991년에 종교역사박물관 복원정비계획안을 수립하여 2000년부터 본격적으로 보수 정비 작업을 하고 있다.

사원 건물은 20세기 초에는 지금보다 더 많았으나, 지금은 천왕전인 마하란츠전, 중문, 주불전, 조전, 화평전인 운두르전, 본존전인 야담전, 영벽, 2동의 게르 궁전이 남아있다(도면 351~353). 출입문은 중문을 포함하여 5개소이다.

마하란츠전(殿)(Махаранз сум; Makhranz Temple / Maharaja Temple)은 천왕전(天王殿)이다. 출입로 좌우에 사천왕상을 모셔 놓았다. 사천왕은 몽골 전통 종이를 이용한 혼응지(混凝紙) 방식으로 만들었다.

중문(中門)은 몽골어로 훈데트겔링 할가(Хүндэтгэлийн хаалга; Evil Subduing Ceremonial Gate)라고 부르며, 주불전 앞에 위치한다.

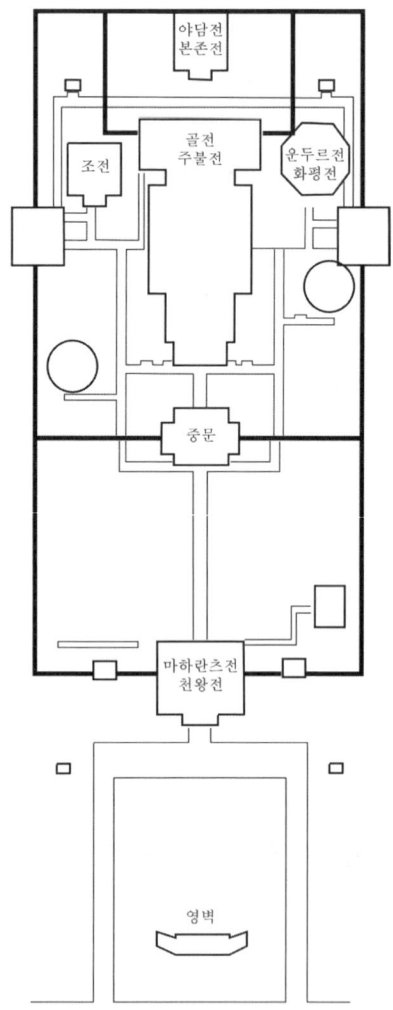

도면 351. 처이진 라마 사원 현황도(필자 재구성)

불길한 징조와 나쁜 것이 통과하지 못하게 파란색 벽돌을 사용하여 쌓았다고 전해지나, 칠이 모두 벗겨진 상태이다. 중문 정면에는 1920~1930년대 사진에 일주문 형식의 정면 3칸 석패루(石牌樓)가 있었으나 지금은 없다.

도면 352. 처이진 라마 사원 모습(사진 정석배)

도면 353. 처이진 라마 사원 운두르전(사진 정석배)

Ⅶ. 청(淸) 지배기

골전(殿)(Гол сүм; Main Temple)은 주불전(主佛殿)이다. 이 불전에는 롭상하이답이 청나라 황제에게 사원의 이름을 하사해 달라고 요청하여 청나라 광서제로부터 하사받은 흥인사(興仁寺)라는 현판이 있다. 주불전에는 장항전(殿)(Занхан сүм; Zankhan Temple)이 함께 있다. 주불전에서는 매일 일상적 법회를 열었고, 배면 공간에서는 나이춘 및 쩨마르 수호신을 내리게 하여 그들에게 말씀을 드리고 또 그들의 말씀을 들었는데 이 의식에는 호탁트와 높은 사람들만 참가할 수 있었다. 주불전 앞에는 정면 1칸의 나무로 된 패루(牌樓; Асар хаалга; Pailou)가 설치되어 있다.

조전(殿)(Зуу сүм; Zuu Temple)은 석가모니를 위한 불전이다. 맨 위쪽에는 과거, 현재, 미래의 삼세(三世)를 주관하는 약사불, 석가모니불, 미륵불을 모셨고, 석가모니의 두 제자도 함께 모셨다. 티베트 양식으로 건립된 불전이다. 조는 티베트어로 높은, 거룩한, 또는 부처라는 뜻을 가진다. 일반 신도들이 매일 기도하는 곳이다. 부처는 사천왕상과 같이 몽골 전통 종이로 제작하였다. 용마루 중앙에는 보주를, 용마루 좌우 끝에는 척수를 설치하였다.

운두르전(殿)(Өндөр сүм; Öndör Temple)에는 "이익과 행복이 모이는 불전(Хотол чуулган тус Амгалан сүм; Great assembly of Benefit and Happiness Temple)"이라는 현판이 있다. 화평전(和平殿)이라고도 하는데 이것은 청나라에서 붙인 명칭이고, 운두르전은 17세기 초 몽골의 정신적 지도자 운두르 게겐 자나바자르의 이름에서 딴 명칭이다. 팔작 모임지붕을 한 팔각형 건물이다. 이곳에는 자나바자르가 만든, 자나바자르가 가져온, 그리고 자나바자르 미술학교에서 만든 불상들이 안치되어 있다.

야담전(殿)(Ядам сүм; Yadam Temple)은 본존전(本尊殿)에 해당한다. "비밀 전언의 귀중한 사원" 혹은 "명상의 신의 불전"으로 불렸고, 처이진 라마 롭상하이답이 비밀스러운 명상을 하던 공간이었으며, 다른 모두에게 금지된 공간이었다. 1937년에 모셔진 불상의 이름을 따 야담사원 또는 비밀 사원으로 명칭 변경을 하였다. 야담은 산스크리스트어로 이데바타, 즉 "소중하게 모셔진 신"이라는 뜻의 몽골어 발음이다. 다른 불전들과는 담을 쌓아 구분하였다.

영벽(影壁)(Ямпай буюу Халх хаалга; Yampai gate / Shield Wal)은 사원의 가장 남쪽에 위치하며, 황제의 지원과 승인을 얻은 사원 앞에만 세울 수 있었다(도면 354). 영벽은 중생을 사방팔방의 위험과 해악에서 보호해 주는 동시에 편안한 삶을 상징하며, 병풍과 비슷한 역할을 하는 품위 있는 장식벽이다. 처이진 라마 사원의 영벽은 벽돌을 쌓아 만들었다. 영벽 중앙 벽 남쪽 면에는 가루다와 2마리의 사자, 북쪽 면에는 4개의 발톱을 가진 5마리의 용이 조각되어 있다. 영벽 좌우의 남쪽 면에는 모든 위험으로부터 보호해 주는 8명의 수호자, 북쪽 면에는 왼쪽(동쪽)에는 깨달음을 얻게 되었던 35세의 부처, 오른쪽(서쪽)에는 장수의 상징인 나무, 바위, 물, 새, 사슴, 노인 등을 조각해 놓았다.

도면 354. 처이진 라마 사원 영벽 북쪽 면(사진 정석배)

Ⅷ. 현대: 몽골의 독립과 시련 그리고 발전

마침내 1911년 12월 29일에 몽골은 청으로부터의 독립을 선언하고, 이흐 후레(지금의 올란바타르)에서 제8대 잡잔담바(젭준담바) 호탁트를 교권(敎權)과 정권(政權)을 모두 가진 몽골의 황제로 추대하였으니 바로 몽골의 마지막 황제 복드 칸(Богд Хаан, 1869~1924년)이다(강톨가 외 지음 / 김장구·이평래 옮김, 2009; 김호동, 2016).

몽골 신정부의 주요 목표 중 하나는 모든 몽골족을 통합하여 통일국가를 건설하는 것이었다. 하지만 중국의 방해 공작과 러시아 등의 간섭으로 전체 몽골족의 통합은 무산되었고, 내몽골 해방을 위해 파견되었던 몽골군은 철수하였다. 이후 1915년 캬흐타 삼국협정을 통해 몽골은 독립과 자주성이 크게 제한되어 중국의 자치국으로 전락하고 말았다. 이런 상황에서 일본은 몽골 전역을 자신의 세력하에 두려고 획책하였고, 1919년 11월에는 중화민국에 의해 몽골의 자치권이 박탈당하였다.

1921년 2월에는 러시아 백군(白軍) 운게른 남작의 군대가 몽골인들과 함께 니슬렌 후레(지금의 올란바타르)의 중화민국의 군대를 몰아내고 복드 게겐을 황제로 추대하였다. 이때 쫓겨 난 중화민국 군대는 캬흐타에 집결하여 노략질을 일삼았다. 마침내 1921년 3월 18일에 수흐바타르 장군이 이끄는 인민의용군이 캬흐타의 중화민국 군대를 몰아내었고, 7월 6~8일에는 수흐바타르 장군이 지휘하는 몽골군과 소비에트 적군(赤軍)의 연합군이 니슬레 후레의 러시아 백군도 몰아내었다. 곧이어 7월 11일에는 '인민 입헌제 정부'가 수립되었다.

하지만 1924년 5월 20일 제한 군주인 복드 황제가 승하하고 그다음인 6월에는 몽골인민공화국이 수립되었다. 1929년 9월부터 1932년 초까지는 사유 재산 몰수가 이루어졌으며, 그 결과로 몽골의 경제가 붕괴하였다. 이와 관련하여 1932년부터 반정부 투쟁이 전개되었고, 여러 곳에서 무장봉기가 일어났지만, 소련의 개입으로 진압되었다. 이에 대한 반작용으로 '신전환 정책'이 실시되어 다시 사유 재산과 사적 거래가 인정되었고 종교와 신앙의 자유도 보장되었다.

하지만 1934년부터는 소련의 개입으로 대대적인 숙청 작업이 전개되었는데 정부 각료와 군대의 장교는 물론이고 일반인까지 처형의 대상이 되었고, 또 다수의 정치가도 처형당하였다. 그 외에도 소련과 스탈린의 지시로 1937년부터 1940년 사이에 13,680명의 승려가 죽임을 당하였고, 700여 개의 사원이 파괴되었다. 이 사이 1939년에는 몽골과 소련 군대가 공동으로 몽골 영토 깊숙이 침입한 일본군대에 대항하여 할힌골 전투에서 승리하였다. 이후 몽골은 제2차세계대전에서 소련이 파시스트 독일 군대를 물리치는데 도움을 주었다. 1945년 8월 10일에는 일본에 대한 전쟁을 선포하면서 내몽골 통합도 천명하였으나, 강대국의 간섭으로 인해 내몽골과의 통합은 무산되었다.

1945년 얄타 회담에서 소련, 영국, 미국 지도자들이 만나 외몽골의 현 상황을 그대로 인정하기로 합의하였고, 1945년 8월 14일 모스크바에서 소련과 중국 국민당 정부 대표는 "외몽골에서 국민투표를 실시하는 열의를 보여준다면, 중국 정부는 외몽골의 독립을 승인하고 두 나라의 국경은 현재의 상태로 한다"는데 합의하였다. 마침내 1945년 10월 20일에 몽골의 독립 여부를 묻는 국민투표가 실시되었고, 이날은 몽골인민공화국의 자유와 독립 기념일이 되었다. 1990년에는 민주화운동의 결과 몽골은 사회주의 체제가 종식되고 다당제로 전환되었고, 민주주의와 시장경제로의 이행이 이루어졌으며, 오늘날 일신우일신(一新又一新)의 발전을 거듭하고 있다.

현대의 유적은 자이승 전승 기념탑과 칭기스칸 동상을 답사하였다.

(1) 자이승 전승 기념탑(Зайсан толгой; Zaisan Memorial)

올란바타르에 위치하며, 수흐바타르 동상에서 남쪽으로 약 3.85㎞ 거리의 산 위에 위치한다. 올란바타르 시내를 한눈에 내려다볼 수 있다. 1956년에 오벨리스크 모양으로 건립되었으며, 1979년에 할힌골 전투(халхын голын байлдаан) 40주년을 맞이하여 지금의 모습으로 바꾸었다(도면 355). 승리의 깃발을 든 소련 군인 모습 기념탑의 높이는 27m이다(인터넷 자료 9). 할힌골은 오늘날 몽골 동단과 중국령 내몽골에 걸쳐 흐르는 강의 명칭이다.

도면 355. 자이승 전승 기념탑 모습(사진 정석배)

정상에 고리 모양의 콘크리트 구조물을 둘렸는데 바깥 면에는 몽골의 전통 문양을 배경으로 몽골과 소련의 각종 훈장을 양각으로 장식하였고, 안쪽 면에는 모자이크로 소비에트 러시아 붉은 군대의 1921년 몽골 인민혁명 지지, 1939년 할힌골 전투에서의 일본 관동군에 대한 몽-소 연합군의 승리, 1945년 나치 독일에 대한 승리, 평화로운 세상의 도래 등을 표현하였다(도면 356). 정상 가운데의 단은 "꺼지지 않는 불"을 위한 것이나 지금은 지피지 않는다. 정상까지는 300개의 계단을 올라가야 한다. 전승 기념탑 앞으로 보이는 강은 톨강이다.

도면 356. 자이승 전승 기념탑 정상 "꺼지지 않는 불" 제단과 "고리"의 모자이크(사진 정석배)

(2) 칭기스칸 기마 동상(Чингис хааны морьт хөшөө; Equestrian statue of Genghis Khan / Genghis Khan Equestrian Statue)

　울란바타르 수흐바타르 동상에서 동동남쪽으로 약 47.4km 거리에 위치한다. 칭기스칸 기마 동상은 높이가 40m(130피트)이며, 세계에서 가장 높은 기마 인물상이다(도면 357)(인터넷 자료10). 스테인레스(stainless steel)로 만들었다. 동상이 있는 곳은 칭기스칸이 황금 채찍을 발견한 장소라고 한다. 그래서인지 오른손에는 황금 채찍을 들고 있다. 왼쪽 허리에는 독수리 머리 장식의 대도를 차고 있다. 동상은 칭기스칸이 태어난 동쪽을 바라보고 있다. 동상은 칭기스칸 동상 단지(Genghis Khan Statue Complex)의 지붕에 세워져 있다. 이 건물은 높이가 10m이며, 36개의 기둥이 있는데 칭기스칸부터 릭단칸까지 36명의 칸을 상징한다.

　2008년에 조각가 에르데네빌레그(D. Erdenebileg)와 건축가 엥흐자르갈(J. Enkhjargal)의 설계에 따라 축조되었다. 기마 인물상은 내부의 에레베이트와 계단을 이용하여 머리까지 올라갈 수 있으며, 그곳에서 북쪽으로 톨강을 비롯하여 주변의 초원과 자연을 감상할 수 있다.

　이 동상 단지는 몽골의 The Genco Tour Bureau가 미화 410만 달러를 들여 만들었다. 부속 박물관에는 몽골의 청동기시대와 흉노시대 및 13~14세기의 유물이 전시되어 있다. 동상으로 올라가는 입구 안의 홀에는 엄청난 크기의 신발이 하나 있고, 벽에는 칭기스칸과 몽골 칸들의 초상화가 걸려 있다. 홀의 앞쪽 가장자리를 따라서는 기념품 상점들이 있다. 홀에서는 가끔 전통음악 공연도 한다. 엄청난 규모의 칭기스칸 기마 동상은 몽골의 새로운 도약과 긍지를 상징할 것이다.

도면 357. 칭기스칸 기마 동상(사진 정석배)

IX. 맺음말

몽골의 역사는 전공자에게는 친숙하겠으나, 일반인에게는 잘 알려지지 않았다. 몽골의 고고학도 마찬가지이다. 필자도 몽골의 역사에 대해서는 잘 알지 못한다. 2022년과 2023년에 학생들과 함께 할 몽골 답사를 준비하면서 제일 힘든 점이 몽골 역사의 흐름을 파악하는 것이었다. 그래서 구석기시대부터 현대까지 어떻게 몽골의 역사가 진행되었는지 간단하게 정리해 보고자 하였다. 나름대로 몽골의 역사를 요약 정리하였으나 부족한 점이 너무 많다고 생각된다.

각 시기 역사를 개관한 다음에는 해당 시기의 답사 유적을 소개하였다. 고고학적인 내용은 사실 석기시대는 너무 어렵다. 청동기시대, 초기 철기시대, 흉노, 선비, 유연, 돌궐, 위구르(회골), 예니세이 키르기스(힐알사), 요나라 시기까지는 수업에서 다루기도 하여 어느 정도는 친숙하나, 그 이후는 공부한 적이 거의 없다. 다만 답사를 준비하면서, 또 이 책을 준비하면서 조금 공부하였을 뿐이다. 몽골의 불교 유적과 관련해서는 자료 수집도 힘들고 또 용어도 생소하여 부족한 부분이 많다.

필자는 답사 일정과 경로를 짤 때 특정 시대에 한정하지 않고, 경로상에서 확인되는 여러 시기의 중요 유적들을 최대한 많이 보고자 하였다. 하지만 시간의 부족으로 인해 답사 일정에는 포함하였으면서도 실제로는 답사하지 못한 유적도 있다. 실견하지 못한 유적은 이 책에 포함하지 않았다. 다만 보고트 비문 유적과 후슈 차이담-3 및 후슈 차이담-4 유적은 유적을 직접 답사하지는 못하였지만, 중요 유물을 실견하여 예외적으로 포함하였다.

이 책은 몽골의 역사와 유적이라는 제목을 가지기는 하나 아직 여러 가지 부족한 점이 많다. 마무리 작업을 하면서 이 책을 출간하는 것이 맞는지 고민도 하였지만, 몽골 역사와 유적을 소개하는 책이 드물어 없는 것보다는 있는 것이 좋겠다는 생각에 출간하기로 마음을 굳혔다. 추후 유적 답사도 더 하고 또 각 시기 중요 내용도 조금씩 보완해 나갈 생각이다. 미흡하지만 『몽골의 역사와 유적』이 몽골을 공부하고 또 알아가고 싶은 이들에게 몽골 문화를 이해하고 가까이 다가설 수 있는 계기를 만들어 주길 희망해 본다.

참고문헌 및 자료

E.A.노브고라도바 저 / 정석배 역, 1995,『몽고의 선사시대』, 학연문화사.
강톨가 외 지음 / 김장구·이평래 옮김, 2009,『몽골의 역사』, 동북아역사재단.
국립경주문화재연구소 외, 2008,『돌에 새긴 유목민의 삶과 꿈』
국립경주문화재연구소·직지성보박물관·몽골 과학아카데미 고고학연구소, 2008,『돌에 새긴 유목민의 삶과 꿈』, 국립경주문화재연구소.
국립문화재연구소, 2020a,『몽골과 그 주변 지역의 사슴돌 문화 Ⅰ』(번역서), 84~92쪽.
국립문화재연구소, 2020b,『몽골과 그 주변 지역의 사슴돌 문화 Ⅱ』(번역서), 105~109쪽.
국립문화재연구소·몽골국립문화유산센터, 2018,『자야 게게니 후레 사원』, 20~21쪽, 25~26쪽.
국립중앙박물관 편찬, 2008,『몽골 흉노무덤 자료집성』, 국립중앙박물관.
국립중앙박물관, 몽골국립박물관, 몽골과학아카데미 고고학연구소, 2011,『몽골 도르릭 나르스 흉노무덤(Ⅰ)』
국립중앙박물관, 몽골국립박물관, 몽골과학아카데미 고고학연구소, 2014,『몽골 도르릭 나르스 흉노무덤(Ⅱ)』
국립중앙박물관, 몽골국립박물관, 몽골과학아카데미 고고학연구소, 2021,『몽골 도르릭 나르스 흉노무덤(Ⅲ) -160호분 배장묘-』
국사편찬위원회, 2007,『중국정사 조선전(역주1)』
김위현 외, 2012,『국역 요사 - 중』, 단국대학교출판부.
김호동, 2016,『아틀라스 중앙유라시아사』, 사계절.
대한민국 국립중앙박물관·몽골국립역사박물관·몽골 과학아카데미 고고학연구소, 2004,『국립중앙박물관 몽골 학술조사 성과 2002~2004』.
동북아역사재단 편, 2009a,『사기 외국전 역주』, 동북아역사재단.
동북아역사재단 편, 2009b,『한서 외국전 역주 상』, 동북아역사재단.
동북아역사재단 편, 2009c,『후한서 외국전 역주 하』, 동북아역사재단.
동북아역사재단 편, 2009d,『삼국지·진서 외국전 역주』, 동북아역사재단.
동북아역사재단 편, 2009e,『위서 외국전 역주』, 동북아역사재단.
동북아역사재단 편, 2009f,『북사 외국전 역주 상』, 동북아역사재단.

동북아역사재단 편, 2010,『북사 외국전 역주 하』, 동북아역사재단.
동북아역사재단 편, 2011a,『구당서 외국전 역주 상』, 동북아역사재단.
동북아역사재단 편, 2011b,『신당서 외국전 역주 상』, 동북아역사재단.
동북아역사재단 편, 2011c,『신당서 외국전 역주 중』, 동북아역사재단.
르네 그루쎄 지음 / 김호동·유원수·정재훈 옮김, 1998,『유라시아 유목제국사』, 사계절.
박아림, 낸시 S. 스티인하트, L. 에르덴볼드, 2018,「6~8세기 몽골 초원의 제사유적과 석인상 연구」,『중앙아시아연구』23-2.
박아림·L.에르데네볼드, 2020,『유라시아 초원 문화의 정수 몽골 미술』, 학연문화사.
보꼬벤꼬 N., 레그란드 S. 지음 / 정석배 옮김, 2015,『동부 유라시아 미누신스크의 고대 문화들(기원전 4~1천년기)』, 단국대학교출판부.
뻬레보드치꼬바 저 / 정석배 번역, 1999,『스키타이 동물양식』, 학연문화사.
서울대학교 박물관·몽골 과학아카데미 고고학연구소·몽골국립박물관, 2008,『몽골, 초원에 핀 고대문화』(서울대학교박물관 제46회 기획특별전 도록), 서울대학교 박물관.
아마르튭신·에렉젠, 2018,「몽골과 자바이칼의 전기 청동기문화」,『북방고고학개론』, 진인진.
양시은, 2016,『고구려 성 연구』, 진인진.
에렉젠, 2018,「몽골의 후기 청동기문화」,『북방고고학개론』, 진인진.
에렉젠 제공 PPT : Туулын Хар Түнэ орд: археологийн судалгаа.
이계지 지음 / 나영남·조복현 옮김, 2014,『정복 왕조의 출현: 요·금의 역사』, 신서원.
이재성, 2013,「아프라시압 궁전지 벽화의 '조우관사절'에 관한 고찰 -고구려에서 사마르칸드(康國)까지의 노선에 대하여-」,『중앙아시아연구』18-2.
중앙문화재연구원 엮음, 2018,『흉노 고고학개론』, 진인진
정석배, 1999,「선사시대 유라시아대륙의 말 사육과 기마술의 발전에 대해」,『아세아 각국의 마문화 및 동물민속』(제3회 국제아세아민속학회

국제학술대회 발표논문집), 국제아세아민속학회.

정석배, 2015, 「요·금·동하·원의 도성을 통해 본 발해 상경의 제문제」, 『백산학보』 103.

정석배, 2017, 「유물로 본 발해와 중부-중앙아시아지역 간의 문화교류에 대해」, 『고구려발해연구』 57.

정석배, 2019, 「발해의 북방-서역 루트 '담비길' 연구」, 『고구려발해연구』 63.

정석배, 2020, 「구들 유적으로 본 발해와 요·금의 난방문화」, 『요·금시대 발해인의 삶과 문화』, 한국학중앙연구원출판부.

정석배, 2021, 「발해의 유물」, 『동북아시아 고고학 개설 Ⅱ - 역사시대 편』, 동북아역사재단.

정석배, 2023, 「몽골지역 거란의 관방유적과 발해 유민의 흔적들」, 『고구려·발해·북방사 연구의 새로운 모색 Ⅳ』(제4회 전국고구려발해학대회 발표논문집).

정재훈, 2005, 『위구르 유목제국사』, 문학과지성사.

정재훈, 2016, 『돌궐 유목제국사』, 사계절.

정재훈, 2023, 『흉노 유목제국사』, 사계절.

National Research Institute of Cultural Heritage, Republic of Korea · National Center for Cultural Heritage, Mongolia, 2019, 『초이진 라마 사원』, 국립문화재연구소.

Talat Tekin 저 / 이용성 역, 2008, 『돌궐 비문 연구』, 제이엔씨.

山西大學歷史文化學院, 內蒙古文物考古研究所, 蒙古國遊牧文化研究國際學院, 2016, 「蒙古國后杭愛省赫列克斯浩菜山谷6號回鶻墓園發掘簡報」, 『文物』 4.

薩仁毕力格, 2007, 『蒙古帝國首都哈喇和林』, 內蒙古師範大學 碩士學位論文.

孫危, 2007, 『鮮卑考古學文化研究』, 科學出版社.

任瀟·周立剛, 2021, 「匈奴龍城考古探索與進展」, 『大衆考古』 1.

張靖研·張麗, 2010, 「召湾漢墓瓦當的文化意義研究」, 『內蒙古藝術』 2.

中國人民大學北方民族考古研究所·蒙古國國家博物館, 2021, 「蒙古國吉尔嘎朗圖蘇木坟尔根敖包墓地2018~2019年發掘簡報」, 『考古』11.

白石典之, 1999, 「日蒙合作調查蒙古國哈拉和林都城遺址的收穫」, 『考古』8.

森安孝夫·オチル, 1999, 『モンゴル国現存遺蹟·碑文調查研究報告』, 中央ユーラシア学研究会, 1999-3.

고르부노프, 2006 : Горбунов В.В., 2006, Военное дело населения Алтая в III-XIV вв. Часть II Наступительное вооружение)оружие), Барнаул.

군칭수렝 외, 2017 : Б.Г.Гүнчинсүрэн, Ц.Болорбат, Е.П.Рыбин, Д.Одсүрэн, А.М.Хаценович, Г.Ангарагдөлгөөн, Г.Маргад-Эрдэнэ, 2017, МОНГОЛ-ОРОСЫН ХАМТАРСАН ЧУЛУУН ЗЭВСГИЙН СУДАЛГААНЫ ШИНЭ ҮР ДҮН // МОНГОЛЫН АРХЕОЛОГИ - 2016, Улаанбаатар хот.

글라드이쉐프, 2008 : Гладышев С. А., 2008, Верхний палеолит Монголии: итоги и перспективы изучения (историографический обзор) // Вестник НГУ. Серия: История, филология. 2008. Том 7, выпуск 3: Археология и этнография.

꼬미사로프, 1988 : Комиссаров С.А., 1988, Комплекс вооружения древнего Китая. Эпоха поздней бронзы. Новосибирск.

꼬발레프 외, 2010 : Ковалев А.А., Эрдэнэбаатар Д., 2010, Афанасьевско-чемурчекская курганная группа кургак гови (хуурай говь) и вопросы внешних связей афанасьевской культуры // Афанасьевский сборник, барнаул : азбука.

꼬발레프 외, 2016 ; Ковалев А.А., Эрдэнэваатар Д., Рукавишникова И.В., 2016, Состав и компазиция сооружений ритуального комплекса с оленными камнями Ушкийн-увэр (по рузультатам исследований 2013 года) // Археология, этнография и антропология Евразии, Том 44, № 1.

꼬발레프, 2011 ; Ковалев А. А., 2011, Великая чемурчекская миграция из Франции на Алтай в начале третьего тысячелетия до н. э. // Российский археологический ежегодник, № 1.

꾸바레프 외, 2005 : Кубарев В.Д., Цэвээндорж Д., Якобсон Э.,

2005, Петроглифы Цагаан-салаа и Бага-ойгура (Монгольский Алтай), Новосибирск, Улан-Батор, Юджин.

끄라딘 (책임 편찬), 2018 : Крадин Н.Н. (От. ред.), 2018, Города средневековых империй Дальнего Востока, Москва, Издательство Восточной Литературы.

끄라딘 (책임편찬), 2011 : Крадин Н.Н.(отв. ред.), 2011, Киданьский город Чинтолгой-балагс, Москва, "Восточная литература" РАН.

끄라딘 외, 2011 : Крадин Н.Н., Ивлиев А.Л., 2011, Результаты археологических исследований киданьских городов в Монголии // Вестник ДВО РАН. № 1.

끌랴쉬또르느이 외, 1971 : Кляшторный С. Г., Лившиц В. А., 1971, Согдийская надпись из Бугута // Страны и народы Востока, Т. X, Москва.

끌랴쉬또르느이, 2012 : Кляшторный С.Г., 2012, Карсаг-кург : западная ставка уйгурских каганов и проблема идентификации Пор-Бажына // Археология, этнография и антропология Евразии 2 (50).

끼셀료프 S.V., 1957, Древние города Монголии // Советская Археология, 2, Москва, Издательство АНСССР.

끼셀료프, 1957 : Киселев С.В., 1957, Древние города Монголии // Советская археология, № 2.

끼셀료프, 1957 ; Киселев С.В., 1957, Древние города Монголии // СА, № 2.

나실로프, 1986: Насилов А.Д., 1986, Новые сведения о монгольском феодальном праве (по материалам "Восемнадцати степных законов") // Mongolica, Москва.

노브고로도바, 1984 : Новгородова Э.А., 1984, Мир петроглифов Монголии, Москва.

다닐로프 외, 2016 : Данилов С.В., Именохоев Н.В., Нанзатов Б.З., Симухин А.И., Очир А., Эрденеболд Л., 2016, Города эпохи хунну на востоке Монголии // Известия ИГУ. Серия "Геоархеология, Этнография, Антропология". Т. 17.

다닐로프, 2004 : Данилов С.В., 2004, Города в кочевых обществах Центоальной Азии, Улан-Удэ.

데레뱐꼬 외, 2008 : Деревянко А. П., Олсен Д., Цэвээндорж Д., Гладышев С.А., Нохрина Т.И., Табарев А.В., 2008, Новое прочтение археологического контекста пещеры Чихэн (Монголия) // Археология, этнография и антропология Евразии 2(34).

데레뱐꼬 외, 2000 : Деревянко А. П., Олсен Д., Цэвээндорж Д., Кривошапкин А. И., Петрин В.Т., Брантингхэм П.Д., 2000, Многослойная пещерная стоянка Цаган-Агуй в Гобийском Алтае (Монголия) // Археология, этнография и антропология Евразии, № 1.

데레뱐꼬 외, 2007 ; Деревянко А.П., Зенин А.Н., Рыбин Е.П., Гладышев С.А., Цыбанков А.А., Олсен Д., Цэвээндорж Д., Гунчинсурэн Б., 2007, Технология расщепления камня на раннем этапе верхнего палеолита Северной Монголии (стоянка Толбор-4) // Археология, этнография и антропология Евразии. № 1.

띠쉬낀, 2010 : Тишкин А.А., 2010, Булан-кобинская культура Алтая: краткая история изучения и современное содержание // Материалы XV Международной Западно-Сибирской арсеолого-этнографической конференции. - Томск: Аграф-Пресс.

띠쉬낀 (편찬) 2019 : Тишкин А.А. (общ. ред), 2019, История Алтая : в 3-х т. Т. 1 : Древнейшая эпоха, древность и средневековье, Барнаул: Изд-во Алт. ун-та.

띠쉬낀·므일니꼬프, 2008 : Тишкин А.А., Мыльников В.П., 2008, Деревянные изделия из кургана 31 памятника Яломан II на Аитае // Археология, этнография и антропология Евразии 1 (33)

라들로프, 1893 : В.В.Радлов, 1893, Атлас дренвостей Монголии. Труды орхонской экспедиции, Санктпететбург.

루덴꼬 1962 : Руденко С.И., 1962, Культура хуннов и Ноинулинские курганы, М.-Л.

루흘랴데프, 2021 : Рухлядев Д.В., 2021, Бугутская стела (к истории интерпретации символики) // Мультидисциплинарные исследования в археологии, №1.

몰로딘 외, 2012 : В.И. Молодин, Г. Парцингер, Д. Цэвээндорж, 2012, Замёрзшие погребальные комплексы пазырыкской культуры на южных склонах Сайлюгема (Монгольский Алтай). М.

바야르, 2004 : Баяр Д., 2004, Новые археологические раскопки на памятнике Бильгэ-кагана // Археология, этнография и антропология Евразии, 4.

바트볼드, 2016 : Н. Батболд, 2016, О некоторых своеобразных наскальных изображениях, связанных с погребальными обрядами // Ancient Cultures of Mongolia, Baikal Siberia and Northern China, Reports VII International Scientific Conference Krasnoyarsk, October 3–7 2016, Krasnoyarsk.

바트새흥, 2008 : Батсайхан З., ШИВЭЭТ УУЛЫН ТОМ ЧУЛУУН БАЙГУУЛАМЖ // Mongolian Journal of Anthropology, Archaeology and Ethnology, Vol. 4, № 1(312): 109-119 (2008)

반치꼬바 외, 2022 : Ванчикова Ц. П., Цыренова Н. Д., 2022, К истории монастыря Гандантегченлин // МОНГОЛОВЕДЕНИЕ (Монгол судлал) (Mongolian Studies), Т. 14, No 2

보이또프, 1996 : Войтов В. Е., 1996, Древнетюркскнй пантеон и модель мироздания в культово-поминальных памятниках Монголии VI-VШ вв. Москва.

볼꼬프, 1967 : Волков В.В., 1967, Бронзовый и ранний железный век Северной Монголии, Улан-батор.

볼꼬프, 2002 : Волков В.В., 2002, Оленные камни Монголии, Москва, Научный мир, 35~37쪽.

뽈로시막 외, 2011 : Полосьмак Н.В., Богданов Е.С., Цэвээндорж, 2011, Двадцатый Ноин-Улинский курган. Новосибирск.

뽈로시막 외, 2015 : Полосьмак Н.В., Богданов Е.С., 2015, Курганы Суцзуктэ (Ноин-Ула, Монголия). Часть 1. Новосибирск.

사마쉐프 외, 2016 : Zainolla Samashev, Damdinsurengiyn

Tsevendorzh, Akan Onggaruly, Aidos Chotbayev, 2016, Shiveet Ulaan ancient turkic cult and memorial complex, Astana. (Самашев З., Цэвээндорж Д., Онгарулы А., Чотбаев А., 2016, Эртний түрегийн Шивээт Улаан тахилын онгон цогцолбор, Астана.)

사비노프, 2003 : Савинов Д.Г., 2003, Проблемы хронологии кокэьской культуры в историческом аспекте // Проблемы истории России, Вып. 5, Екатеринбург.

사사다·이쉬체렌, 2012 : Т.Сасада, Л.Ишцэрэн, 2012, Чингис хааны их орд Аваргын балгас дахь төмөрлөг үйлдвэрлэлийн асуудалд // археологийн судлал, Tomus XXXII.

세레긴 외, 2020 ; Серегин Н.Н., Матренин С.С., 2020, Монголия в жужанское время: основные аспекты интерпретации археологических материалов // Поволжская археология, № 4.

쉬쉰, 2015 : Шишин М.Ю., 2015, Новые петроглифы в комплексе Рашаан-хад в Монголии // Искусство Евразии, № 1.

쉬쉰, 2017 : Шишин М.Ю., 2017, Комплекс петроглифов Рашаан-хад в Монголии: описание памятника и новые открытия // Учевные записки (Алтайская государственная академия культуры и искусств), Барнаул.

스비노프 외, 1991 : Свинов В.В. и др, 1991, Киданская керамика из раскопок городища Хар-Бухий-балгас (Монголия) // Проблемы археологии и этнографии Сибири и Дальнего Востока, Т.3, Красноярска.

에르데네바트 외, 2018 : У.Эрдэнэбат, К.Франкен, Т.Батбаяр, Х.Рооланд, 2018, УЙГУРЫН НИЙСЛЭЛ ХАР БАЛГАСАНД 2017 ОНД МОНГОЛ-ГЕРМАНЫ "ОРХОН" ЭКСПЕДИЦИЙН ХИЙСЭН МАЛТЛАГА СУДАЛГААНЫ ТОВЧ ҮР ДҮНГЭЭС // МОНГОЛЫН АРХЕОЛОГИ - 2017.

에르데네바타르(책임편찬), 2021 : Д.Эрдэнэбаатар (еренхий редактор), 2021, Хннгийн язгууртны булшны судалгаа (Балгасын тал дахь Гол мод-2), Ulaanbaatar.

에렉젠, 2021 : Эрэгзэн Г., 2021, Тайхир чулууны бичиг үсгийн дурсгал //

Монгол төрийн голомт нутаг, Улаанбаатар хот.

엥흐투르 외, 2022 : А.Энхтөр, К.Дархан, Б.Напил, Б.Нурболат, Ц.Буянхишиг, Г.Батболд, С.Далантай, 2022, Кутлуг хааны тахилын онгон цогцолбор, гэрэлт хөшөө // Археологийн судлал Т. XLI.

오끌라드니꼬프, 1981 : Окладников А. П., 1981, Палеолит Центральной Азии. Мойлтын ам (Монголия). Новосибирск.

오드바타르 외, 2017 : Ц.Одбаатар, Ц.Эгийма, 2017, ⌜2016 ОНД АЙРАГИЙН ГОЗГОРТ ЯВВУУЛСАН АРХЕОЛОГИЙН СУДАЛГААНЫ ТАНИЛЦУУЛГА⌟, ⌜МОНГОЛЫН АРХЕОЛОГИ 2016⌟.

오치르 외, 2005 : Очир А., Энхтур А., ЭрдэнэболдЛ., 2005, Хаар бух балгас ба туул голын сам дахь Хятаны Үуийн хот, суурингууд, Улаанбаатар.

울지 바야르, 2017 : Улзийбаяр С., 2017, Роль бурхотуйцев в этнокультурной истории монголов // Известия Лаборатории древних технологий. Т. 13. № 2.

이데르항가이, 2021 : Идэрхангай Т., 2021, ХҮННҮ ГҮРНИЙ УЛС ТӨРИЙН ТӨВ, ХАРГАНЫН ДӨРВӨЛЖИНГИЙН ХҮННҮГИЙН ХААНЫ ЗУНЫ ОРД ЛУНЧЭН БУЮУ ЛУУТ ХОТ // Ancient cultures of Mongolia, Southern Siberia and Northern China. Transactions of the XIth International Conference. September 8–11, 2021, Abakan.

쯔이빅따로프, 1998 ; Цывиктаров А.Д., 1998, Культура плиточных могил Монголии и Забайкалья, Улан-Удэ.

체벤도르지 외, 2002 : Цэвээндорж Д., Баяр Д., Цэрэндагва Я., Очирхуяг Ц., 2002, Монголын Археологи, Улаанбаатар.

Burkart Dohne, 2010, Некоторые результаты исследования уйгурской столицы Хара-балгасун в 2010 году // Mogolian Journal of Anthropology, Archaeology and Ethnology. 2010, 6-1.

David 외, 2006 : David E. Purcell, Kimberly C. Spurr, 2006, Archaeological Investigation of Xiongnu Sites in the Tamir

River Valley // The Silk Road. Volume 4, Number 1.

Eregzen G. (Editor-in-chief), 2022, Archaeological selected relics of Mongolia I, Ulaanbaatar.

Francis Allard & Diimaajav Erdenebaatar, 2005, Khirigsuurs, ritual and mobility in the Bronze Age of Mongolia, Antiquity 79.

Hatagin D. Erdenebaatar, 2018, The Cultural Heritage of Xiongnu Empire, Ulaanbaatar, Munkhiin Useg.

Jisl L. Vyzkum kulteginova pamatniku v Mongolske Lidove republice // Archeologiske rozhledy. Roc. XII. 1960. Ses. 1.

Lucie Šmahelová, 2014, Kül-Tegin monument. Turkic Khaganate and research of the First Czechoslovak- Mongolian expedition in Khöshöö Tsaidam 1958, Univerzita Karlova v Praze.

Nikolai N. Kradin, Aleksandr L. Ivliev, Ayudai Ochir, Sergei Vasiutin, Svetlana Satantseva, Evgenii V. Kovychev, Lkhagvasüren Erdenebold, Emgentiin Kherem, a Fortress Settlement of the Khitans in Mongolia // The Silk Road, 12, 2014.

Ochir A., Odbaatar Tse., Erdenebold Lha., 2010, Ancient Uighur Mausolea Discovered in Mongolia // The Silk Road, 8.

Takahama Shu 외, 2006 : Takahama Shu, Hayashi Toshio, Kawamata Masanori, Matsubara Ryuji, Erdenebaatar D. Preliminary Report of the Archaeological Investigations in Ulaan Uushig I (Uushgiin Övör) in Mongolia // Bull. of Archaeology, the Univ. of Kanazava. - 2006 - Vol. 28 - P. 61-102.

Takao MORIYASU and Ayudai OCHIR(edited), 1999, Provisional Report of Researches on Historical sites and Inscriptions in Mongolia from 1966 to 1998 // The Society of Central Eurasian Studies, 1999.

Tumen D., Navaan D., Erdene M. 2006, Archaeology of the Mongolian Period: A Brief Introduction. // The Silk Road. Vol 4. No. 1.

Turbat 외, 2011 : Turbat T., Bayarsaikhan J., Batsukh D.,

Bayarkhuu N., 2011, Deer stones of the Jargalantyn Am, Mongolian Tangible Heritage Association NGO.

인터넷 자료1 : https://orkhonvalley.gov.mn/Immovable/5
인터넷 자료2 : https://ikon.mn/n/2n3n
인터넷 자료3 : https://www.erdenezuu.mn/
인터넷 자료4 : https://en.wikipedia.org/wiki/Erdene_Zuu_Monastery
인터넷 자료5 : https://bigenc.ru/c/manzushir-khiid-692a93
인터넷 자료6 : https://en.wikipedia.org/wiki/Gandantegchinlen_ Monastery
인터넷 자료7 : https://www.escapetomongolia.com/blog/aryabal-meditation-temple
인터넷 자료8 : https://mn.wikipedia.org/Богд_хааны_ордон_музей
인터넷 자료9 : https://ru.wikipedia.org/wiki/Зайсан_(мемориал)
인터넷 자료10 : https://en.wikipedia.org/wiki/Equestrian_statue_of_Genghis_Khan

몽골의 역사와 유적

2024년 2월 22일 초판 1쇄 인쇄
2024년 2월 26일 초판 1쇄 발행

저　자 | 정석배

펴낸곳 | 예지안

주　소 | 서울특별시 강남구 강남대로92길 31, 6층 6433호 (역삼동)

전　화 | 02) 2285-5835　팩스 | 0508-902-6585

이메일 | yejian24@naver.com

블로그 | blog.naver.com/yejian24

ISBN 979-11-953393-6-5　93910

ⓒ 예지안, 2024

이 책의 내용 혹은 사진을 재사용하려면, 저자의 동의를 받아야 합니다